경상남도

한국의 전통향토음식 9

경상남도

농촌진흥청 농업과학기술원
농촌자원개발연구소

(주)교 문 사

발간사

오천 년의 역사를 간직하고 있는 우리나라는 선조들의 혼이 깃들어 있는 세계에 자랑할 만한 우수한 전통문화를 가지고 있습니다. 국가 자산인 전통문화를 세계인의 문화 명품으로 발전시키기 위하여 정부에서는 '한(韓) 스타일 육성 종합 계획' 을 수립하고 한식, 한복, 한옥, 한글, 한지, 한국음식 등 6가지 전통문화상품에 대한 육성 노력을 기울이고 있습니다. 이 중 농림수산식품부는 '한식' 육성에 관한 주무부처로 한국음식을 산업화 · 세계화함으로써 국가 이미지를 고양시키기 위한 정책을 추진하고 있습니다.

의식주문화 중 식생활문화는 쉽게 변하지 않는 특성을 가지고 있어서 그 민족의 문화를 측정하는 도구로 가치가 있다고 합니다. 우리나라는 선사시대부터 일찍이 농경을 시작하여 다양한 식품 재료를 이용한 음식문화가 발달했으며, 인접 국가인 중국, 일본과 차별화된 독특한 문화를 형성하였습니다. 또한 산맥이나 바다 등 지형적인 영향으로 지역마다 생산되는 특산물이 달라서 다양한 조리법과 맛을 지니고 있습니다. 외국인들에게 잘 알려진 김치의 종류도 수십 가지에 이르며, 같은 종류의 김치도 사용하는 젓갈이나 양념에 따라 다양한 맛을 냅니다. 최근 우리 음식은 영양학적 우수성과 기능성이 밝혀지면서 세계적으로 '건강식', '장수식' 으로 인정받고 있으며, 새로운 가치창출을 위한 자원으로 부각되고 있습니다. 이처럼 독특하고 우수한 음식문화가 상품화 · 세계화를 위한 발판이 될 수 있으며, 관광 · 외식 등과 연계한 3차 산업으로 발전 가능성을 보여 줍니다.

그러나 사회가 발전하면서 다양하고 향토성이 짙은 우리의 음식문화가 빠르게 서구화되고, 이용하는 음식의 종류도 단순해지고 있습니다. 따라서 급변하는 식생활문화에 대응하고, 국가자원인 '한식' 을 세계화하기 위하여 사라지고 있는 전통향토음식의 조사 · 발굴 및 국가차원의 통합자료화가 절실히 요구되고 있습니다.

농촌진흥청에서는 전통향토음식의 연구와 교육뿐만 아니라 지방자치단체의 농촌지도기관과 협력하여 지역의 전통향토음식을 계승 · 발전시키는 데 일익을 담당해 왔습니다. 이는 여전히 농촌은 식품 재료를 생산하고 전통향토음식을 이용하면서 조리법을 보유하고 있는 공간이기 때문입니다. 지금까지 농촌진흥청 및 농촌지도기관에서 몇 차례에 걸쳐 전통향토음식을 정리하여 책자로 발간하였으나, 통합자료화 및 전문가 검증이 미흡했던 아쉬움이 있었습니다.

이에 농촌진흥청 농업과학기술원 농촌자원개발연구소에서는 국가 산업자원으로 부각되고 있는 전통향토음식의 권리를 확보하고 세계화 기반을 구축하고자, 1999년부터 2005년까지 전국 9개 도의 전통향토음식에 대한 조사 · 발굴을 하였고, 2006년부터 2007년까지 지역성 및 역사성 검증, 자료의 표준화 등 학계의 검증을 받아 전통향토음식을 집대성한 10권의 책을 발간하게 되었습니다. 제1권 『상용음식』은 우리나라의 어느 지역에서나 일상적으로 먹는 음식을 수록하였고, 제2권부터는 각 도별 전통향토음식으로 행정구역상 9개 도로 구분하여 제2권 『서울 · 경기도』에서 제10권 『제주도』까지 전통향토음식을 수록하였습니다.

전통향토음식과 식생활문화에 대한 관심 고조로 그 가치가 재조명되는 시점에, 오랜 기간 동안 자료를 수집하여 우리의 전통향토음식을 총망라한 책을 발간하게 되어 기쁘게 생각합니다. 이 책이 농촌의 향토산업 활성화에 중요한 자료로 활용됨과 동시에 '가장 한국적인 음식이 가장 세계적인 음식'으로 거듭나는 데 밑거름이 되고, 관련 분야 연구 및 교육에 활용되어 우리 식생활 문화 발전에 일조할 수 있기를 바랍니다.

이 책이 발간되기까지 현지조사 및 조리법 재현에 협조해 주신 농촌지도기관 생활지도직 공무원 및 향토음식연구회원들께 감사를 드립니다. 특별히 제9권 『경상남도』의 지역성 검증 및 자료 표준화에 참여해 주신 신라대학교 김상애 교수님과 감수를 위해 수고해 주신 전 동아대학교 김경자 교수님, 양산대학 김영희 교수님께 감사드립니다. 연구결과물을 더욱 빛나게 제작 · 출판해 주신 (주)교문사의 류제동 사장님 이하 관계자 여러분께도 감사의 마음을 전합니다.

2008년 4월

농촌진흥청 농업과학기술원 농촌자원개발연구소

소장 **조 순 재**

차 례

제 2 장 경상남도의 전통향토음식 종류와 만드는 방법 041

주식류

부식류

김 치

나 물

구 이

조림 · 지짐이

회

마른반찬

순대 · 편육 · 족편

묵 · 두부

쌈

장아찌

젓갈 · 식해

장

식초

떡류

과정류

음청류

주 류

慶尚南道

제1부

전통향토음식

조사 · 발굴 및 표준화

1. 전통향토음식의 정의
2. 전통향토음식의 조사 · 발굴
3. 전통향토음식의 유형별 분류 기준
4. 전통향토음식 자료의 표준화
5. 전통향토음식의 지역성 검증
6. 고문헌을 통한 역사성 검증

제1부

전통향토음식 조사·발굴 및 표준화

의식주는 한 국가나 민족의 특성을 나타내는 대표적인 문화양식이다. 그 중에서도 음식문화는 쉽게 변화하지 않는 성질이 있어서 본래의 모습이 잘 보존되어 있으므로 한 민족의 문화를 파악하기에 매우 적합한 것이라 하겠다. 음식문화는 지리, 기후, 풍토 등의 자연환경과 정치·경제·사회적 환경이 복합되어 문화권마다 서로 다르게 발달해 왔다. 우리나라에서도 해안가인지, 평야지인지 혹은 큰 산맥의 존재 여부 등에 따라 지역마다 독특한 음식문화가 형성되었다. 김치를 예로 들면, 경기도 지역은 국물을 넉넉히 넣고 젓갈을 적게 넣은 시원하고 심심한 백김치를 담그고, 경상도의 내륙 지방에서는 주변에서 쉽게 구할 수 있는 젓갈과 양념을 이용해서 젓갈김치와 콩잎김치를, 전라도에서는 젓갈과 양념을 많이 넣은 갓김치 등을 담근다.

전통향토음식의 중요성을 몇 가지 살펴보면, 첫째 생물다양성 유지를 위해 전통향토음식의 다양성이 유지되어야 한다는 점이다. 즉, 음식문화는 주변에서 쉽게 구할 수 있는 재료를 이용하여 발달하기 때문에 전통향토음식이 다양하면 다양한 생물자원이 자랄 수 있는 여건이 마련되는 것이다. 음식 자체가 획일화되어 민족음식이나 전통향토음식이 줄어든다면 식품재료로 이용하는 생물자원이 줄어들어 그 지역의 생물다양성은 감소될 수밖에 없기 때문이다. 1992년에 체결된 생물다양성협약(CBD : Convention on Biological Diversity) 제8조 j항에서는 생물다양성을 보존하기 위해 전통향토음식, 의약 등의 전통지식을 관리하고 활용하도록 권장하는 조항을 만들었다.

둘째, 전통향토음식은 새로운 부가가치 자원으로 활용되고 있으며, 다른 자원과 달리 자국(自國)만이 고유하게 보유하고 있어서 차별화가 가능한 독점적인 산업화 아이템이라는 점이다. 따라서 국제적으로 전통향토음식을 산업화하려는 노력들이 이루어지고 있다. 태국의 'kitchen of the world' 프로젝트는 정부에서 자국의 전통향토음식을 세계화하기 위한 사업으로, 전 세계에 태국음식점을 2007년까지 8,500개로 확대함으로써 전통향토음식의 식품재료와 조리기구 수출,

조리사 파견 등 파급 효과를 기대하는 전통향토음식 산업화의 대표적인 예라 하겠다.

셋째, 전통향토음식은 국가 이미지 제고에 중요한 역할을 한다. 사람들은 특정 지역이나 국가를 독특한 음식과 관련지어 연상하기도 하고, 반대로 맛있는 음식을 먹을 때 특정 지역을 연상하기도 한다. 김치의 경우 세계적인 음식으로 발전하여 외국인들은 김치하면 한국을 떠올리게 된다. 또한 2006년 미국의 건강전문잡지 월간 '헬스' 가 선정한 세계 5대 건강식품 중 하나로 김치가 선정된 것과 같이 김치는 우리나라의 국제적인 이미지를 높이는 데 기여하고 있다.

이처럼 중요한 의미를 갖는 전통향토음식은 최근 전 세계가 급속도로 가까워지면서 지역성·고유성이 없이 획일화되어 가는 경향을 보이고 있다. 우리의 식탁에서도 일상적으로 먹고 있는 음식의 재료나 종수가 몇 가지 품목으로 한정되어 가고 있는데, 이러한 추세가 지속되면 전통향토음식이 서서히 잊혀지고 우리 음식문화의 정체성 또한 잃어버리게 될 것이다. 따라서 전통향토음식을 만들어 먹던 세대가 현존해 있을 때 전통향토음식을 조사·발굴하고 목록화하는 일이 시급히 요청된다고 하겠다. 또한 지금까지 전통향토음식은 단순히 문화의 일부로만 여겨져 왔으며 자원으로서의 인식은 부족하였다. 그러나 오늘날의 시대적 흐름에 따라 전통향토식품(음식)은 국가의 소중한 자원으로 관리되어야 하므로 전통향토음식을 통합적으로 관리하는 방안이 모색되어야 한다. 이는 전통향토음식의 권리를 확보하고 상품성 증진 및 세계화를 위한 기반이 되며, 우리 민족이 보유한 독특한 자산을 계승·발전시키는 가장 우선적이고 필수적인 과정이라 할 것이다.

1. 전통향토음식의 정의

'예부터 전하여 온 음식' 에 관하여 전통음식, 향토음식, 민속음식, 토착음식 등의 다양한 명칭이 혼용되고 있다. 가장 많이 쓰이는 명칭은 '전통음식' 으로, 전통음식의 사전적 정의는 한 지역에 전래된 음식 중 해당 지역 사람들이 그 가치를 높이 평가하여 선호하는 음식이라는 것이며, 여기서 지역 사람들이 가치를 부여하였다고 하기 위해서는 특정 연령층, 특정 계층 등 일부의 사람들만이 아닌 지역 전체의 다수가 최소 한 세기, 100년에 걸쳐 선호된 것이어야 한다. 다수의 사람들이 3세대에 해당하는 한 세기 이상 선호하고 있다면 전통음식으로서 가치가 있다는 확고한 증거가 되기 때문이다(신애숙, 2000). 또한 쉴즈(Shils, 1992)는 전통은 최소한 3세대가 지속되어야 한다고 주장하였고, 버크(Burke, 1978)는 한 세대에서 다른 세대로 전달되는 데 적은 부분만 변하고 그 본질과 눈으로 볼 수 있는 정체가 남아 있는 것이 전통이라고 정의하였다.

한억(1996)은 전통음식이란 한국에서 대략 1세기 이전부터 일상생활, 궁중, 통과의례, 세시풍속 등을 통한 고유의 역사적 배경과 문화적 특질을 지니면서 지역 특성에 맞게 전승되어 현존하는 음식문화로서 한국인의 식생활에 유익하도록 합리적으로 재창조해 오는 음식문화의 총칭이라고 하였다. 또한 전통음식은 시간성, 공간성, 의례성, 외래성, 변형성 등의 특성을 가지고 있으며 이들이 하나의 유기적인 문화복합체로서 입체적으로 형성되고 요인 간의 상호 관련성이 복잡하게 작용하고 있다고 하였다.

전통음식 다음으로 널리 사용되는 전래음식에 대한 용어가 바로 향토음식이다. 향토음식의 경우 전통음식과 같이 다수의 주민에 의하여 한 세기 이상 선호되지는 못하였지만 특정 지역 주민에 의하여 지속적으로 선호되는 음식을 말하며(신애숙, 2000), 지역 특산물을 이용하여 그 지역의 독특한 전래 조리법에 의하여 만든, 지역 주민이 선호하는 음식이라고 정의할 수 있는데, 이 또한 고정적인 것이 아니라 시대에 따라 달라지는 것이다(두산세계대백과사전, 1999). 한억(1996)은 향토음식을 지역 특산물을 이용하여(공간성) 그 지역에서 고유하게 전승되어 온 비법으로 조리하거나(고유성) 또는 그 지역의 문화적 이벤트를 통해서 발달된 음식(의례성)이라고 하였다. 이러한 점에서 전통음식에서 강조되는 오랜 생명력을 지녀 '현존하는 과거' 로서의 시간적 개념보다는 지역 공간의 수평적 개념을 바탕으로 끊임없이 생성되고 소멸되는 과정을 거치면서 형성된 음식으로 보아야 할 것이며, 주변 지역의 음식과 분명한 차별성이 나타나는 특징이 있다고 하였다.

문헌에 정리된 향토음식의 정의를 요약해 보면 다음과 같다. 첫째, 향토음식은 그 지방에서 주로 많이 생산되는 특산물 혹은 그 지역에서 생산된 재료를 사용하여 그 지역에서 고유하게 전승되어 온 비법으로 조리하거나 또는 그 지역의 문화적 행사를 통해 발달한 음식으로, 타 지역에서는 그와 같은 음식을 쉽게 찾아 볼 수 없는 것으로 정의된다(윤숙경, 1994). 둘째, 향토음식은 타 지역에서 공급받은 재료라도 우리 지역에 적합한 조리법 또는 우리 지역 특정인의 고유한 조리법으로 만든 음식을 말한다(김복일 · 오영준, 1998). 셋째, 향토음식은 각지 어디에서나 있는 보편적인 재료라도 우리 지역의 생활형태나 기후풍토 등의 지역적 특성이 바탕이 된 특유의 조리법이나 가공기술을 이용하여 만든 음식이다. 넷째, 세시 풍속이나 통과의례 시 우리 지방에서 조상들이 만들어 유명해진 음식도 향토음식의 범주에 들어간다(진양호 외, 2001). 다섯째, 옛날부터 그 지방 행사와 관련하여 만든 음식으로 오늘날까지 전해져 오는 음식이다(윤은숙 외, 1995 ; 한국관광공사, 1993). 즉, 향토음식은 그 지방의 재료로 그 지방의 조리법으로 조리하여 타 지방과 차별화된 음식이라 할 수 있겠다(민계홍, 2003 ; 이선호 · 박영배, 2002 ; 신애숙, 2000). 또한 향토음식은 그 지방 사람들의 사고방식과 생활양식을 반영하며 각종 문화행사를 바탕으로 발달하는 특성을 지니고 있다고 하겠다(김복일 · 오영준, 1998).

위에서 전통음식과 향토음식의 개념 사이에 중복된 의미와 상호연관성이 있음을 알 수 있다. 손영진(2004)은 한국음식에 있어서 향토음식은 전통음식의 뿌리이자 모체라고 설명하였다. 한국음식의 특징은 뚜렷한 지역적 특성과 공간성, 고유성, 의례성 등 수평적 공간축 형성을 바탕으로 한 향토음식과 이러한 향토음식이 수직적 시간축 형성을 이루어 가는 전통음식을 떼어서 생각할 수 없고, 또한 전통음식에서 향토음식을 배제하여 생각할 수 없는 유기적인 관계로 파악되고 있으며, 이들은 상호 개념적으로 유사하지만 다른 측면에서는 구분된 구조를 갖고 있다. 한억(1996)에 따르면 향토음식은 전통음식의 뿌리에 해당하는 가장 기본적인 음식 형태로 오히려 새로운 문화 변동에 대한 포용성을 지닌 모체로서의 성질을 가지며, 향토음식이 점차 시간이 흐르면서 '전통' 의 성질을 갖게 되어 전통향토음식이 되는 것이라고 하였다. 또한 고범석 · 강석우(2004)에 의하면 전통이라는 용어가 토속, 향토를 아우르는 상위어로 사용되는데, 예컨대 전라남도 지역만을 지칭할 경우에는 향토문화, 향토음식과 같이 향토란 단어를 쓰는 것이 적절하다. 그러나 대한민국 전체를 아우를 때는 향토가 아닌 전통이라는 표현이 맞으므로 김치를 대한민국 향토음식이라고 하지 않고 대한민국 전통음식이라 한다고 하였다. 표 1에는 이미 보고된 향토음식과 전통음식의 정의에 관하여 몇 가지를 비교 제시하였다.

앞의 내용을 정리하여 보면 향토음식은 전통음식의 뿌리요, 모체이다. 즉, 한국음식에서는 전통음식을 떼어서 생각할 수 없고 전통음식에서 향토음식을 배제하여 생각할 수 없는 유기적인 관계로 파악되며 개념적으로는 유사하나 구분되는 구조가 내재되어 있다. 향토음식이 시간적으로 일정기간(3세대, 100년)을 경과하여 역사성을 갖게 되면 전통음식으로 불리게 되므로, 미래의 전통음식이라 할 수 있는 향토음식과 현재의 전통음식을 동시에 정리하는 것이 국가자원의 관리 측면에서 유익할 것으로 생각되어 이들 모두를 포함한 개념으로 '전통향토음식' 이라는 용어를 사용하고자 한다. 전통향토음식의 정의는 "향토음식이거나 전통음식(향토음식 또는 전통음식)인 것으로 우리가 계승 · 발전시켜야 할 우리의 음식" 으로 설명할 수 있다.

전통향토음식으로 정의한 음식은 다음과 같은 기준에 의하여 선정하였다. 100년 이상의 전통을 가진 음식으로 지금까지 이용되어 온 음식, 혹은 과거에 이용되었으나 지금은 사라진 음식, 외국에서 도입되었으나 우리 음식으로 인지되고 있는 음식, 향토음식 등으로 한정하였다. 다만, 이와 같은 음식들 중 외래어가 사용된 음식은 제외하였고 우리의 고유 명칭으로 불려 온 음식, 고유의 조리법을 활용한 음식으로 선정하였다.

표 1 전통음식과 향토음식의 정의

전통음식	향토음식	참고문헌
한국에서 대략 1세기 이전부터 일상생활, 궁중, 통과의례, 세시풍속 등을 통한 고유의 역사적 배경과 문화적 특질을 지니면서 지역 특성에 맞게 전승되어 현존하는 음식문화로서 한국인의 식생활에 유익하도록 합리적으로 재창조해 오는 음식문화의 총칭임(시간성, 공간성, 의례성, 외래성, 변형성)	• 그 지역의 특산물을 이용하거나(공간성) 그 지역에서 고유하게 전승되어 온 비법으로 조리하거나(고유성) 또는 그 지역의 문화적 이벤트를 통해서 발달된 음식(의례성) • 시간적 개념보다는 지역 공간의 수평적 개념을 바탕으로 끊임없이 생성되고 소멸되는 과정을 거치면서 형성된 음식으로 주변 지역의 음식과 분명한 차별성이 나타나는 특징이 있음	한억, 1996
음식문화 가운데 유형적인 측면이나 무형적인 측면 중 어느 한 가지는 개화기 이전의 것이어야 함. 개화기 이전 전통사회에서 사용된 음식과 개화기 이후 외국에서 전래된 식품들이 지금까지 사용된 우리의 식품재료와 함께 섞여 만들어지거나 혹은 우리의 전통적 방법으로 조리되어 변형된 음식		김성미, 2000
지역의 특산물을 이용하여 그 지역의 독특한 조리법에 의하여 만든 지역 다수의 주민이 한 세기(3세대) 이상 선호하여 오고 있는 음식	지역특산물을 이용하여 그 지역의 독특한 전래 조리법에 의하여 만든 지역 주민이 선호하는 음식	신애숙, 2000
예부터 전하여 내려 오는 음식으로 오랫동안 한 지역에서 먹어 온 음식. 전통음식은 절기식, 시식과 통과의례 음식이 있으며, 왕실, 반가의 화려했던 궁중음식 등이 있음		한재숙 외, 2000
궁중음식, 반가음식, 민속음식으로 대별되는 음식으로 전통적으로 전해 내려 온 음식을 의미함. 조선왕조 500년 역사 속에서 꽃피어난 왕실 반가의 화려했던 궁중음식과 일반 서민의 소박한 서민음식으로 그 고장에서 특색 있게 지켜져 내려 오는 향토음식을 모두 일컬음	• 지역에서 생산되는 재료를 그 지역의 조리법으로 조리하여 과거로부터 그 지역 사람들이 먹어 온 것으로 현재에도 그 지방 사람들이 먹고 있는 것(전통음식보다 협의의 개념) • 특산재료, 지역적 특성 반영, 지역민의 문화와 연계	이효지, 2002 민계홍, 2003
향토음식이 쌓여 나가면서 전통음식으로 자리잡아가는 수직적인 시간축을 이룸(수직적 의미)	지역 특산물을 이용하거나 그 지역에서 고유하게 전승되어 온 비법으로 조리하고 또는 그 지역의 문화적 행사를 통하여 발달된 음식(지역성, 공간성, 고유성, 의례성 - 수평적 의미)	손영진, 2004
	특산물을 타 지역에서 생산된 재료로 독특한 조리법, 흔한 재료와 특유의 조리법과 차별화된 가공기술, 지방행사와 관련된 음식	이승진, 2005
	향토식품 또는 향토음식은 그 지역의 역사 · 문화적 전통이나 특색을 담고 있을 때 그 의미와 가치가 발현됨. 향토식품은 어떤 지역의 자연 · 지리적 조건, 역사적 경험, 문화적 특성이 어우러지면서 다른 지역의 식품과 구별되는 의미를 가짐	배영동, 2006

2. 전통향토음식의 조사 · 발굴

【조사대상 및 시기】

1999년부터 2005년까지 농촌진흥청 농업과학기술원 농촌자원개발연구소에서 경기, 강원, 충북, 충남, 전북, 전남, 경북, 경남, 제주 등 9개 지역을 대상으로 전통향토음식의 조사 · 발굴을 추진하였다. 조사 · 발굴과정에서 각도 농업기술원 및 시군 농업기술센터의 식생활지도를 담당하고 있는 생활지도사의 협조로 전통향토음식의 정보 수집 및 조리법 재현이 이루어졌다. 연도별 및 지역별 조사 · 발굴과정을 살펴보면, 1999년에는 경기도 지역을 대상으로 이건순 교수(당시 농촌자원개발연구소 농업연구관, 현 한국농업대학 교수)와 이효지 교수(당시 한양대학교 교수, 현 한양대학교 명예교수) 중심의 한 연구팀이 자료 조사 및 현지 조사 · 발굴을 수행하였으며, 2000년에는 강원도 지역을 대상으로 이건순 교수와 한복진 교수(당시 한림정보산업대학 교수, 현 전주대학교 교수) 중심의 한 연구팀이 자료 조사 및 현지 조사를 수행하였다. 2001년에는 충청남북도 2개도를, 2002년에는 전라북도를 대상으로 이건순 교수 연구팀이 도별 자료를 조사 · 발굴하였다. 2003~2004년까지는 김행란 농업연구관 연구팀이 전라남도와 경상북도를 대상으로 매년 1개도씩 조사 · 발굴하였고, 2005년에는 경상남도와 제주도 등 2개도를 동시에 조사 · 발굴하였다. 서울, 부산, 대구, 인천, 광주, 대전, 울산 등 특별 · 광역시의 경우 시를 포함하고 있는 도와 함께 조사하였다(예 : 서울, 인천은 경기 지역 조사에 포함).

【조사방법】

문헌을 통한 자료 수집

본 조사에 사용한 문헌으로는 전통음식 또는 향토음식에 관한 자료로, 논문 및 학회지, 단행본, 향토문화지, 전국 시군 및 농촌진흥기관에서 발간한 향토음식 책, 팸플릿, 리플릿, 인터넷 자료 등을 이용하여 자료를 수집하고 정리하였다.

설문지를 통한 자료 수집

전국 시군 농업기술센터를 통하여 전통향토음식에 관심이 있는 전문가, 일반인, 전통향토음식 관련 조직(전통음식연구회, 우리음식연구회, 향토음식연구회)과 생활개선회원 중 해당 지역 출신자를 대상으로 지역에서 먹는 일상음식, 추억의 음식, 지역의 추천음식 등을 기록하도록 하여 자료를 수집하였다.

표 2 전통향토음식 조사자료 양식

음식명		분 류			키워드	조리방법		자료 출처			비 고
음식명 1	음식명 2	대분류	중분류	소분류	키워드	재 료	만드는 법	관련 문헌	관련 시군	정보 제공자	비 고
표준어 기재	방언, 사투리					재 료	조리, 가공법	책, 논문 등	문헌 및 정보제공자 해당 시군	이름, 주소	음식의 특징 및 유래

현지답사를 통한 발굴 및 조리법 재현

자료에 의한 지역음식을 정리한 후 조리방법이 미흡하거나 발굴 필요성이 있는 음식, 잊혀져 가는 음식 등에 대하여 시군 농업기술센터의 협조를 받아 현지답사를 하였다. 현지답사는 먼저 면담 조사과정을 거친 후 문헌에 없는 것이나, 문헌에 있다고 해도 음식명만 기록된 것 또는 너무 간단하게 기록되어 재료나 만드는 방법을 정확하게 알 수 없는 것, 시각자료화가 필요한 것 등은 직접 조리하여 시연하도록 하였다. 조리 시연을 통하여 재료와 양을 계량하고 만드는 과정을 정확히 기록하였으며 사진, 슬라이드, 비디오 등으로 촬영하였다.

【자료의 정리】

모든 자료는 엑셀 프로그램(excel program)을 이용하여 표 2와 같이 정리하였다. 음식명은 1과 2로 나누어 1은 표준어로 된 음식명을 기재하였고 2는 방언(사투리)에 의한 음식명을 기재하였다. 분류는 대분류, 중분류, 소분류로 정리하였으며, 추후 검색 기능을 갖기 위하여 음식에 대한 키워드를 입력하였다. 조리방법에는 재료와 조리방법을, 자료 출처에는 관련 문헌, 관련 시군, 정보제공자 등을 기록하였고 비고에 해당음식의 특징 및 유래 등을 기록하였다.

【자료의 표준화】

정리된 자료의 표준화를 위하여 2006~2007년에 『한국의 전통향토음식』 발간을 위한 전문가위원회를 내 · 외부 전문가 13인으로 구성 · 운영하였다. 위원 중 위원장 및 지역별 전문가를 별도로 선정하였는데, 위원장은 전주대학교 서혜경 교수로 위촉하였고 지역별 전문가로서 경기 지역의 손정우 교수(배화여자대학), 강원 지역의 윤덕인 교수(관동대학교), 충청 지역의 신승미 교수(청운대학교), 경상 지역의 김상애 교수(신라대학교), 전라 및 제주 지역의 서혜경 교수(전주대학교)로 구성하였다. 2년간 6차례의 전문가위원회 협의회를 통하여 용어 정의, 분류체계 설정, 지역성 및 역사성 검증안 마련, 책자 작성방법 및 자료의 표준화 기준을 선정하였다. 이를 근거로 조사 · 발굴된 전통향토음식 자료의 표준화 기준을 정하였다.

3. 전통향토음식의 유형별 분류 기준

한국의 전통향토음식을 분류하는 기준에는 여러 가지 방안이 제시될 수 있다. 조선시대 조리서의 분류법은 주로 재료별 분류법(『음식디미방』(1670년경), 『산림경제』(1715년), 『조선요리』(1940년))과 조리기법별 분류법(『시의전서』(1800년대 말), 『조선요리제법』(1930년대), 『조선요리법』(1938년))으로 되어 있으며 『임원십육지』(1827년경)는 조리기법별 분류 속에 재료별로 정리하고 있다(이성우, 1981). 그 외 『요록』(1680년경), 『주방문』(1600년대 말), 『민천집설』(1752년, 1822년) 등은 분류항목이 없거나 세우지 않고 있다(한억, 1996).

현대에는 제조방법별 분류에 따라 발효음식, 절임음식, 건조음식 등으로, 재료에 따라 농산물, 축산물, 수산물 등으로, 지역에 따라 전통음식 470개 품목을 팔도로 나누어 분류하였다(염초애 외, 1992). 또한 한국음식을 용도별로 분류한 후 조리법의 형태로 분류하여 주식류에는 밥, 죽, 국수와 만두 및 떡국류로 분류하고 부식류에는 국·탕, 찌개·조치, 전골·볶음, 찜·선, 생채·나물, 조림·초, 구이, 적·전, 마른반찬, 편육·족·묵, 회·숙회, 장아찌, 김치, 젓갈·식해로 분류하고 후식류에는 차·화채, 떡·한과를 분류하기도 하였고(윤덕인, 2005 ; 이효지, 2002) 나물류를 숙채, 생채, 잡채, 기타로 구분하기도 하였다(강인희, 1987).

본 서에서 음식 분류는 윤서석(1984, 1991)의 한국음식에 대한 분류를 기준으로 하였고 강인희(1987)와 황혜성 외(2000), 이효지(2002)의 분류를 참조하였다. 대분류, 중분류, 세분류는 음식유형별로 분류하였고, 세세분류는 재료별로 분류하였다. 그 결과 대분류를 주식류, 부식류, 떡류, 과정류, 음청류, 주류 등 6항목, 중분류를 밥, 죽, 미음·범벅·응이 등 55항목, 세분류를 43항목, 세세분류를 119항목으로 나누었다. 본 서의 수록방법은 주식류, 부식류, 과정류는 중분류를 기준으로 작성하였고, 떡류, 음청류, 주류는 대분류를 기준으로 작성하였다. 다만, 부식류 중 나물류에 한하여 세분류까지 나누어 표기하였다. 표 3에 음식유형별 분류표를 제시하였고, 표 4에 분류에 대한 정의를 나타냈다.

표 3 음식유형별 분류표

대분류	중분류	세분류	세세분류
주식류	밥		쌀밥, 잡곡 및 견과류밥, 채소밥, 해조류밥, 비빔밥, 기타
	죽		쌀죽, 쌀과 기타 곡류 및 견과류를 섞어 쑨 죽, 육류죽, 어패류죽, 채소죽, 약재죽, 기타죽
	미음 · 범벅 · 응이	미음, 범벅, 응이	
	국수 · 수제비	국수, 수제비	
	만두		
	떡국		
	기타		
부식류	국	맑은국	육류, 어패류, 채소류, 해조류, 알류, 기타
		토장국	육류, 어패류, 채소류, 해조류, 기타
		곰국	육류, 어패류, 기타
		냉국	육류, 어패류, 채소류, 기타
	찌개 · 전골	찌개	육류, 어패류, 채소류, 기타
		전골	육류, 어패류, 채소류, 기타
	김치		배추류, 무류, 기타 엽채류, 기타 근채류, 과채류, 해조류, 기타
	나물	생채, 숙채, 기타	
	구이		육류, 어패류, 채소류, 기타
	조림 · 지짐이	조림	육류, 어패류, 채소류, 기타
		지짐이	육류, 어패류, 채소류, 기타
	볶음 · 초		육류, 어패류, 채소류, 해조류, 곡류 및 두류, 기타
	전 · 적	전	육류, 어패류, 채소류, 해조류, 기타
		누름적 (산적)	육류, 어패류, 채소류, 해조류, 기타
	찜 · 선	찜	육류, 어패류, 채소류, 알류, 기타
		선	어패류, 채소류, 기타
	회	생회	육류, 어패류, 해조류, 기타
		숙회	어패류, 채소류, 해조류, 기타
		초회	어패류, 채소류, 해조류, 기타
		무침	어패류, 채소류, 해조류, 기타
		강회	어패류, 채소류, 해조류, 기타
		물회	어패류, 기타
	마른반찬	부각	채소류, 해조류, 기타
		자반	어패류, 해조류, 기타
		튀각	해조류, 기타
		포	육류, 어패류
	순대 · 편육 · 족편	순대, 편육, 족편	
	묵 · 두부	묵, 두부	
	쌈	생쌈, 숙쌈	

대분류	중분류	세분류	세세분류
부식류	장아찌		소금물에 담근 것, 간장에 담근 것, 된장에 담근 것, 고추장에 담근 것, 기타
	젓갈 · 식해	젓갈, 식해	
	장	된장류, 고추장류, 간장류, 기타류	
	식초		
	기타		
떡 류	찐 떡		
	친 떡		
	지진 떡		
	삶은 떡(경단류)		
	기타		
과정류	유밀과		
	유과		
	다식		
	정과		
	과편		
	숙실과		
	엿강정		
	당(엿)		
	기타		
음청류	차		
	탕		
	장		
	갈수		
	숙수		
	화채		
	미수		
	식혜		
	수정과		
	즙		
	수단		
	기타		
주 류	약주 · 탁주		
	증류주		
	기타		

표 4 음식분류에 대한 정의

대분류	중분류	정 의
주식류	밥	곡물에 물을 약 1.2~1.5배 붓고 가열하여 전분이 호화상태로 되게 만든 음식으로 쌀만을 이용한 밥이 대표적임. 쌀에 잡곡 또는 견과류를 넣어 짓는 잡곡 및 견과류밥, 채소류를 넣어 짓는 채소밥, 해조류를 넣어 짓는 해조류밥, 밥을 지은 후 다양한 식품 재료를 섞는 비빔밥 등으로 구분됨
	죽	쌀, 보리, 조 등에 물을 6~7배 가량 붓고, 오래 끓여서 쌀알의 전분이 완전 호화되게 한 유동식 상태의 음식. 쌀만을 이용한 죽, 쌀에 기타 곡류와 견과류를 섞어 쑨 죽, 육류를 섞어 쑨 죽, 어패류를 섞어 쑨 죽, 채소를 섞어 쑨 죽, 약재를 섞어 쑨 죽 등으로 구분되며 기타 죽으로 유제품을 섞어 쑨 죽 등이 있음
	미음 · 범벅 · 응이	• 미음 : 곡류에 물을 많이 붓고(10배 이상) 푹 고아서 체에 밭쳐 국물만 마시는 유동식 • 범벅 : 옥수수, 호박, 감자 등을 주재료로 하고, 팥이나 콩을 함께 넣어 익혀서 먹거나 또는 곡식가루를 넣어 쑨 음식 • 응이 : 곡물을 갈아서 앙금을 만들어 말려 두었다가 이것을 이용하여 쑨 죽. 주로 오미자나 향미식품 즙액을 섞어서 충분하게 가열하여 걸죽하게 만든 것으로 유동식의 하나임. 의이(薏苡)라고도 함
	국수 · 수제비	• 국수 : 메밀가루, 밀가루, 감자가루 등을 주재료로 하여 반죽한 후 면대를 만들어 가늘게 썰거나, 반죽을 국수틀에 넣어 가늘게 뽑은 후 국물에 말거나 또는 비벼 먹는 음식. 국수의 종류는 재료별로 녹말국수, 메밀국수, 밀국수 등이 있고, 조리법에 따라 국수장국(온면), 냉면, 비빔국수(골동면), 칼국수, 제물국수, 건진국수 등이 있음 • 수제비 : 밀가루 반죽을 국수보다 질게 하여, 맑은장국에 손으로 자연스러운 모양으로 얇고 편편하게 떠 넣어 끓인 것. 장국으로는 고기맑은장국, 멸치맑은장국 등이 쓰이며, 지역에 따라 닭을 고아 끓인 미역국에 넣어 끓이기도 함
	만 두	밀가루, 메밀가루 또는 채소(배추, 동아), 얇게 저민 생선살을 껍질로 하고, 쇠고기, 닭고기, 두부, 숙주 등의 소를 넣고 빚은 음식. 조리법은 삶거나, 찌거나, 지지기도 하고, 끓는 육수나 장국 등에 넣어 끓이기도 함. 만두를 싸는 재료와 소의 재료, 빚는 모양에 따라 구분되어 불림
	떡 국	쌀가루를 쪄서 절구에 친 후 가래를 지은 것을 흰떡이라고 하며, 이것을 타원형으로 어슷하고 얇게 썰어 국물에 넣어 끓인 음식. 예전에는 떡국을 끓일 때 국물 재료로 꿩고기를 사용하였으나, 지금은 쇠고기나 닭고기를 사용하고 지역에 따라 굴, 멸치 등의 해산물을 이용하기도 함. 웃고명으로는 고기 볶은 것, 달걀지단, 파 등을 얹음. 개성 지방에서는 떡을 조랭이떡으로 빚어서 조랭이떡국을 끓임
	기 타	주식류에 포함되지만 위의 어느 중분류에도 속하지 않는 음식
부식류	국	육류, 어패류, 채소류, 해조류 등에 물을 넣어 끓임으로써 국물에 재료의 맛이 우러나도록 조리한 것. 조리방법에 따라 맑은장국, 토장국, 곰국 및 탕, 냉국 등으로 나눌 수 있음 • 맑은장국 : 물이나 양지머리국물(육수)에 맑은 국간장으로 간을 맞추어 여러 가지 건더기를 넣고 끓인 국 • 토장국 : 쌀뜨물에 된장이나 고추장으로 간을 맞추어 여러 가지 건더기를 넣고 끓인 국 • 곰국 : 육류의 여러 부위를 푹 고아서 소금으로 간을 맞춘 국 • 냉국 : 끓여서 차게 식힌 물에 맑은 국간장으로 간을 맞추어 끓이지 않고 날로 먹을 수 있는 건더기를 넣어 차게 해서 먹는 국
	찌개 · 전골	• 찌개 : 일명 조치. 국보다 국물을 적게 끓인 국물음식으로서 건더기와 국물을 반반 정도로 끓이는 음식. 간은 국보다 좀 센 편이고, 간을 맞추는 주재료에 따라 된장찌개, 고추장찌개, 젓국찌개 등으로 나뉨 • 전골 : 육류, 어패류, 채소류 등을 색 맞추어 담고 육수를 부어 즉석에서 끓이는 음식
	김 치	채소류와 해조류를 소금에 절이고 고추, 파, 마늘, 생강 등의 갖은 양념과 젓갈을 넣어 버무려 발효시킨 음식. 김치류는 주재료에 따라 배추, 무, 엽채류, 근채류, 과채류, 해조류 등을 이용한 김치로 분류됨

대분류	중분류	정 의
부식류	나 물	• 생채 : 채소를 날것대로, 혹은 소금에 절여 양념에 무친 것, 무치는 양념에 따라 고춧가루, 간장, 참기름, 다진 파, 마늘, 설탕, 식초 등으로 무친 것, 초간장에 무친 것, 겨자즙에 무친 것, 호두나 실백즙에 무친 것 등으로 나뉨 • 숙채 : 채소를 데쳐서 양념에 무치거나, 식용유에 볶으면서 양념을 한 것으로 나뉨 • 기타 : 생채와 숙채에 속하지 않는 음식으로 육류와 채소 등 여러 가지 재료를 섞어서 만드는 잡채, 탕평채 등의 음식
	구 이	육류, 어패류나 더덕과 같은 식물성 식품 재료에 소금간 또는 갖은 양념을 하여 불에 구운 음식으로 너비아니, 생선구이, 더덕구이 등이 있음
	조림 · 지짐이	• 조림 : 육류, 어패류, 채소류 등의 재료에 간을 약간 세게 하여 재료에 간이 충분히 스며들도록 약한 불에서 오래 익히는 음식. 조림의 간은 주로 간장으로 하나 고등어, 꽁치같이 살이 붉고 비린내가 강한 생선은 간장에 된장, 고추장을 섞어서 조림 • 지짐이 : 지짐이는 찌개와 조림의 중간쯤에 놓일 수 있는 음식으로서 찌개보다는 국물이 적고 조림보다는 국물이 많게 조리한 음식임. 대체로 일반 어패류가 많이 쓰이며, 때로 전을 부친 것에 국물을 조금 넣고 지짐 음식으로 하는 경우도 있음
	볶음 · 초	• 볶음 : 육류, 어패류, 채소류, 해조류, 곡류 및 두류 등을 손질하여 기름에 볶은 음식의 총칭. 볶음음식은 대체로 200℃ 이상의 고온에서 재료를 볶아야 물기가 흐르지 않으며, 기름에만 볶는 것과 볶다가 간장, 설탕 등으로 조미하는 것 등이 있음 • 초 : 볶음음식의 하나로서 전복초, 홍합초와 같이 간장, 설탕, 기름으로 국물이 없게 바싹 조린 음식
	전 · 누름적 (산적)	• 전 : 육류, 어패류, 채소류, 해조류 등의 재료를 다지거나 얇게 저며서 소금, 후춧가루로 간을 하고 밀가루를 바른 다음 달걀을 씌워 양면을 기름에 지진 음식. 전유어, 전유화, 저냐라고도 함 • 누름적(산적) : 육류, 어패류, 채소류, 해조류를 가늘고(1cm 정도), 길게(8~10cm 정도) 잘라서 꼬챙이에 색을 맞추어 꿰어 밀가루를 묻히고 달걀을 풀어 씌워 프라이팬에서 전 부치듯이 지진 음식의 총칭임. 밀가루 갠 것만 묻혀서 부치는 경우도 있고, 간을 소금 대신 장류로 하는 경우도 있음. 일명 누르미라고도 함
	찜 · 선	• 찜 : 재료를 큼직하게 썰어 갖은 양념을 하여 물을 붓고 오랫동안 끓여서 푹 익혀 재료의 맛이 충분히 우러나고 약간의 국물이 어울리도록 한 음식임. 주로 육류와 어패류 등 동물성 식품을 주재료로 하고 채소류, 알류 등을 부재료로 함. 김을 올려서 찌거나 또는 중탕으로 익히기도 하고, 수증기와 관계없이 그냥 즙이 바특하게 남을 정도까지 삶아서 익히는 방법도 있음 • 선 : 오이, 가지, 호박, 두부와 같은 재료에 소를 넣고 살짝 쪄서 초간장에 찍어 먹는 음식
	회	• 생회 : 육류, 어패류, 해조류를 날것으로 먹는 음식으로 재료를 얇게 포 뜨거나 가늘게 썰어 초고추장, 겨자장 또는 소금, 후춧가루에 찍어 먹는 음식 • 숙회 : 어패류, 채소류, 해조류를 살짝 익혀 만든 회음식 • 초회 : 어패류, 채소류, 해조류 등을 식초와 간장(또는 소금)으로 살짝 간을 하여 만든 회음식 • 무침 : 어패류, 채소류, 해조류 등을 고추장이나 양념에 무친 회음식 • 강회 : 회의 재료를 미나리, 실파 등의 가는 채소류로 예쁘게 말아 초고추장에 찍어 먹는 음식 • 물회 : 생선을 날로 잘게 썰어서 파, 마늘, 고춧가루 등의 양념과 함께 버무린 후 물을 부어서 만든 음식
	마른반찬	육류, 어패류, 채소류, 해조류 등을 소금에 절이거나, 또는 장이나 찹쌀풀을 발라 말려 저장해 두었다가 튀기거나 조리거나 무친 밑반찬용의 음식 • 부각 : 채소류와 어패류에 걸쭉하게 쑨 찹쌀풀을 발라 말려 두었다가 기름에 튀긴 음식 • 자반 : 어패류와 해조류를 간이 세게 절여서 저장해 두었다가 이용한 음식 • 튀각 : 주로 해조류 등의 재료에 아무것도 바르지 않고 잘라 끓는 기름에 튀긴 음식 • 포 : 육류와 어패류를 양념하여 얇게 펴서 말린 음식

대분류	중분류	정 의
부식류	순대 · 편육 · 족편	• 순대 : 돼지피와 찹쌀, 데친 숙주, 배추우거지 등을 섞어 갖은 양념을 한 후 돼지 창자 속에 꼭 차게 집어 넣고 실로 양끝을 잡아맨 후 찐 음식 • 편육 : 소의 양지머리, 사태 또는 돼지고기 등을 삶아 익혀서 차게 눌렀다가 얇게 저며 쓰는 고기음식 • 족편 : 쇠머리, 쇠족, 사태육, 양지 등을 푹 고아 석이채, 알고명, 실고추를 뿌려 식혀서 묵처럼 엉기게 한 음식
	묵 · 두부	• 묵 : 메밀, 녹두, 도토리, 칡 등의 전분가루에 물을 넣고 풀 쑤듯 쑤어 식혀서 엉기게 한 음식 • 두부 : 콩을 물에 담갔다가 갈아 그 액을 가열하여 비지를 짜 내고 간수(응고제)를 첨가하여 굳힌 음식
	쌈	채소류와 해조류로 밥과 반찬을 함께 싸서 먹는 음식. 쌈에는 재료를 생으로 쓰는 것(생쌈)과 데쳐서 쓰는 것(숙쌈)으로 나뉨
	장아찌	주로 채소류를 소금물, 간장, 된장, 고추장 속에 넣어 삭혀 만든 음식으로, 각종 육류, 어류도 살짝 익혀 된장, 고추장 속에 넣어 만들기도 함
	젓갈 · 식해	어패류의 염장식품으로 숙성 중 자체 효소에 의한 소화작용과 약간의 발효작용이 있고 반찬음식이나 조미용 식품으로 쓰이고 있음. 젓갈의 담금법으로는 소금에만 절인 것, 소금과 술에 절인 것, 기름이나 천초 등 향미를 섞어서 담근 것, 소금과 누룩에 담근 것, 소금과 엿기름과 찹쌀밥 등을 섞어 담근 것 등으로 크게 나눌 수 있음. 각종 육류를 어패류에 섞어서 담근 어육장도 있음 • 젓갈 : 어패류의 살, 내장, 알 등을 20%의 소금으로 절여 자체 내의 자가분해 효소와 미생물에 의해 발효시킨 음식 • 식해 : 소금에 절인 생선살에 밥(조밥, 쌀밥), 무채, 고춧가루, 기타 양념 등을 함께 섞어 발효시킨 음식
	장	콩으로 메주를 쑤어 띄워 담근 간장, 된장, 고추장이 기본장이며, 이외에 계절에 따라 별미로 담는 속성장이 있음
	식 초	신맛을 갖는 대표적인 조미료로 곡물이나 과일을 초산 발효시켜 만든 음식
	기 타	부식류에 포함되지만 위의 어느 중분류에도 속하지 않는 음식
떡 류	찐 떡	일명 시루떡으로 곡물가루와 고명을 시루에 켜켜로 안쳐 쪄서 만드는 떡
	친 떡	곡물로 밥을 짓거나, 곡물가루를 시루에 찐 다음, 절구에 놓고 쳐서 만드는 떡
	지진 떡	곡물가루를 반죽하여 모양을 만들어 프라이팬에서 기름으로 지지는 떡
	삶은 떡	경단류로 곡물가루를 반죽하여 모양을 만들어 삶아 건져 고물을 묻히는 떡
	기 타	떡류에 포함되지만 위의 어느 중분류에도 속하지 않는 음식
과정류	유밀과	밀가루에 꿀, 기름을 넣고 반죽한 것으로 모양을 만들어 기름에 튀겨 낸 다음 즙청한 음식
	유 과	찹쌀가루에 콩물 또는 술을 넣어 반죽하여 쪄 낸 것을 꽈리지게 치댄 후 얇게 밀어 말렸다가 기름에 튀겨 내어 당액과 고물을 묻힌 음식
	다 식	곡물가루, 약재가루, 견과류, 종실류, 꽃가루 등을 꿀에 반죽하여 다식판에 찍어 낸 음식
	정 과	식물의 뿌리, 줄기, 열매 등을 통째로 또는 썰어서 날것 그대로 삶아서 꿀이나 설탕에 졸인 음식
	과 편	신맛이 나는 과일의 즙을 내어 설탕을 넣고 졸이다가 녹말을 넣어 엉기도록 하여 그릇에 쏟아 식힌 다음 편으로 썬 음식
	숙실과	과일이나 식물의 뿌리를 익혀서 다지거나, 익혀서 가루 내어 꿀을 넣고 반죽하여 다시 원래의 모양으로 빚어서 잣가루를 묻힌 것을 난(卵)이라 함. 또한 과일의 모양 그대로를 꿀에 졸여 계핏가루와 잣가루를 묻힌 것을 초(炒)라 함

대분류	중분류	정 의
과정류	엿강정	엿물이나 조청, 꿀, 설탕시럽에 콩이나 깨, 또는 견과류를 넣고 섞어서 반대기를 지어 편으로 썬 음식
	당(엿)	쌀, 찹쌀, 수수, 고구마 등 전분식품에 엿기름을 섞어 당화시켜 졸인 음식
	기 타	과정류에 포함되지만 위의 어느 중분류에도 속하지 않는 음식
음청류	차	각종 약재, 과일, 차잎 등의 재료들을 가루 내거나 말려서, 또는 얇게 썰어 꿀이나 설탕에 재웠다가 끓는 물에 타거나 직접 물에 넣어서 끓여 마시는 음료
	탕	꽃이나 과일 말린 것을 물에 담그거나 끓여 마시는 것과 한약재를 가루 내어 끓이거나 오랫동안 졸였다가 고를 만들어 저장해 두고 타서 마시는 음료
	장	향약, 과실 등을 꿀, 설탕, 녹말을 푼 물에 침지하여 숙성시켜서 약간 시게 하여 마시는 음료
	갈 수	농축된 과일즙에 한약재를 가루 내어 혼합하여 달이거나 한약재에 곡물, 누룩 등을 넣어 꿀과 함께 달여 마시는 음료
	숙 수	향약을 물에 넣어 달여 꿀에 타서 마시는 것으로 조선시대부터는 숭늉을 숙수라 함
	화 채	과일과 꽃을 여러 형태로 썰어서 꿀이나 설탕에 재우거나 그대로 오미자국물이나 설탕물, 꿀물에 띄워 마시는 음료
	미 수	여러 종류의 곡류를 쪄서 볶은 후 곱게 가루 내어 냉수나 꿀물 또는 설탕물에 타서 마시는 음료
	식 혜	엿기름가루를 우려 낸 물에 밥(찹쌀밥 또는 멥쌀밥)을 넣어 일정한 온도와 시간 동안 삭혀서 만든 음료
	수정과	생강과 계피 등을 달인 물에 단맛을 내도록 꿀이나 설탕을 넣고 곶감을 넣은 음료
	즙	과일, 채소, 향약을 잘게 썰어서 즙을 낸 음료
	수 단	곡물을 그대로 삶거나 또는 가루 내어 흰떡 모양으로 빚어서 썬 다음 전분을 묻혀 삶아 내고 꿀물에 타거나 띄워서 마시는 음료
	기 타	음청류에 포함되지만 위의 어느 중분류에도 속하지 않는 음식
주 류	약주 · 탁주	곡물을 주재료로 하고 초근목피과실(草根木皮果實) 등의 부재료를 첨가하여 발효시켜 알코올 성분이 있게 만든 음료. 용수를 박아 맑은 술을 떠 낸 것을 약주, 맑은 술을 떠내지 않고 그대로 걸러 짠 술을 탁주라 함
	증류주	곡류와 초근목피과실(草根木皮果實) 등으로 발효시킨 술을 다시 증류하여 알코올 성분을 많이 함유하게 한 술(소주 등)
	기 타	주류에 포함되지만 위의 어느 중분류에도 속하지 않는 음식

4. 전통향토음식 자료의 표준화

【음식명 표기】

① 표준어와 방언 중복 기록 : 표준어명(방언명)

② 조리법이 유사하나 다른 음식명이 기록된 경우
　예) 매생이탕 - 매생이국은 매생이국(매생이탕)으로 표기하고 통합 정리

감자밥 - 통감자밥은 감자밥으로 통합하고 감자밥에서 통감자밥 언급

③ 음식명이 같으나 조리법이 다른 경우
예) 매생이국 '방법 1', '방법 2' 등으로 표기

④ 나물, 생선 등을 이용한 음식의 표기
- 산나물밥, 나물무침 : 음식명에 산나물밥을 표기하고 참고사항에 "사용할 수 있는 산나물은 고사리, 취나물 등이 있다"로 설명함
- 나물명을 표기 가능한 것은 참나물, 고사리나물 등으로 정확히 표기
- 매운탕, 생선매운탕 : 어종을 표기하든가, 하단에 민어, 우럭 등을 사용한다고 설명

⑤ 곤지암소머리국밥, 백암순대 등 지명이 붙은 음식명 그대로 표기 : 지명이 붙은 음식은 '참고사항'에 그 음식의 유래 설명

【재료의 분량 표기】

① 가능한 한 기본 4인분, 부식류 중 김치, 장아찌, 젓갈·식해, 장, 떡류, 과정류, 주류 등 일반적으로 대량 조리하는 음식은 대량 조리가 가능한 분량으로 표기하였음
- CGS 단위를 사용하되 소비자가 알기 쉽도록 개, 컵 등 중복 표현
  예) 대파 20g(1뿌리), 감자 100g(1개)
- 주·부재료는 CGS 단위, 양념류는 컵, 큰술, 작은술 사용

② 재료 표기 순서 : 주재료, 부재료, 양념순으로 하고 필요시 양념장의 재료는 별도 표기

※ 실험조리 및 현지 조리법을 재현한 품목 이외의 일부 음식에 대한 재료의 분량은 표기가 불가능하였음

【재료, 만드는 방법 표기】

① 작성방법 : 기준서를 따라 작성하되 세부사항은 전문가 위원회에서 검토

※ 기준서 : 신승미 외, 한국 전통음식 전문가들이 재현한 우리 고유의 상차림, 교문사, 2005

② 재료 및 만드는 법 등을 표준어로 표기 : 방언(사투리)은 '참고사항' 부분에 별도 기록

③ 조리과정을 과학적으로 설명하기 위해 ( ) 안에 세부 설명을 제시 : 송송썰기(0.5cm 길이), 납작썰기(2×1×0.3cm) 등

【출처 및 정보제공자 표기】

① 책자 : 저자, 서명, 출판사, 발행년도(발행년도의 오름차순으로 입력)

② 논문 : 저자, 논문제목, 학회지명, 권호, 연도(발행년도의 오름차순으로 입력)

③ 정보제공자 및 조리시연자 : 이름, 주소, 주소의 경우 동 또는 리까지만 표기, 이하의 주소 및 전화번호 삭제(이름의 가나다순으로 입력)

【조리방법 설정】

① 현지조사 및 조리법 재현 자료
② 농촌진흥청 농업과학기술원 농촌자원개발연구소의 조리 실험에 의한 조리방법 : 농촌 식생활 향상을 위한 식생활 평가 시스템 개발연구 보고서(농촌진흥청, 2000)
③ 『소비자가 알기 쉬운 식품영양가표』 인용(농촌진흥청 농촌생활연구소(현 농촌자원개발연구소), 2002)
④ 참고문헌에 의한 설정(출처 반드시 기록)
⑤ 식품교환표(한국영양학회, 2000), 『사진으로 보는 음식의 눈대중량』(대한영양사협회 · 삼성서울병원, 1999) 참고한 조리방법 설정
⑥ 조리방법 설정이 불가능할 경우 재료명만 쓰기

표 5 재료, 만드는 법 용어 표기방법

	일반적 표기법	통일된 표기법
분량 및 기구	C	컵
	Ts, T	큰술
	ts, t	작은술
	번철, 후라이팬, 프라이팬	팬
	남비	냄비
	1과 ½컵, 1 1/2컵	1½컵
	되, 말, 홉, 짝	g, mL(컵)
재 료	건고추	마른고추
	검정콩, 흑태	검은콩
	계란	달걀
	계피가루, 계피	계핏가루, 통계피
	고추 가루, 고추가루	고춧가루
	꼬지, 꼬챙이	꼬치
	녹말가루	전분
	다대기	다진 양념
	다시물, 맛국물, 고기국물	장국국물, 육수
	돈육	돼지고기
	들깻잎	깻잎
	메주가루	메줏가루
	면보, 베보자기	면포
	무우	무
	밥물	밥짓는 물
	소고기	쇠고기
	양념용 깨	깨소금, 통깨
	양념으로 사용하는 마늘, 파, 생강	다진 마늘, 다진 파, 다진 생강
	양념이 아닌 마늘	마늘, 통마늘

	일반적 표기법	통일된 표기법
	양조간장, 진간장, 왜간장, 간장	간장
	청장, 집간장, 조선간장	국간장
	적당량, 적정량	적량
	조금, 소량	약간
	집청액, 시럽	즙청액
	청고추	풋고추
	콩기름, 기름, 튀김기름	식용유
	파	대파, 쪽파, 실파
	표고, 마른 표고버섯	표고버섯, 건표고버섯
	호박	애호박, 단호박, 늙은 호박
	홍고추	붉은 고추
	황율	황률(말린 밤)
	황·백지단, 황백색지단	황백지단
	후추	후춧가루, 통후추
만드는 법	파, 마늘, 풋고추, 생강 다지는 과정은 문장에서 삭제	재료에 다진 파, 다진 마늘 등으로 표기
	~을 곁들여 낸다. ~을 담아 낸다.	곁들인다.
	~을 졸인다.	~을 조린다.
	서술형으로 표현된 것	1, 2, 3 등으로 간결하게 표현

표 6 썰기 표현의 표기방법

	썰기방법		규격(길이×폭×두께)	이용되는 음식
깎 기	돌려 깎기		5cm 길이	호박, 오이 등
	둥글려 깎기		밤톨 크기	감자, 당근, 무 등
썰 기	채 썰기	아주 가는 채	5×0.1×0.1cm	구절판
		가는 채	5×0.2×0.2cm	무생채, 도라지생채
		굵은 채	5×0.3×0.3cm	잡채
	나박썰기		2.5×2.5×0.2(0.3)cm	나박김치, 무국
	깍둑썰기		사방 2cm	깍두기
	직사각형 썰기		5×1×0.3cm	겨자채, 무숙장아찌
	마름모 썰기		폭 2cm	지단, 미나리초대
	원형썰기		0.2~0.3cm	오이생채
	반달썰기		0.4~0.5cm	된장찌개, 생선찌개의 부재료
	부채꼴(은행잎)썰기		재료를 십자로 4등분	조림음식 등의 고명
	어슷썰기		0.3cm	대파, 고추
	편 썰기		0.2~0.3cm	홍합초의 생강
다지기	다지기		사방 0.1cm	마늘, 파 양념 다지기
	굵게 다지기		사방 0.2~0.3cm	고추, 파 등

자료 : 홍진숙 외, 기초한국음식, 교문사, 2007

5. 전통향토음식의 지역성 검증

1999~2005년까지 농촌자원개발연구소에서 조사 · 발굴한 전국 9개도 1만 4,308종의 음식자료의 지역성 검증 및 『한국의 전통향토음식』 발간을 위한 전문가위원회를 구성하였다. 전문가위원 중 지역성 검증을 위한 지역별 전문가 5명을 별도로 선정하였는데, 경기 지역의 검증위원에 손정우 교수(배화여자대학), 강원 지역의 검증위원에 윤덕인 교수(관동대학교), 충청 지역의 검증위원에 신승미 교수(청운대학교), 경상 지역의 검증위원에 김상애 교수(신라대학교), 전라 및 제주 지역의 검증위원에 서혜경 교수(전주대학교)로 구성하였다. 지역성 검증을 위한 전문가는 우리나라 전통음식 또는 향토음식에 조예가 깊고 조리 또는 향토음식과 관련하여 연구실적을 발표해 온 교수들로 선정하였다. 2006~2007년까지 6차례의 전문가협의회를 통하여 각 지역별 전통향토음식의 지역성 검증에 관한 절차와 방법을 논의하였고, 이를 바탕으로 해당 지역 지역성 검증위원이 해당 지역의 음식인지 여부를 검토하였다.

전문가협의회를 통해 지역성 검증을 위한 지역 구분은 행정구역상 구분을 따르기로 결정하였고, 그에 따라 검증 지역을 서울 · 인천 · 경기 지역, 강원 지역, 충북 지역, 대전 · 충남 지역, 전북 지역, 광주 · 전남 지역 , 대구 · 경북 지역, 부산 · 울산 · 경남 지역, 제주 지역 등 9개 지역으로 나누었다. 조사 · 발굴된 전통향토음식 중 각 지역음식에 포함될 음식의 1차적 기준을 설정하였다. 음식명이 우리나라 고유 언어로 불린 음식으로 한정하여 카레나 케첩 등은 제외하였고 조리법에서도 우리나라 고유의 조리법을 활용한 음식으로 한정하였다. 식품재료 사용에서도 우리나라에서 1970년 이전(수입농산물이 급격히 증가하기 전)에 사용해 온 것으로 한정하여 현대에 이르러 새롭게 식품재료로 활용되고 있는 흑미 등으로 조리된 음식은 제외하였다. 또한 전체적으로 '재료', '조리법', '음식명' 에서 우리 고유의 음식 특색이 없는 것은 제외하였다. 지역성 검증 작업을 진행하면서 몇 번의 협의와 수정을 거쳐 최종적으로 지역성 검증 기준을 다음과 같이 마련하였다.

첫째, 해당 지역의 특산물을 이용한 음식이어야 한다. 여기서 '해당 지역의 특산물' 이라 함은 그 지역에서 최소한 1970년대 이전부터 많이 재배되어 오는 농수산물을 말하며, 최근에 이르러 많이 재배되거나 전략적인 특산물로 홍보되는 작물은 제외하였다.

둘째, 해당 지역의 독특한 조리법에 의하여 만들어진 음식이어야 한다. '미역국' 이라도 다른 지역과 차별되는 그 지역만의 독특한 조리법이나 재료를 사용하면 그 지역의 음식으로 간주하였다.

셋째, 그 지역 주민이 선호하는 음식이어야 한다. 오래 전부터 그 지역 주민들이 즐겨 먹어 온 음식이어야 하고, 예전에는 먹지 않았으나 교통 · 통신수단의 발달로 타 지역에서 유입된 후 현대에 이르러 많이 먹는 음식은 제외하였다.

넷째, 그 지역의 환경과 관련성을 가진 음식이어야 한다. 그 지역의 독특한 자연환경, 생활상, 문화 등과 관련성이 있는 음식은 지역음식으로 간주하였다.

다섯째, 학술지나 고문헌, 각 지역에서 발간된 향토음식 관련 책자 등에서 그 지역음식으로 검증된 음식이어야 한다. 학술지나 고문헌, 향토음식 관련 책자 등에서 학술적으로 검증된 자료를 인용할 경우 반드시 문헌명과 출처를 제시하여야 한다.

이와 같이 다섯 가지로 지역성 검증 기준을 마련하였고, 이 다섯 가지 중 어느 한 조건이라도 만족하는 경우 그 지역의 음식으로 간주하였다. 이러한 검증 작업의 결과 최초의 조사 · 발굴된 1만 4,308종의 음식자료에서 최종적으로 3,300여 종의 음식이 지역음식으로 선정되었다.

6. 고문헌을 통한 역사성 검증

본 서에 실린 상용음식의 역사성 검증은 장혜진 · 이효지 연구(1989)의 고문헌 고찰방법을 채택하였다. 고문헌 고찰을 하기 위해서는 가장 먼저 고찰할 문헌들을 결정해야 하므로 문헌 선택을 위한 몇 가지 기준을 정하였다. 첫째, 조선시대 이후에 출간된 조리서나 식품에 관련된 문헌을 대상으로 하였다. 쉴즈(Shils, 1981)에 의하면 어떤 신념이나 행위모형이 '전통'이 되기 위해서는 적어도 2번의 전승과 3세대의 간격이 필요하다고 하였다. 여기서 2번의 전승과 3세대의 간격이란 최소한 100년 동안의 전승이 있어야 한다는 의미이며, 조선시대의 고조리서에 등장한 음식이라면 이러한 100년 전승의 조건을 충분히 만족하는 것으로 판단하였다. 또한 조선시대는 농경을 중시하여 곡식과 채소의 생산이 늘어났고 그에 따라 식생활 문화가 발달하여 반가에서 음식 만드는 조리서들이 쓰여지기 시작하였다. 따라서 조선시대에 등장한 고조리서 고찰은 본 책자에 실린 음식들의 역사성을 검증하는 작업에 충분한 것으로 사료된다.

문헌을 선정하는 두 번째 기준으로 작업의 편이성을 위하여 한글 번역이 되어 있는 고조리서로 선정하였다. 만약 한글 번역이 되어 있지 않았는데, 내용상 고찰이 필요한 고조리서의 경우에는 그 고조리서를 분석한 학술논문 고찰로 대신하였다. 『도문대작』, 『주방문』, 『음식법』, 『부인필지』 등이 이에 해당한다.

세 번째로 조선 전기부터 일제시대까지 전체를 아우를 수 있게 약 50~100년 간격으로 문헌이 출간된 시점을 고려하였다. 역사성 검증을 위해 선정된 문헌은 표 7에, 학술논문은 표 8에 정리하였다. 선정된 각 문헌의 내용과 특징을 간략히 살펴보면 다음과 같다.

산가요록(山家要錄)

1449년 전순의가 지은 종합농서로서 식품 부분에 있어서는 우리나라에서 가장 오래된 최초의 식품서적으로서의 가치가 있다. 책의 내용은 양잠, 종상(種桑), 과수, 죽목(竹木), 채소, 염료작물, 가축 등의 농업 부분과 주류, 장류, 식초류, 침채류, 과일 · 채소류 저장, 어육류 저장, 동절양채, 죽류, 병과류, 국수 · 만두류, 과정류, 좌반류, 식해류, 기타 조리법 등의 식품 부분으로 나누어 만드는 법을 설명하고 있으며 이와 함께 옷 만들기 길한 날과 여러 가지 염색방법에 대해서도 기록하고 있다. 식품 부분은 중국농서를 참고하지 않아 그 시대의 전통적인 한국 고유의 식품을 기록하였다고 생각되고, 식품 부분이 180항목 내외로 그 내용이 다양하고 풍부한 특징이 있다.

표 7 역사성 검증을 위해 선정된 문헌

문 헌	원저자	원저 발행년도	역 자	발행처	발행년도
산가요록(고농서 국역총서 8)	전순의	1449	농촌진흥청	농촌진흥청	2004
식료찬요(고농서 국역총서 9)	전순의	1460	농촌진흥청	농촌진흥청	2004
수운잡방 · 주찬	김수	1500년대	윤숙경 역	신광출판사	1998
도문대작[1]	허균	1611			
지봉유설	이수광	1614	남만성 옮김	을유문화사	1980
음식디미방(경북대학교 고전총서 10)	석계부인, 안동 장씨	1670년경	경북대학교 출판부	경북대학교 출판부	2003
주방문[1]	하생원	1600년대 말엽			
산림경제 2권(고전국역총서)	홍만선	1715	민족문화추진회	민문고	1967
증보산림경제	유중림	1765	윤숙경 역	지구문화사	2005
규합총서	빙허각 이씨	1815	정양완	보진재	1999
음식법[1]	미상	1854(추정)			
시의전서	미상	1800년대 말엽	이효지 외	신광출판사	2004
부인필지[1]	미상	1915			
조선무쌍신식요리제법	이용기	1924	옛음식연구회	궁중음식연구원	2001
조선요리제법	방신영	1942		한성도서 주식회사	1942

주 : 1)의 고문헌들은 한글로 번역된 문헌을 찾을 수 없어 문헌들을 분석한 학술논문을 참고로 하였다. 참고한 학술논문은 표 8에 제시하였다.

식료찬요(食療纂要)

1460년 의관을 지낸 전순의가 지은 의서로서 현존하는 고서 중 최고의 식이요법서이다. 병을 치료하는 데 식품으로 치료하는 것을 우선해야 함을 강조하여 식이요법의 중요성과 실용적인 조문만 뽑아 간편하게 찾도록 구성하였다.

수운잡방(需雲雜方) · 주찬(酒饌)

김수가 지은 1500년대 조리서로서 고려 말에서 조선 전기의 음식 조리법과 안동 사림계층의 식생활을 엿볼 수 있는 특징이 있다. 그 내용은 술 빚는 법, 장류, 김치, 식초류, 채소 저장법, 과일 저장법, 조과 만들기, 타락, 엿 만들기 등이 포함되어 있으며 우리나라에 고추가 유입되기 전의 조리서이기 때문에 고춧가루를 넣지 않은 김치가 기록된 문헌이다.

도문대작(屠門大嚼)

1611년 허균이 바닷가에 귀양가서 거친 음식만 먹게 되자 견딜 수 없어 전에 먹어 보았던 음식을 떠올리며 기록하면서 자신이 도살장문(屠門)을 바라보고 그게 씹는(大嚼) 것과 같다고 하여 붙여진 이름이다. 그 내용은 식품을 분류하여 식품의 특징과 명산지를 기록하고 떡과 한과류를 중심으로 서울의 음식을 소개하였다. 이를 통하여 광해군시대의 식품재료와 각종 음식을 한눈에 볼 수 있다는 것과 다른 조리서들과 비교하였을 때 지역성을 알 수 있다는 점이 특징이다.

표 8 역사성 검증을 위해 선정된 학술논문

저 자	논문제목	학술지	연 도
이효지	『규곤시의방』의 조리학적 고찰	대한가정학회지, 19(2)	1981
이효지	『규합총서』, 『주식의』의 조리과학적 고찰	한양대학교 사대논문집	1981
김귀영 · 이성우	『주방문의』 조리에 관한 분석적 연구	한국식생활문화학회지, 1(4)	1986
이광자	우리나라 문서에 기록된 찬물류의 분석적 고찰	한양대학교 교육대학원 석사학위논문	1986
이효지	조선시대의 떡문화	한국조리과학회지, 4(2)	1988
장혜진 · 이효지	주식류의 문헌적 고찰	한국식생활문화학회지, 4(3)	1989
윤서석	한국의 국수문화의 역사	한국식생활문화학회지, 6(1)	1991
윤서석 · 조후종	조선시대 후기의 조리서인 『음식법』의 해설 1	한국식생활문화학회지, 8(1)	1993
	조선시대 후기의 조리서인 『음식법』의 해설 2	한국식생활문화학회지, 8(2)	1993
	조선시대 후기의 조리서인 『음식법』의 해설 3	한국식생활문화학회지, 8(3)	1993
이효지 · 차경희	부인필지의 조리과학적 고찰	한국식생활문화학회지, 11(3)	1996
김기숙 · 백승희 · 구선희 · 조영주	『음식디미방』에 수록된 채소 및 과일류의 저장법과 조리법에 관한 고찰	중앙대학교 생활과학논집 12권	1999
김기숙 · 이미정 · 강은아 · 최애진	『음식디미방』에 수록된 면병류와 한과류의 조리법에 관한 고찰	중앙대학교 생활과학논집 12권	1999
이은욱	조선 후기 식기 및 음식의 특색과 변화	이화여자대학교 석사학위논문	2002
김미희 · 유명님 · 최배영 · 안현숙,	『규합총서』에 나타난 농산물 이용 고찰	한국가정관리학회지, 21(1)	2003
차경희	『도문대작』을 통해 본 조선 중기 지역별 산출 식품과 향토음식	한국식생활문화학회지, 18(4)	2003
김희선	어업기술의 발전 측면에서 본 『음식디미방』과 『규합총서』 속의 어패류 이용 양상의 비교 연구	한국식생활문화학회지, 19(3)	2004

지봉유설(芝峰類說)

1614년 이수광에 의해 편찬되었고 3,435조목을 25부문 182항목으로 나누어 설명하고 반드시 그 출처를 밝혔으며 실학사상에 입각하여 서구 문명을 소개한 것이 특징이다. 25부는 천문 · 시령(時令) · 재이(災異) · 지리 · 제국(諸國) · 군도(君道) · 병정(兵政) · 관직 · 유도(儒道) · 경서(經書) · 문자 · 문장 · 인물 · 성행(性行) · 신형(身形) · 어언(語言) · 인사(人事) · 잡사(雜事) · 기예(技藝) · 외도(外道) · 궁실 · 복용(服用) · 식물(食物) · 훼목(卉木) · 금충(禽蟲)으로 음식에 대한 설명은 식물부(食物部)에 기록되어져 있다.

음식디미방(규곤시의방(閨壼是議方)

1670년경 안동 장씨의 친정집과 시댁의 음식법을 수록한 책이다. 이 책의 명칭은 두 가지로서 한 가지는 『음식디미방』으로 본문의 첫머리에 표기된 권두서명이고, 또 하나는 『규곤시의방(閨壼是議方)』으로 겉표지에 쓰인 서명이다. 예로부터 전해져 오는 음식과 스스로 개발한 음식에 대하여 면병류 18종, 어육류 42종, 과채류 19종, 주류 및 초류 54종을 수록하였고, '맛질방문' 에 면병류 9종, 어육류 4종을 포함하여 총 146개항에 달하는 음식조리법을 서술하였다. 이

책의 특징은 후손에게 전통적인 조리법을 전해 주려고 한 것으로서 여성이 기록한 옛 조리서라는 것과 최초의 한글 조리서라는 데 의의가 있다.

주방문(酒方文)

1600년대 말 하씨 성을 가진 생원에 의해 지어진 것으로 알려져 있다. 술과 관련된 항목 28종과 음식과 관련된 항목 50종을 포함하여 총 78종에 대한 조리와 가공법을 한글로 설명하고 있다.

산림경제(山林經濟)

1715년 홍만선이 백성들을 위하여 편찬한 책으로 일상생활에 필요한 여러 가지 문제를 체계적으로 분류한 것이 특징이다. 당시의 중국 서적과 우리나라 서적을 참고하여 농촌 가정에서 알아야 할 것을 기록하였고, 각 조목마다 인용서목을 적어 넣어 학문적 가치가 큰 책이다.

증보산림경제(增補山林經濟)

1766년 유중림에 의해 편찬된 한문 필사본으로 산림경제를 검토하여 토속성이 없는 것은 제외하거나 보충하여 그 내용을 방대하게 늘린 특징이 있다.

규합총서(閨閤叢書)

1815년경 빙허각 이씨에 의해 편찬된 것으로 산림경제, 고사신서, 해동농서를 참고하여 [주식의(酒食議)], [봉임측(縫紝則)], [산가락(山家樂)], [청낭결(靑囊訣)]로 구분하여 내용을 구성하였으며 전통적인 의식주에 대하여 설명한 가정백과의 성격을 띠고 있다. [주식의(酒食議)]는 장 만들기, 술 빚기, 밥, 떡, 과즐 등의 내용을 설명하고 있고, [봉임측(縫紝則)]은 재봉, 염색, 방직, 자수, 양잠, 그릇과 등잔관리 등에 대한 내용을 포함하며, [산가락(山家樂)]은 밭일, 꽃재배, 가축 기르기에 대한 내용을 담고 있다. [청낭결(靑囊訣)]은 태교, 아이 기르기, 구급법 등에 대하여 설명하고, 끝으로 『술주략』은 집과 여러 환난에 대처하는 방법 등을 기록하고 있다. 이는 우리나라 여성이 우리의 기후와 풍토에 맞는 실용적인 지혜를 바탕으로 저술한 책으로서 의의가 있다.

음식법(찬법, 饌法)

조선 후기 갑인년(1854년으로 추측)에 어느 가정에서 혼인하는 딸에게 내려 준 조리서로 알려져 있다. 책의 내용은 음식명이 기록된 127종과 음식명 없이 내용만 기록된 14종을 포함하여 총 141종의 음식과 제과유독, 제체유독, 음식 금기에 대한 내용이 포함되어 있다. 찬합음식의 종류와 담는 방법이 자세히 기록되고, 음식 규범에 대한 언급이 수록되어 있는 것이 특징이다.

시의전서(是議全書)

1800년대 말 작자미상의 책으로 422종의 음식이 상권과 하권으로 나누어 설명되고 있다. 또한 5첩 반상, 7첩 반상, 9첩 반상, 신선로상, 입매상, 술상, 곁상의 반배도가 그려져 있고, 조리법의 분류가 잘 되어 있다. 또한 그 시대의 전통식품을 한눈에 볼 수 있다는 것과 제물부(祭物部)를 독립시켜 당시 제사를 중요하게 생각했다는 것을 알 수 있는 특징이 있다.

부인필지(夫人必知)

빙허각 이씨의 규합총서에서 가정생활에 필요한 내용을 추려 1915년에 편찬한 것으로 115종의 음식이 수록되어 있다. 그 외에도 과채수장법, 제과독, 제유수취법, 의복, 길쌈, 좀 못 먹게 하는 법, 수 놓는 법, 사물, 물류 상감 등이 기록되어 있다.

조선무쌍신식요리제법(朝鮮無雙新式料理製法)

『임원십육지』의 [정조지]를 한글로 번역하고 신식요리를 곁들여 1924년에 이용기에 의해 편찬된 책이다. 손님 접대하는 법, 상 차리는 법, 상극이 되는 음식물, 아이 밴 이가 못 먹는 것, 우유 먹는 법 등이 수록되어 있고 서양요리, 중국요리, 일본요리 만드는 법 또한 수록되어 있다. 또한 밥, 장, 고추장, 된장, 초, 술, 소주, 국, 창국, 누룩, 김치, 장아찌, 떡, 국수, 만두, 전유어, 나물, 생채, 지지미, 찌개, 찜, 적, 구이, 회, 편육, 어채, 백숙, 묵, 선, 포, 마른 식품, 자반, 볶음, 조림, 무침, 쌈, 젓갈, 죽, 미음, 응이, 암죽, 차, 기름, 청량음료, 타락, 두부, 화채, 숙실과, 유밀과, 다식, 편, 당전과, 정과, 점과, 강정, 미시, 엿 등의 종류와 만드는 법에 대하여 설명하고 잡록 11종과 부록 22종에 대한 조리법과 양념, 각색가루, 소금 만드는 법에 대해서도 기록되어 있다.

조선요리제법(朝鮮料理製法)

방신영에 의해 편찬된 책으로 한국요리의 모체로 인정받고 있으며 1913년, 1917년, 1942년, 1954년에 판을 거듭하여 개정하였다. 1942년도 증보 개정판의 내용은 기명, 식물, 수육, 어육에 대한 해석과 음식 저장법, 남은 음식 · 상한 음식 · 해독 등에 대한 주의할 사항을 기록하였다. 또한 양념류, 분말제조법, 기름, 소금, 당류, 초, 장, 젓, 김치(김장김치), 김치(보통 때 김치), 찬국, 장아찌, 조림, 찌개, 지짐이, 찜, 볶음, 무침, 나물, 생채, 전유어, 구이, 자반, 적, 편육, 포, 마른 식품, 회, 어채, 쌈, 묵, 잡록, 떡국, 만두, 국수, 편, 정과, 강정, 엿강정, 숙실과, 다식, 유밀과, 화채, 차 다리는 법, 죽류, 국, 숩, 밥, 떡 등의 종류와 조리법에 대하여 설명하였다. 그 외에도 각 절기의 잔치, 상 차리는 법, 어린아이 젖먹이는 법이 기록되어 있다.

위의 문헌들에 대한 구체적인 고찰방법은 첫 단계로, 고문헌에서 나타난 음식명과 본 책자에 실린 상용음식의 음식명이 일치하는 음식을 찾았다. 음식명이 일치하는 경우 그 음식에 대한 현재의 조리법 및 식품재료와 고문헌에서 나타난 조리법과 식품재료가 일치하는지를 확인하였다. 두 번째로 고문헌에서 나타난 음식명과 일치하는 음식명이 없는 경우 조리법과 식품재료에 대한 비교 작업을 수행하였다. 음식명이 일치하지 않더라도 조리법과 식품재료의 비교에서 고문헌에 의한 방법과 현대의 방법이 유사하다면 그 음식의 역사성은 검증되는 것으로 판단하였다. 모든 음식의 검증자료는 엑셀 데이터베이스(DB)화하였고, 그 방법은 그림 1과 같다.

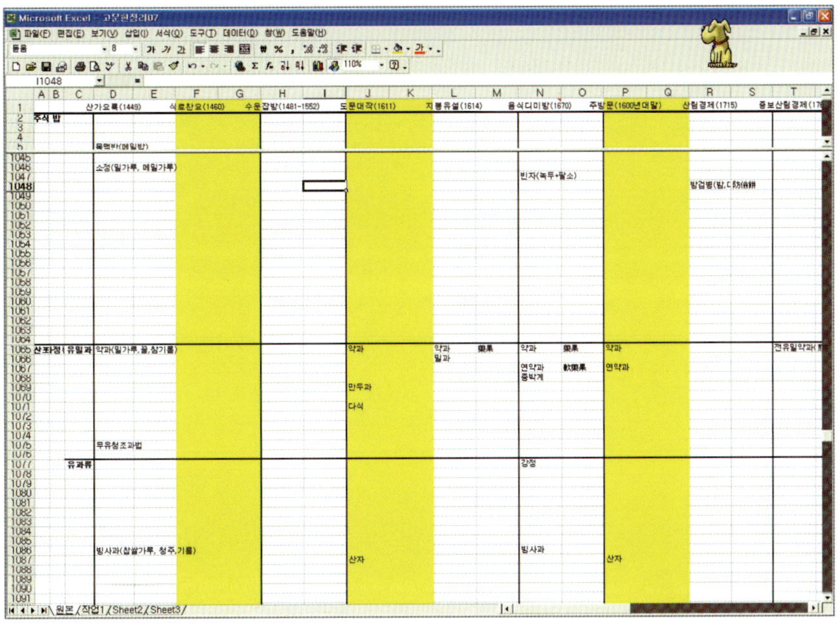

고 서	산가요록	식료찬요	수운잡방, 주찬	도문대작	지봉유설	음식디미방	주방문	산림경제	증보산림경제	규합총서	음식법	시의전서	부인필지	조선요리제법	조선무쌍신식요리제법
약 과	1	1	1	1	1			1		1	1	1			1

그림 1 엑셀 프로그램에 의한 음식명 일치 검색 예시

慶尚南道

제2부

경상남도

전통향토음식

제1장

경상남도의 전통향토음식 발달 배경과 특징

1. 경상남도의 지리적 특성
2. 경상남도의 특산물
3. 경상남도 전통향토음식 발달의 역사 및 사회 · 문화적 배경
4. 경상남도 전통향토음식의 특징
5. 대표적 전통향토음식

제 1 장

경상남도의 전통향토음식 발달배경과 특징

김상애 신라대학교 교수

1. 경상남도의 지리적 특성

1106년(예종 1년) 영남도(嶺南道), 영동도(嶺東道), 산남도(山南道)를 합하여 경상진주도(慶尙晋州道)로 하였으며, 1171년(명종 1년) 경상주도와 진합주도(晋陜州道)로 하였다가 1186년(명종 16년) 경상주도로 통합, 1314년(충숙왕 1년)에 경상도라 하였다. 1895년(고종 32년)에는 대구, 안동, 진주, 동래로 나누어졌다가 1896년(고종 33년)에 경상도를 남북으로 나눈 뒤 1914년 부·군·면의 조정이 이루어지면서 오늘날의 행정구역이 형성되었다(네이버사전(두산백과), 2006).

경상남도는 한반도의 동남단에 위치하여 동해와 남해에 접해 있고 북쪽으로는 경상북도 월성, 청도, 달성, 고령, 성주, 금릉군과 접경하고 서쪽은 전라북도 무주, 남원, 장수군과 전라남도의 광양, 구례군과 접해 있다. 동쪽은 울산광역시, 부산광역시, 남쪽은 남해, 서쪽은 전라남도와 북쪽은 대구광역시, 경상북도와 접하고 있다. 도청소재지는 창원시 사림동이다. 주요 도시는 부산을 위시하여 창원, 김해, 마산, 진주, 밀양이다(네이버사전(두산백과), 2006.

지형은 서쪽에 우뚝 솟아 있어 전라북도 및 전라남도와 도계를 이루고 있는 소백산맥이 가장 두드러진다. 경상남도의 지대는 대체로 낮고 평평하여 해발 100m 이하의 평야지가 37%, 100~500m 중산간지가 49%, 500~1,000m 산간고랭지가 12%, 1,000m 이상의 고산지대는 2%에 불과하다. 소백산맥을 중심으로 하는 서부산지와 태백산맥 말단부, 동부고지의 산간 지방, 낙동강 연안 중앙저지의 내륙 평야 지방, 남해안의 해안 지방으로 이루어진다(경상남도 농촌진흥원, 1994).

서부 산간 지방에는 소백산맥의 지리산(1,915m)을 비롯하여 덕유산(1,614m), 남덕유산(1,508m), 대덕산(1,290m), 백운산(1,279m)이 있으며 주위에는 천왕봉, 황매봉, 상황봉 등의 고봉들이 있고, 원시림이 형성되어 있다. 소백산맥의 지맥에는 가야산(1,430m)과 수도산(1,317m)이 있으며 육십령(734m)과 팔량치(513m)는 예로부터 소백산맥 양쪽의 영남 지방과 호남 지방을 이어 주는 주요 고개이다. 태백산맥은 경상남도에 이르러 현저히 낮아지지만 밀양의 천황산(1,189m)과 양산의 원효산(922m)을 중심으로 동부고지를 이루고 있으며 산간분지가 분포하여 고랭지 작물의 주요 생산지가 되고 있다. 서부산지는 경남에서 가장 험준한 지역으로 산이 전체 면적의 80% 이상을 차지해 평야지가 적고 일교차가 심하다(네이버사전(두산백과), 2006 ; 경상남도 농촌진흥원, 1994).

그림 1 부산 · 울산광역시 및 경상남도

내륙 평야 지방은 경상남도의 중심부에 위치하며 주변에 큰 강이 자리잡고 있다. 대표적 강인 낙동강은 황강, 남강, 밀양강 등의 주요 지류와 합류하고 있다. 김해 낙동강, 진주 남강, 울산 태화강, 동천강 유역을 중심으로 잘 발달된 해안평야와 침식곡으로 이뤄진 김해, 창녕, 밀양, 울산평야 등은 경남의 곡창지대를 이루고 있다. 낙동강의 본 지류를 따라 하구의 삼각주로 형성된 충적평야인 김해평야는 토질이 비옥하여 경남 제1의 곡창지대이다(네이버사전(두산백과), 2006 ; 경상남도 농촌진흥원, 1994).

해안 지방(남해안)은 해안선이 몹시 복잡한 리아스식 해안으로 크고 작은 섬의 다도해를 형성하고 있으며 진해, 마산, 사천군의 해안선은 만입하고 고성반도, 거제, 남해군, 욕지도, 한산도, 가덕도 등은 돌출하여 있다. 남해는 우리나라 남단의 도서군으로 남해, 창선의 두 섬으로 이루어져 있고 거제는 남쪽에 위치한 우리나라에서 두 번째로 큰 섬이다. 경상남도 해안선의 길이는 2,163.1km^{2}로 이 중 육지 1,438.6km^2, 도서부 724.5km^{2}로 전남에 이어 전국 2위이다. 남해안에는 부산항을 비롯하여 경남의 5대항인 울산항과 마산, 진해, 충무, 삼천포항 등 여러 항구가 있다. 이곳 해상은 어족자원의 보고이자 세계적인 명소로 알려진 국립해상공원 한려수도이다(경상남도 농촌진흥원, 1994).

경상남도의 면적은 1만 521km^2(2006)로 남한 총 면적의 10.6%를 차지하여 경상북도, 강원도, 전라남도 다음으로 넓다. 남북 간의 거리가 약 19km, 동서간의 거리가 약 17km이다. 행정구역은 10개 시 10개 군 22개 읍 177개 면 128개 동으로 되어 있고 인구는 316만 5,077명(2006), 인구밀도는 301명/km^{2}이다(네이버사전(두산백과), 2006).

기후는 남해에 면해 있어 전체적으로 따뜻하다. 연평균기온은 11~14℃로 해안 지방에서 내륙 지방으로 감에 따라 낮아진다. 8월 평균기온은 24~25.5℃이고 산지를 제외하면 해안 지방보다 내륙 지방이 약간 높지만 1월 평균기온은 해안 지방이 0~2℃, 북쪽 내륙의 거창, 함양, 합천 지방이 -2~-3℃로 지역적인 차이가 크다(네이버사전(두산백과), 2006).

연평균강수량은 해안 지방이 1,500mm 내외이고, 북부 내륙 지방이 1,287mm로 지역적인 차이가 있다. 하동과 남해를 중심으로 하는 섬진강 하류 지방은 연평균강수량이 1,600mm에 이르러 우리나라의 최다우지를 이루고 있다. 연강수량의 50~60%가 7~8월에 내리며, 해안 지방은 태풍이 통과할 때 심한 풍수해를 자주 입는다(네이버사전(두산백과), 2006).

2. 경상남도의 특산물

경상남도는 좋은 어장인 남해를 끼고 있어 해산물이 풍부하고, 낙동강 주위에 비옥한 농토가 형성되어 농산물이 풍요로우며, 다채로운 산야초와 재배채소가 많이 생산되고 있다.

내륙 지방은 평야가 많아 쌀과 여러 가지 곡류가 생산된다. 봄에는 자연산 산나물, 쑥, 냉이, 달래 등의 산야초가, 여름에는 오이, 호박, 가지, 고추, 토마토 등의 열매채소 및 수박, 참외, 복숭아, 포도, 자두 등의 과일이, 겨울에는 갈무리한 채소가 풍부하다. 특산물로는 배, 미나리, 파, 대추, 당근, 단감, 쌀, 감자, 들깻잎, 풋고추, 딸기, 양파, 고추, 수박, 곶감, 도라지, 양상추, 밤, 녹차 등을 들 수 있다. 산간 지방은 산나무의 열매(머루, 다래)나 잎, 나무, 산채(산나물, 고사리, 도토리, 버섯 등), 약초 및 밭작물인 감자, 고구마, 호박 등이 주종을 이루고 있다. 특산물로는 토란, 연근, 마, 우엉, 두릅, 고사리, 도라지, 더덕, 취나물 등의 산채류와 복수박, 사과, 딸기, 수박, 쌀, 토종닭, 들깻잎 등이 있다. 해안 지방은 기후가 따뜻하고 바다에 면하고 있어 생선, 어패류, 해초류 등의 해산물이 많이 생산된다. 특산물로는 각종 어패류(멸치, 대구, 삼치, 도다리, 도미, 농어, 꽁치, 굴, 재첩, 조개류)가 많고, 청정미나리, 화훼, 맹종죽(죽순), 표고버섯, 유자, 고구마, 참다래, 단감, 백합, 토마토, 느타리버섯, 유자, 마늘, 방풍 등이 있다(경상남도 농촌진흥원, 1994).

지역별 주요 특산물로는 남해의 유자 · 비자 · 치자의 삼자와 고구마 · 마늘 · 멸치 · 전어밤젓 등의 젓갈, 거제의 죽순대(맹종죽) · 대구 · 삼치 · 도다리 · 도미 · 농어 · 꽁치 등의 어류, 부산 기장의 미역 · 다시마, 언양 미나리, 울산 배, 함안 파수곶감 및 월촌 수박, 낙동강의 잉어 · 뱀장어 · 은어 등의 민물고기와 재첩, 통영의 해삼창자젓 등이 알려져 있다. 이 밖의 지역산물로는 거창의 사과 · 덩굴차, 고성의 법변(숙지황) · 멸치젓, 고현의 표고버섯, 구기의 감, 군복의 수박 · 고추, 남지 및 부곡의 땅콩, 노량의 해산물, 당항의 마늘 · 곡물, 대사의 마늘, 대산의 채소 · 곡물, 덕산 및 생초의 농축산물, 마수원의 감자 · 고추, 마천의 꿀 · 농수산물, 물금의 곡물 · 채소 · 과일, 봉계의 고추 · 마늘, 북천의 감 · 밤, 산청의 곶감 · 꿀 · 작설차 · 산채, 삼랑진의 딸기, 석계의 곡물 · 과일, 성산과 송백 및 함양의 산채, 신평의 약초 · 곡물, 안의의 농수산물, 양보의 밤 · 감, 양산의 미역 · 작설차 · 양송이버섯, 창녕의 양파, 하동의 작설차 · 인삼 · 배, 초계의 곡물을 들 수 있다.

3. 경상남도 전통향토음식 발달의 역사 및 사회 · 문화적 배경

농사와 절대적인 관계를 가진 낙동강 유역의 평야 지방은 쌀 등의 곡물 생산이 많아 농산물 위주의 음식과 함께 자생하는 야생나물, 과채류, 갈무리채소를 이용한 음식이 많다.

해안 지방은 굴곡이 많은 리아스식 해안과 420여 개의 섬으로 이루어진 다도해가 있으며 넓은 대륙붕에는 난류가 흐르고 있어 어족자원이 풍부하다. 사계절 신선하고 다양한 해산물을 쉽게 구할 수 있으므로 생선을 이용한 국을 비롯한 다양한 해산물 음식과 산초, 방아 등의 독특한 향을 이용한 것이 많으며 식생활에서 농수산물이 골고루 조화를 이루고 있다.

일상식은 물론 관혼상제의 행사식에도 해산물요리가 많이 이용되고 있다. 대표적인 음식은 회, 매운탕, 찜, 젓갈 등이며 음식의 맛은 맵고 짠 것이 특징이다. 특히 어떤 종류의 생선이라도 소금만 넣으면 젓갈이 된다고 할 정도로 젓갈은 이 지방의 중요 음식이자 조미료로 이용되고 있다. 또 산간 지방은 산채, 약초로 만든 별미음식이 주종을 이루고 산나물, 고사리, 도라지 등을 계절에 따라 생식품(生食品)으로 이용하기도 하고 저장식품(건조품)을 이용한 산채음식이 사찰음식의 형태로 발달되었다.

따뜻한 기후 때문에 음식의 간은 짜고 고춧가루를 많이 넣은 양념을 이용하며 매운맛을 즐긴다(경상남도 농촌진흥원, 1994 ; 한복진b, 1998 ; 한국음식업중앙회 경상남도지회, 2005). 거의 대부분 음식의 간이 진한 편으로 간기운이 강한 음식을 즐겨서 먹고 마셔 왔다. 따라서 이곳 사람들의 중후함과 강단의 미덕은 경상남도 음식 전반에 걸쳐 있는 농후한 맛과 그것에 길들여져 관습화된 식생활에 기인한 것이며 이곳 사람들의 맵고 짠 성품은 경상남도 음식문화를 의미하는 것으로 볼 수 있다. 그래서 '간간하다', '짭짤하다'는 곧 '맛이 감친다'는 뜻이고 '간을 맞춘다'는 '맛을 낸다'거나 '조미를 한다는 것'과 동의어가 되어 맛이 곧 간이고 간이 곧 맛이라는 의미를 가지고 있다.

경상남도의 음식은 이곳 사람의 중후하고, 질박하고, 소탈하고, 꾸밈이 적고, 솔직하고, 직선적인 성향을 닮고 있다. 예를 들면 강한 냄새를 가진 막장이나 개떡장에, 또 꽁보리밥에 멸치젓과 뽈나구젓과 같이 질박한 것이 많은 것이 특징이며 젓갈, 식해, 장류 등의 발효음식이 경상남도 음식의 가장 기본적이고 중요한 조미료이자 반찬의 역할을 하고 있다.

4. 경상남도 전통향토음식의 특징

경상남도는 천혜의 자연환경 덕택에 신선한 농·수산물이 어우러진 영양적으로 균형잡힌 식생활을 영위하여 왔다. 거제, 남해, 사천, 통영은 청정해역과 접하고 있어 다양한 해산물을 이용한 음식이 많은 것이 특징이다. 경상남도에서는 '고기'라고 하면 '생선'을 가리킬 만큼 생선을 즐겨 먹으며 봄 도다리, 가을 돔, 전어 등과 같이 절기에 따른 생선음식이 향토음식으로 전승되고 있다. 싱싱한 바다생선을 이용한 생선회, 구이, 소금 간을 하여 말린 생선을 이용한 구이, 찜, 조림과 다양한 생선국 등의 생선음식을 선호하여 즐겨 먹으며 아미노산 맛인 구수하고 깊은 감칠맛을 내는 음식이 많다. 또 생선을 소금에 절인 염장어 및 젓갈류가 잘 발달되어 있다(경상남도 농촌진흥원, 1994 ; 한복진b, 1998).

또한 경상남도 특유의 무뚝뚝함이 음식에도 그대로 반영되어 음식 자체의 맛은 투박하고 칼칼하며 소박하고 멋을 내지 않고 사치스럽지 않으며 소담하고 질박한 음식이 특징이다(경상남도, 2005).

곡물음식 중에는 국수를 즐기며, 밀가루 반죽을 얇게 밀어 칼로 썰어 만든 칼국수를 제일의 별미음식으로 간주하며 국수 및 칼국수장국의 국물은 멸치나 조개를 많이 쓴다. 또 들깨 및 쌀가루 등을 이용한 찜이나 찜국 등의 음식이 많은 것도 경상남도음식의 특징이다. 특히 음식의 간은 멸치젓국과 된장으로 맞추는 특색이 있다.

내륙 평야 지방은 쌀과 곡류 등의 풍부한 주식과 채소와 육류의 공급도 좋은 편이며 봄에는 자연산 산나물, 쑥, 냉이, 달래 등의 야생나물을, 여름에는 오이, 호박, 가지, 고추, 토마토 등의 열매채소를 반찬으로 많이 이용했다. 수박, 참외, 복숭아, 포도, 자두 등의 과일과 말려서 갈무리한 배추, 무잎, 시래기, 아주까리잎, 토란줄기, 산나물, 고구마줄기 등을 이용한 나물류를 겨울에 이용했다.

해안 지방은 기후가 따뜻하여 음식의 변질을 막기 위해 소금을 많이 사용하므로 음식의 간은 대체로 짠 편이며, 소금에 절인 생선이나 젓갈류가 많이 발달되어 있다. 특히 마른멸치와 멸치젓은 남해에서 전국 공급량의 대부분을 차지한다. 멸치젓갈은 김장김치와 각종 음식에 이용하는 것이 경상남도 음식문화의 특색이며(경상남도 농촌진흥원, 1994 ; 한복진b, 1998) 남쪽이 바다여서 어류, 패류, 해초류 등의 해산물을 많이 이용하고 있다. 또한 관혼상제나 행사 시 해산물(홍합, 소라, 전복, 문어, 상어 등)을 이용한 해물초, 산적류의 이용이 많다. 특히 제사음식의 나물은 조개류를 다져 볶아 무치고, 갖가지 나물의 가운데 두부탕국을 얹어 낸다. 장국 또한 멸치, 조개를 우려서 이용하고 있다. 신선한 해산물을 이용한 매운탕, 회, 찜, 젓갈 등의 음식이 많고 특히 찜은 들깻가루, 쌀가루를 많이 넣어 구수한 맛을 즐긴다.

산간 지방은 산에서 쉽게 채취할 수 있는 열매나 잎, 나무 등으로 만든 도토리떡, 찰수수떡, 송기떡을 식량을 절약하기 위해 혹은 별미식으로 많이 활용하였다. 산채, 약초를 채취하여 부식 혹은 별미약용으로 이용하기도 했으며 제철에 생산되는 산나물, 약초 등을 이용한 저장식품이 발달하였다. 농가에서는 감자, 고구마, 호박 등을 삶아 먹거나 메밀묵, 도토리묵, 밀떡, 개떡 등 식량대용식이 많았으며 지리산 산채를 이용한 음식이 발달하였다(경상남도 농촌진흥원, 1994 ; 경상남도, 2005).

5. 대표적 전통향토음식

【주식류】

밥은 우리 음식의 가장 대표적인 주식으로 주로 많이 먹는 흰밥 외에 보리, 콩, 조, 팥, 녹두, 밤 등의 잡곡을 많이 섞었으며 산간 내륙 지방의 작물인 무, 감자, 고구마, 옥수수 등을 쌀에 섞어 밥의 양을 증량(增量)시켜 먹었다.

비빔밥에는 보탕국(바지락을 볶아 만든 자작한 국물)을 넣어 맛을 낸 '칠보화반(花飯)' 이라 하는 진주비빔밥, 제례를 끝낸 후 남은 음식으로 만든 진주헛제삿밥, 물미역 · 파래 · 톳 · 청각

등의 해조류나물로 비빈 통영해물비빔밥, 산채 · 산야초 등을 이용한 산채비빔밥 등이 대표적이다. 또 각종 채소, 버섯, 어패류, 육류 등을 섞어 지어 독특한 계절 감각이나 향토적 특색을 살린 콩나물밥, 버섯밥, 은어밥, 홍합밥, 충무김밥 등의 별미밥이 있다(경상남도 농촌진흥원, 1994 ; 한복진a, 1998 ; 한복진b, 1998 ; 경상남도, 2005).

죽은 가난했던 시절, 특히 보릿고개 시 굶주림을 면하고 활동하는 에너지를 보충하기 위한 음식이나 노인의 보양식으로, 초조반으로 먹어 온 음식이다. 산간 지방의 지역 특산물을 이용한 절간고구마죽, 호박죽 등은 조반석죽의 형태로 활동하는 에너지가 적은 저녁식사로 이용하거나 별식으로 이용하는 경우가 많았고, 해안 지방의 다양한 해산물을 이용한 굴죽, 생선죽, 전복죽, 백합죽, 홍합죽 등은 보양식의 대표적인 죽이다.

곡물음식 중 면류를 가장 즐기며 날콩가루를 밀가루나 쌀가루와 반죽하여 손으로 얇게 밀어 칼로 썰어 만드는 손국수를 가장 으뜸으로 하였다. 또한 국수를 따로 삶아 내지 않고 장국에 넣어 그대로 삶은 제물국수와 장국국수도 즐긴다. 국수장국은 멸치장국이나 조개를 쓰는 것이 특징이며 어탕국수, 다슬기수제비, 팥칼국수, 해물칼국수 등이 있다(경상남도 농촌진흥원, 1994).

【부식류】

남해에 인접하고 있어 해산물이 풍부하여 해산물음식이 다양하게 발달하였다. 특히 신선한 생선회, 소금생선구이, 생선국을 즐기는 어식(魚食)의 음식문화를 형성하고 있다.

국은 주로 시래기국, 콩나물국, 쑥국 등을 많이 이용하며 특히 봄철의 산야초를 이용한 국을 선호한다. 해안 지방의 경우는 가자미, 광어, 대구 등 여러 종류의 흰살생선을 이용한 생선미역국과 생갈치호박국 등의 생선국을 많이 이용하고 있다. 특히 해산물을 이용한 국과 탕음식이 다른 지역보다 많은 편이며 신선한 생선을 국에 넣어 끓여 시원한 맛을 내는 것은 내륙이나 산간 지방에서는 볼 수 없는 독특한 조리법이기도 하다. 또 맑은 국이나 탕보다는 건더기가 많고 쌀가루, 들깻가루 등을 넣은 걸쭉하면서 깊은 맛을 내는 음식이 많으며, 간은 세어서 짜고 입안이 얼얼할 정도의 매운맛을 가진다.

낙동강, 경호강, 덕천강 주위로 민물고기가 많이 잡혀 어탕, 쏘가리매운탕, 은어 및 피라미튀김, 피라미조림 등 민물고기를 이용한 음식이 많다. 해안 지방에서 많이 먹고 있는 아귀, 대합, 멍게, 도미 등의 해물찜은 해산물에 다양한 채소와 쌀가루, 들깻가루로 되직하게 한 매운 음식이며 찜이나 매운탕에는 방아잎을 이용하여 그 향을 즐긴다. 특히 매운탕이나 찜요리가 주종을 이루고 있으며 다른 지방에 비하여 찜류가 많은 것도 특징이다. 또 낙동강의 재첩은 이 지방의 특산물이며 재첩국은 전국적으로도 유명하다. 조개, 굴, 홍합, 새우 등 신선한 해물에 파, 미나리를 넣은 동래파전(해물파전)을 즐겨 먹으며, 된장에 감자, 밀가루, 풋고추, 부추 등을 넣어 만든 장떡은 야식이나 간식으로 먹는 별미식의 하나였다.

해안 지방은 절기에 따른 생선 및 패류(굴, 피조개, 재첩, 해삼 등)를 이용한 회의 종류가 다양하며 또 온화한 기후 때문에 겨울철 채소가 풍성하고 또 이른 봄에 나오는 풋마늘과 파무침, 방풍잎나물, 물파래와 마른 파래를 이용한 음식을 선호한다. 이러한 음식이 가진 특유한 맛(매운맛)과 향(갯내음, 맵고 톡 쏘는 맛)이 경상남도음식의 또 하나의 특징이다.

내륙 산간 지역에는 산채를 이용한 산나물, 도라지, 배추 등의 채소를 기본으로 하는 부식류가 많다. 또 상추, 깻잎, 콩잎, 호박잎, 머위잎, 팥잎, 곤달비 등과 다시마, 미역 등의 해조류, 묵은 김치 등을 이용한 음식이 많다. 각종 채소, 산야초, 해조 등 넓은 잎의 식재료는 우리나라 어디에서나 쌈이 된다. 이 쌈에 곁들여지는 쌈장으로는 멸치젓갈, 양념장, 초고추장, 지진 된장 등이 이용되는 것이 이 지방의 특색이다.

양념은 국과 나물의 간을 맞추는 간장과 된장이 기본 재료이고, 고추, 마늘, 파, 양파, 방아, 산초, 재피, 부추 등 여러 가지 향신료가 이용된다(경상남도, 2005).

젓갈 · 식해

남해안의 풍부한 어패류를 이용한 발효음식인 젓갈류가 음식에 많이 이용되고 있다. 멸치젓의 이용이 가장 많고 뽈락젓, 갈치속젓, 대구모젓, 장지젓, 전어밤젓, 오징어젓, 기타 어류, 새우, 굴, 조개를 이용한 젓갈이 각종 음식에 두루 이용된다(한복진a, 1998). 또 생선에 쌀이나 조 등의 곡물로 지은 밥을 넣어 발효시킨 여러 종류의 식해도 많이 이용되지만 젓갈류가 두드러지게 이용되고 있다.

김 치

경상남도 음식은 고춧가루와 마늘을 많이 사용하여 얼얼하고 맵게 만드는 것이 특징인데, 맵고 짠 대표적인 음식이 김치이다. 따뜻한 기후 때문에 김치가 쉽게 시어지므로 이를 방지하기 위해 소금 간을 짜게 하며 국물이 거의 없고 김치 속의 양념은 비교적 적으며 대부분 멸치젓을 쓰나 때로는 갈치속젓에 고춧가루, 마늘 등을 많이 넣는 것이 특징이다(한복진a, 1998). 따라서 김치의 맛은 진한 젓갈 맛(짠맛)과 매운맛이 강하다. 배추통김치에는 무채는 쓰지 않고 멸치젓에 다른 양념과 찹쌀풀로 만든 걸쭉한 소를 이용하기도 한다. 조기, 갈치 등의 생선을 넣어 발효시킨 깊은 맛을 가진 김치를 선호하고 있다.

대표적인 김치는 고추김치, 부추김치, 우엉김치, 고들빼기김치, 곤달비김치, 머위김치와 해산물을 이용한 갈치내장김치(갈치순태김치), 볼락무김치, 굴젓김치, 멍게김치, 전복김치 등이 있으며 돌나물(봄), 콩잎(여름) 등을 이용한 물김치류를 많이 먹고 있다.

장

음식 맛의 기본은 간장과 된장에 의하여 좌우되는데, 음식의 조미는 지방에 따라 다르고 주로 간장을 이용하나 경상도에서는 된장을 많이 이용했다. 특히 매운탕, 전골, 구이, 전, 찜, 나물,

생채, 회 등 거의 모든 음식에 된장을 넣어 조리하고 있다(한국음식업중앙회 경상남도지회, 2005).

된장의 범주에 속하는 집장, 막장, 청국장은 내륙 지방에서 많이 이용한 장류이며, 보릿겨로 만든 개떡장이나 비지장은 경상남도의 특색 있는 장류이다. 이러한 장류는 갖가지 다양한 양념과 재료가 한 데 어울려 강한 냄새를 가진 음식과 짜고 매운 음식을 만드는 데 가장 기본이 되는 식재료이다.

【떡류】

떡은 관혼상제(冠婚喪祭) 및 명절과 절기에 따라 만들어 먹어 온 음식으로 계절의 맛을 즐겼던 별미떡, 지역의 특산물을 이용한 특미떡 등이 많다.

대표적인 것으로는 햇쑥(자귀쑥)의 향취가 좋은 인절미인 쑥구리(쑥굴레, 쑥굴림떡), 다양한 색상의 송편 반죽을 꽃 모양으로 빚어 솔잎에 찌지 않고 망개잎(청미래덩굴잎)을 깔아 찐 꽃송편, 지역산물인 감자나 감을 이용한 감자송편, 감단자, 감부꾸미 등이 있고 나뭇잎이나 뿌리, 껍질 등의 성분을 이용한 칡떡, 송기떡 등이 있다. 또 웃기떡인 부편, 찰떡을 망개잎에 싸서 찐 망개떡, 여름에 쉽게 상하지 않는 모시잎송편, 송기를 넣은 송편과 절편 등이 있으며 구황식물인 도토리를 이용한 도토리떡, 절기의 별미떡인 쑥개떡, 지역산물인 유자의 청으로 만든 유자청떡 등이 있다.

【과정류】

한과는 한국의 전통 과정류이며 대표적인 과정류는 유과(빈사), 곡물가루에 꿀, 엿, 설탕을 넣고 반죽하여 튀긴 약과가 있다. 또 꿀로 졸이거나 굳혀 만든 정과류에는 다시마정과, 무정과, 연근정과, 대추초 등이 있다. 이 외 수수강정 및 조청, 쌀엿 등이 있다.

【음청류】

음청류의 대표적인 것으로는 귤강차, 엉겅퀴식혜, 수문탕, 유자청, 여지탕, 잡곡미숫가루 등이 있다.

【주 류】

기후풍토에 맞는 술이 다양하게 개발되어 북쪽 지방은 소주류의 화주, 남쪽 지방은 막걸리를 많이 이용했다. 명주(名酒)나 약주(藥酒)가 지방색이 있는 민속주와 향토주가 되고 있고 일반 가정에서는 산야초로 만든 약주를 건강주로 마셔 왔으며 농사 때, 명절, 제사에는 농주나 제주를 이용하였다. 대표적인 주류로는 당귀, 신곡, 방풍, 오미자, 구기자 천문동, 오가피, 하수오 등의 각종 한약재로 빚은 신선주(신선들이 마신다는 뜻에서 유래)가 있다. 특히 우리 음식이 담백한 맛보다는 혼합된 조화의 맛을 가지는 것과 같이 즐겼던 술 또한 텁텁한 맛의 농주, 동동주, 막걸리 등을 서민층에서는 선호하였다.

제2장

경상남도의 전통향토음식 종류와 만드는 방법

경상남도 전통향토음식 편집 내용

경상남도 전통향토음식 만드는 법

- 주식류
- 부식류
- 떡 류
- 과정류
- 음청류
- 주 류

경상남도 전통향토음식 편집 내용

수록된 452종의 경상남도 전통향토음식은 각 음식에 대해 분류, 음식명, 재료 및 분량, 만드는 법, 참고사항, 출처 및 정보제공자, 조리시연자, 고문헌에 의한 기록, 사진 자료 등으로 구성되어 있다. 조리방법에 대한 자료의 표준화는 기준서(신승미 외, 한국 전통음식 전문가들이 재현한 우리 고유의 상차림, 교문사, 2005)에 따르되 보다 구체적인 사항은 전문가협의회를 통해 표준화 기준을 정한 후 그 기준에 따라 정리하였다.

- **분류** 각 음식 조리방법 상단에 분류를 명기하였다. 그 결과 대분류를 주식류, 부식류, 떡류, 과정류, 음청류, 주류 등 6항목, 중분류를 밥, 죽, 국수 · 미음 · 응이 등 55항목, 세분류를 43항목, 세세분류를 119항목으로 나누었다. 본 서의 수록방법은 주식류, 부식류, 과정류는 중분류를 기준으로 작성하였고, 떡류, 음청류, 주류는 대분류를 기준으로 작성하였다. 다만, 부식류 중 나물류와 과정류에 한하여 세분류까지 나누어 표기하였다.
- **음식명** 가급적 표준어로 음식명을 기록하였으며 지방 특색을 살리고자 표준 음식명 옆에 ( )로 지방 고유의 음식명이나 방언을 중복 기재하였다.
- **재료 및 분량** 본 서에 실린 음식의 식품 재료는 가능한 한 4인 분량을 기준으로 작성되었으며, 보통 대량 조리로 만들어지는 음식인 일부 김치류, 장아찌류, 젓갈 및 식해류, 떡류, 다과류, 일부 음청류, 장류, 식초류 또는 주류 등의 발효식품류에 대해서는 대량조리가 가능한 분량으로 제시하였다. 식품 재료의 분량에 대한 표기법은 국제적인 CGS 단위를 기본으로 한 뒤 일반적으로 많이 사용하는 컵, 큰술, 작은술 등의 단위를 병행 표기하였다. 양념이 따로 필요한 음식의 경우 양념에 사용되는 식품 재료는 '양념' 으로 묶어 따로 표기하였다.
- **만드는 법** 표준어, 과학적 표현, 통일된 용어 사용 등을 기준으로 만드는 방법을 자세히 설명하였다.
- **참고사항** 음식이나 재료의 방언에 대한 설명, 전승 내력이나 특징, 조리상의 주의점, 이용하는 방법 등을 수록하였다.
- **출처 및 정보제공자, 조리시연자** 출처는 지역의 전통향토음식이 기록되어 있는 문헌이나 인터넷 사이트를 연도순으로 제시하였고, 정보제공자는 음식에 대한 정보를 제공해 준 사람의 이름을 가나다순으로 제시하고 주소를 리(동)까지 나타내었다. 조리시연자는 책에 수록된 음식을 시연한 사람(현지 조사 시 조리시연을 해준 사람 또는 지역별 조리전문가)에 대하여 이름과 주소를 제시하였다.
- **고문헌에 의한 기록** 책에 수록된 음식의 역사성 검증 결과 고문헌에 기록이 있는 음식인 경우 기록이 있는 고문헌과 그 문헌에서 표기된 음식명을 ( ) 안에 제시하였다.
- **사진자료** 경상남도 전통향토음식 중 일부 음식에 대해서는 재료와 조리과정, 그리고 완성된 음식에 대해 사진 자료를 수록하였다.

식품량 측정 계량단위

종 류	계량단위별 중량		
	식품명	계량단위	무게(g)
곡 류	기장쌀	1컵	160
	밀	1컵	160
	밀가루	1컵	110
		1큰술	8
	밥	1공기	210
	보리쌀	1컵	145
	수 수	1컵	145
	쌀	1컵	180
	쌀가루	1컵	150
	압 맥	1컵	110
	엿기름가루	1컵	115
	옥수수	1컵	145
	조	1컵	145
	차수숫가루	1컵	90
	차 조	1컵	160
	찹 쌀	1컵	167
	찹쌀가루	1컵	100
	현 미	1컵	160
감자류	감 자	1개	150
	강낭콩	1컵	204
	고구마	1개	245
	전 분	1컵	158
		1큰술	7
	토 란	1개	45
두 류	거피팥고물	1컵	114
	거피팥고물(볶은 것)	1컵	108
	녹 두	1컵	200
	대 두	1컵	160
	두 부	1모	508
	메줏가루	1컵	80
	순두부	1개	400
	콩가루(볶은 것)	1컵	85
	콩가루(생 것)	1컵	122
	팥	1컵	211
견과류	들 깨	1컵	110
	땅 콩	1컵	159
견과류	밤(깐 것)	1컵	160
	밤	1개	16
	오미자	1컵	40
	은 행	6알	12
	은행(깐 것)	1컵	160
	잣	1컵	140
	잣가루	1컵	90
	참 깨	1컵	120
	행인(깐 것)	1컵	120
	호 두	2알	20
	호두(깐 것)	1컵	80
채소류	가 지	1개	120
	고비(데친 것)	1컵	300
	고사리(데친 것)	1컵	200
	깻 잎	1단(10장)	16
	당 근	1개	146
	대 파	1뿌리	35
	더덕(대)	1뿌리	39
	더덕(소)	1뿌리	23
	도라지	5뿌리	100
	두 릅	10개	120
	마 늘	5쪽	21
		1컵	110
		1통	30
	무	1개	850
	배 추	1포기	1,265
	붉은 고추	1개	16
	상 추	5장	30
	생 강	1쪽	4
		1컵	115
	애호박	1개	382
	양배추	1통	1,244
		2장	72
	양 파	1개	158
	연 근	1개	192
	오 이	1개	143

종 류	계량단위별 중량		
	식품명	계량단위	무게(g)
채소류	우 엉	1뿌리	400
	죽순(삶은 것)	1개	200
	토마토	1개	153
	풋고추	4개	56
버섯류	느타리버섯	5개	100
	석이버섯(건)	4개	4
	송이버섯	5개	84
	표고버섯(건)	3개	9
	표고버섯(생)	5개	65
과실류	감	1개	140
	곶 감	1개	32
	귤	1개	70
	대 추	1컵	70
	대추(건)	5개	12
	딸 기	10개	100
	모 과	1개	500
	배	1개	370
	복숭아	1개	302
	사 과	1개	244
	살 구	2개	85
	수 박	1/2통	2,300
	앵 두	1컵	150
	유 자	1개	110
	참 외	1개	500
	포 도	1송이	292
육 류	꿩	1마리	1,000
	다진 육류	1컵	200
	닭	1마리	1,270
	닭다리(생)	1토막	90
	영 계	1마리	300
난 류	달 걀	1개	50
	메추리알	5알	52
어패류	가자미	1마리	337
	갈 치	1마리	323
		1토막	80
	갈치포	1마리	90
		3토막	55
	갑오징어	1마리	260
	건해삼	1마리	111

종 류	계량단위별 중량		
	식품명	계량단위	무게(g)
어패류	게(대)	1마리	434
	게(중)	1마리	251
	고등어	1마리	393
		1토막	150
	굴	1컵	200
	굴 비	1마리	89
	꼴뚜기	5마리	70
	꽁 치	1마리	74
	낙 지	1마리	254
	넙 치	1마리	1,100
	노가리(대)	1마리	12
	노가리(소)	1마리	4
	농 어	1마리	2,000
	대 하	1마리	100
	대합살	1마리	51
	도 미	1마리	1,000
	동 태	1마리	540
	동태포	6토막	90
	멸치(건)	7마리	14
		1컵	50
	명 태	1마리	1,053
		1토막	120
	미더덕	5마리	54
	민 어	1마리	2,300
	바지락살	5개	15
	방 게	4마리	28
	뱅어포	1장	20
	병 어	1마리	480
		1토막	96
	북 어	1마리	137
		1토막	25
	삼 치	1마리	334
		1토막	80
	새우(생)	5마리	56
	새우(건)	30마리	23
	새우살	1컵	120
	소라(삶은 것)	2개	75
	오징어(건)	1마리	61
	오징어(생)	1마리	352

종 류	계량단위별 중량		
	식품명	계량단위	무게(g)
어패류	옥 돔	1마리	591
	우렁쉥이(멍게)	1마리	184
	우렁이(삶은 것)	2개	91
	임연수어	1마리	413
		1토막	120
	전갱이	1마리	300
	전 복	1마리	83
	정어리	1마리	107
	조갯살	1컵	200
	조 기	1마리	167
	준 치	1미리	700
	쥐치포	1마리	26
	한 치	1마리	203
	해 삼	1마리	194
	홍 합	3개	65
	홍합살	1컵	200
해조류	김	1장	2
	다시마(20cm)	1장	20
	불린 미역	1컵	150
조미료류	간 장	1큰술	17
		1작은술	5.8
		1컵	230
	겨자가루	1큰술	6
		1작은술	2
	고춧가루	1컵	80
		1큰술	5
		1작은술	2
	고추장	1컵	260
		1큰술	18
		1작은술	6
	깨소금	1컵	120
		1큰술	6
		1작은술	3
	꿀	1컵	292
		1큰술	9
		1작은술	3
	다진 파	1컵	120

종 류	계량단위별 중량		
	식품명	계량단위	무게(g)
조미료류	다진 파	1큰술	9
		1작은술	3
	된 장	1컵	280
		1큰술	18
		1작은술	6
	물 엿	1컵	292
		1큰술	20
		1작은술	6
	생강즙	1컵	210
		1큰술	10
		1작은술	3.3
	설 탕	1컵	150
		1큰술	12
		1작은술	3.5
	소 금	1컵	130
		1큰술	18
		1작은술	3.5
	실고추	1컵	30
		1큰술	1.9
		1작은술	0.6
	식용유	1컵	140
		1큰술	12
		1작은술	4
	식 초	1컵	200
		1큰술	14
		1작은술	5
	조 청	1컵	292
		1큰술	21
		1작은술	7
	참기름	1컵	190
		1큰술	12
		1작은술	3.5
	통 깨	1컵	90
		1큰술	8
		1작은술	3
	후춧가루	1큰술	8
		1작은술	3

경상남도 향토음식

대분류	중분류		지역/상용음식
주식류(62)	밥(21)		굴밥, 진주비빔밥, 은어밥, 충무김밥(꼬치김밥), 통영비빔밥, 달걀온밥(꼰밥, 달걀고드밥), 돼지국밥(순대국밥), 된장주먹밥, 열무된장비빔밥(열무보리밥, 열무비빔밥), 무밥, 미역밥, 버섯밥, 산채비빔밥, 해물비빔밥, 쇠미역밥(곰피밥), 진주헛제삿밥, 찐쌀밥(찐밥), 콩나물국밥, 콩나물밥, 톳나물밥, 홍합밥
	죽(15)		마죽, 애호박죽, 절간고구마죽(고구마빼데기죽), 굴죽, 백합죽, 생선죽, 소양죽, 송이닭죽, 순두부죽, 은어죽, 장어죽, 전복죽, 콩나물죽(콩나물갱죽), 콩죽, 홍합죽(담치죽)
	미음 · 범벅 · 응이(2)		호박범벅, 밤응이(밤갱이)
	국수 · 수제비(18)		어탕국수(추어탕국수), 진주냉면, 팥칼국수(밀장국), 녹두칼국수, 해물칼국수, 된장국수, 메밀국수, 밀면(밀국수냉면), 사찰국수(녹차칼국수), 선지국수, 올챙이국수, 조개국수, 다슬기수제비(고둥수제비), 미역찹쌀수제비, 보리수제비, 쌀죽수제비, 재첩칡수제비, 호박잎수제비
	만두(1)		호박편수(애호박편수)
	떡국(5)		굴떡국, 굽은떡국, 메밀떡국(메밀산떡국), 물메기떡국, 생떡국
	기 타		
부식류(334)	국(54)		복국, 생갈치호박국(갈치호박국), 재첩국, 참게가루장국, 갯가재된장국(속된장국, 딱세된장국), 백합탕, 다슬기국(고둥국) 1, 2, 머윗대들깨국(머윗대들깨탕) 1, 2, 붕장어국(바다장어추어탕), 생선미역국, 청각냉국, 가루장국(가리장국), 가물치곰국, 가자미미역국, 간국, 갯장어탕(장어국, 갯장어국), 고사리들깨국, 굴해장국, 김국, 깨즙국(깨집국, 깻국), 나물국(나물탕국), 낙지연포탕, 대구곤이국(대구곤국), 도다리쑥국, 동타리국, 메기매운탕, 메기탕국(메기탕, 메기국), 물메기국(미거지국, 물메기탕), 뱅어국(병아리국), 보리뜨물장, 부추냉국, 붕어단지곰, 비지국(콩갱), 상사리국, 생세멸시래기국(생세멸시락국), 성게알탕국, 시래기국(돼지고기시래기국), 쑥콩국, 아귀탕(아구탕, 물꽁탕), 어글탕, 와송들깨국(지부들깨국), 우뭇가사리국(까시리국), 전갱이국(메가리국), 참게탕, 초교탕, 추어탕(어탕), 토끼탕, 토란들깨국(토란찜국), 토종닭약탕, 해물탕(해물뚝배기), 호박잎국(호박잎사귀국, 호박잎된장국), 홍합미역국(마른홍합미역국)
	찌개 · 전골(7)		가자미두부찌개(납세미두부찌개), 갈치찌개(갈치호박찌개), 명란젓찌개, 미역귀된장찌개, 미역멸치찌개, 민어찌개, 생멸치찌개
	김치(23)		멍게김치, 부추김치, 전복김치, 머위김치, 콩잎물김치, 감김치, 갈치내장김치(갈치순태김치), 갈치섞박지, 고구마순김치(고구마줄기김치), 고들빼기김치, 고추김치, 고춧잎김치, 곤달비김치, 굴젓김치, 다슬기김치(고둥김치), 돌나물물김치(돋나물물김치, 돈나물물김치), 민들레김치, 볼락무김치, 얼갈이반김치(얼갈이김치), 우엉김치, 장지김치(장제김치), 전어섞박지, 죽순김치
	나물(36)	생채(14)	가죽무침(나물), 곰취절임, 풋마늘겉절이, 꼴뚜기무생채, 돌곳무침, 돌나물무침(돋나물무침, 돈나물무침), 미역설치, 미역장나물, 상추겉절이, 서실무침, 솎음배추겉절이(배추겉절이), 쇠미역무침(곰피무침), 통도라지생채, 파래무침(나물)
		숙채(17)	청각볶음(청각조갯살볶음), 청각무침(나물), 콩나물볶음(콩나물조갯살볶음), 개두릅나물(엄개나물), 곤달비무침, 마늘종대무침, 머윗대나물, 모자반설치(몰설치), 박나물, 방풍나물, 생김볶음, 쇠미역콩나물무침(곰피콩나물무침), 오이볶음, 원추리나물, 질경이나물(빼뿌쟁이무침), 톳나물무침, 홑잎나물
		기타(5)	부산잡채(해물잡채), 메밀묵채(메밀묵무침, 메밀묵국수), 매운잡채, 방풍탕평채, 복껍질무침
	구이(16)		언양불고기, 유곽, 도라지구이(도라지양념구이), 장어구이, 가례불고기, 갈치구이, 개조개유곽(개조개유락), 곰장어솔잎구이(곰장어짚불구이), 굴꼬치구이, 대합구이, 더덕구이(더덕양념구이), 마늘된장구이, 메기구이, 산성흑염소불고기, 아귀불고기, 진영갈비
	조림 · 지짐이(17)		가자미조림(납세미조림), 고추장물(고추다지개), 생멸치조림, 갯가재조림(속조림), 더덕조림, 군소조림(군수조림), 땅콩조림, 마른갈치조림, 망둥어조림(꼬시락조림), 무갑오징어장조림, 무왁저지(무왁자), 생선조림, 소라조림, 장어조림, 콩나물장조림, 피라미조림(피리조림), 동태고명지짐이
	볶음 · 초(4)		낙지볶음(낙지전골), 메뚜기볶음, 죽순돼지고기볶음, 홍합초

대분류	중분류	지역/상용음식
부식류 (334)	전 · 적(35)	고추장떡, 미나리전, 초피장떡(제피장떡), 해삼통지짐, 무전, 배추전, 호박잎전, 가죽잎전, 고추산적(고추꼬치), 고구마전, 고사리전, 곤달비전, 김전(김부치개), 녹두감자전, 동래파전, 멍게전(우렁쉥이전), 뱅어전(병아리전), 부추전(정구지전, 전구지전), 생멸치전(생멸치부침, 멸치전), 전단자, 더덕장떡, 된장떡, 방아장떡(방아잎장떡), 부추장떡, 북어장떡, 장떡(장땡이), 청포묵전, 파래전, 초피잎전(제피잎전), 호박전(호박부침), 멍게산적(우렁쉥이산적), 상어산적(두투산적), 쇠고기산적, 죽순전(죽순적), 해물산적
	찜 · 선(36)	가오리된장찜, 미더덕찜, 우렁이찜국(논고둥찜국), 고사리미나리찜, 다슬기찜, 도미찜, 마른물메기찜(메기찜, 물꽁찜, 미거지찜), 마산아귀찜(건아귀찜, 아구찜), 미더덕들깨찜, 부산아귀찜(생아귀찜, 아구찜, 해물생아귀찜), 잉어찜, 피라미찜(피리찜), 가오리찜, 갯가재찜(속찜), 게찜(꽃게찜), 굴찜, 까막발이찜, 대구볼찜(대구뽈찜, 대구뽈대기찜), 대합찜, 들깨머윗대찜(머윗대들깨찜, 머윗대찜), 들깨호박오가리찜(들깨호박우리찜), 마른생선찜, 멍게찜, 보름찜국, 붕어찜, 산나물찜, 생멸치메즙찜, 생선찜, 성게달걀찜(앙장구달걀찜), 쇠미역찜(곰피찜), 자라찜, 숭어국찜, 재첩찜, 청각찜(애지찜), 해물찜 1, 2
	회(24)	전어회무침(전어회), 다슬기회무침, 멸치회, 재첩회, 갈치회(기장갈치회), 고래고기육회(고래생고기), 굴숙회, 굴회, 멍게회, 문어회무침, 뱅어회, 오징어물회, 상어숙회, 생선물회, 우렁이무침(논고둥무침), 은어회, 장어회, 죽순무침, 피조개회, 학꽁치회, 한치회, 해삼초무침, 해삼회, 해파리회
	마른반찬(19)	가죽부각(가죽자반), 고추부각, 김부각, 깻잎부각, 들깨송이부각, 우엉잎 · 오가피잎부각, 노가리부각, 다시마부각, 아카시아꽃부각, 무말랭이약지, 모듬자반, 미역튀각(해초튀각), 꼴뚜기튀김, 멍게튀김, 미역튀김, 복튀김, 빙어튀김, 은어튀김, 약대구
	순대 · 편육 · 족편(3)	고래정설, 돼지고기보쌈(돼지고기편육, 돼지고기수육), 복수육
	묵 · 두부(3)	기장우무(기장우묵, 기장어묵), 도토리묵, 청포묵
	쌈(1)	배추쌈
	장아찌(19)	당귀가죽장아찌, 단감장아찌, 단풍콩잎장아찌, 도라지장아찌, 모듬장아찌, 가죽장아찌, 개암장아찌, 고추장아찌(삭힌고추장아찌), 곤달비장아찌, 마늘종장아찌(마늘쫑장아찌), 박쥐나무잎장아찌(남방잎장아찌), 무말랭이장아찌, 무장아찌(무된장장아찌), 미역줄기장아찌, 양파장아찌(양파초절임), 양하장아찌, 초피잎장아찌(제피잎장아찌), 전복장아찌, 파래장아찌
	젓갈 · 식해(27)	벌떡게장, 갈치내장젓(갈치순태젓), 갈치젓갈, 게장(참게장), 전어밤젓, 굴젓, 꼴뚜기젓(호리기젓, 호루래기젓), 대구모젓(통대구모젓, 대구애미젓), 대구알젓, 멍게젓, 물메기알젓, 멸치젓(멸치육젓), 미더덕젓갈, 볼락어젓(볼락젓갈), 어리굴젓, 오징어젓, 잔새우젓(갠갱이젓), 조개젓, 창란젓, 홍합젓, 가자미식해, 갈치식해, 북어식해(마른생선식해), 시어, 조기식해, 진주식해, 홍치밥식해(홀데기밥식해)
	장(7)	비지장, 담북장(담뿍장, 땀북장), 멸장, 밀고추장(밀가루고추장), 시금장(개떡장), 집장(보리겨떡장), 홍합장(합자장)
	식초(3)	막걸리식초, 보리퐁식초, 현미식초(현미초)
	기 타	
떡류 (26)	떡	망개떡(망게떡), 송기떡(송구떡), 감부꾸미, 도토리떡, 보리떡, 부편(웃기떡), 비빔떡, 주악, 감단자, 감자떡, 감자송편, 개떡, 결명자부꾸미(결명자찹쌀부꾸미, 찹쌀부꾸미), 곶감화전, 꽃송편(송편꽃떡), 만경떡(망경떡, 모듬백이), 모시잎송편(모시송편), 무떡(무시루떡), 밀비지떡(밀비지), 백편, 석이편(석이병), 쑥구리(쑥굴레, 쑥굴림떡), 쑥버무리(쑥털털이), 유자청떡, 주걱떡, 칡떡
과정류 (13)	유밀과(1)	통영약과
	유과(2)	빈사(유과), 합천유과(병사)
	정과(4)	도라지정과(도라지전과), 무정과(무전과), 연근정과(연근전과), 다시마정과(다시마전과)
	숙실과(2)	대추초, 율란
	엿강정(1)	수수엿강정
	당(엿)(2)	수수조청(수수엿), 쌀엿
	기타(1)	배꿀찜
음청류 (12)	음 청	지네초식혜, 귤강차(감귤차), 녹차돌배차, 솔잎차, 오매차(여지장, 여지탕), 유자청(유자청차), 탱자차, 수문탕, 식혜(단술), 엉겅퀴식혜(엉겅퀴단술), 미숫가루(미싯가루), 우무콩국
주류(5)	술	동동주, 방문주(교동방문주, 황금주, 스무주), 산성막걸리, 신선주, 황금주

밥

굴밥

재 료

쌀 360g(2컵) • 무 80g • 굴 200g(1컵) • 물 400mL(2컵)

양념장 다진 파 1큰술 • 다진 마늘 1작은술 • 새우젓 1작은술 • 고춧가루 ½작은술 • 검은깨 ½작은술 • 깨소금 ¼작은술 • 참기름 · 물 약간

만드는 법

1. 무는 굵게 채 썬다(5×0.3×0.3cm).
2. 쌀을 불려 솥에 담고 물을 부은 다음 채 썬 무를 올려 밥을 한다.
3. 굴은 소금물에 살살 씻어 밥 뜸이 들 때 위에 올려 뜸을 조금 더 들인 후에 잘 섞어 그릇에 담아 낸다.
4. 양념장을 만들어 곁들인다.

1

3

4

❋ 참고사항

무 대신 콩나물을 넣어 밥을 짓기도 한다.

출 처
경상남도 농촌진흥원, 경남향토음식, 1994
통영시농업기술센터, 통영음식, 1999

정보제공자
박형숙, 경상남도 창원시 구산면 반동리
황영숙, 경상남도 거제시 신현읍 고현리

조리시연자
정계임, 경상남도 진주시 대안동

고문헌
조선무쌍신식요리제법(석화반 : 石花飯)

진주비빔밥

재료

쌀 360g(2컵) • 밥 짓는 물 470mL(2⅓컵) • 숙주 130g • 콩나물 130g • 시금치 100g • 애호박 100g(¼개) • 고사리 100g • 도라지 100g • 쇠고기 200g • 황포묵 100g • 김 10g • 무 100g • 잣 10g • 엿고추장 2큰술 • 국간장 2큰술 • 깨소금 ½큰술 • 참기름 ½큰술

육회 양념 참기름 2큰술 • 설탕 1큰술 • 다진 마늘 ½큰술 • 다진 파 1큰술 • 깨소금 2작은술 • 소금 · 후춧가루 약간

보탕국 바지락살 130g(⅔컵) • 국간장 약간 • 물 100mL(½컵)

만드는 법

1. 쌀은 깨끗이 씻어 30분 정도 불린 후 고슬고슬하게 밥을 짓는다.
2. 쇠고기는 가늘게 채 썰어 양념장으로 육회 양념을 한다.
3. 숙주는 머리와 뿌리를 떼고, 콩나물은 뿌리를 떼고 삶는다.
4. 시금치와 고사리는 각각 끓는 물에 데친다.
5. 애호박과 무, 도라지는 가늘게 채 썰어(5×0.2×0.2cm) 끓는 물에 데친다.
6. 마른 김은 손으로 잘게 부수고 황포묵은 굵게 채 썬다(5×0.5×0.5cm).
7. 3, 4, 5, 6에 국간장, 깨소금, 참기름을 넣고 각각 무친다.
8. 바지락살은 씻어 냄비에 물을 넣고 끓여 국간장으로 간을 하여 보탕국을 만든다.
9. 그릇에 밥을 담고 7의 나물을 색 맞추어 담아 8의 보탕국을 끼얹고 쇠고기육회를 올린다.
10. 비빔밥에 잣을 고명으로 얹고 보탕국과 엿고추장을 곁들인다.

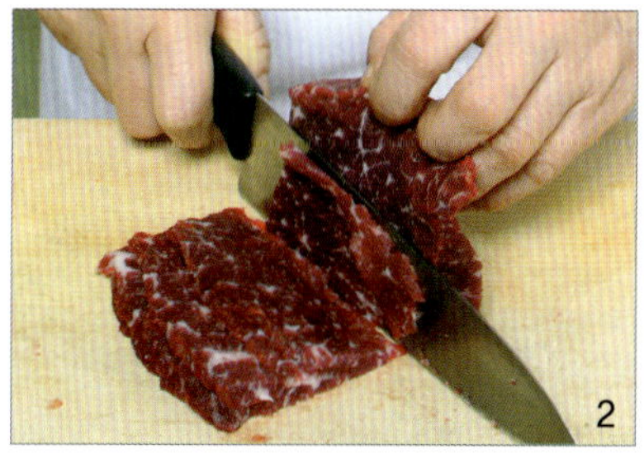

2

6

7

9

출처

문화공보부 문화재관리국, 한국민속종합조사보고서(향토음식 편), 1984
이성우, 한국요리문화사, 교문사, 1985
윤서석, 한국의 음식용어, 1991
경상남도 농촌진흥원, 경남향토음식, 1994
진주문화원, 진주의 역사와 문화, 2001
이연정, 향토음식에 대한 인식이 향토음식전문점 방문빈도에 미치는 영향 연구, 한국조리과학회지, 22(6), 2006

정보제공자

김귀순, 경상남도 진주시 대안동
윤수연, 경상남도 진주시 대안동
정현애, 경상남도 진주시 상대동

조리시연자

정계임, 경상남도 진주시 대안동

은어밥

재 료

쌀 360g(2컵) • 은어 2마리 • 콩나물 180g • 물 400mL(2컵)

양념장 간장 4큰술 • 다진 파 1큰술 • 다진 마늘 ½작은술 • 참기름 2작은술 • 고춧가루 2작은술

만드는 법

1. 콩나물은 다듬어 씻어 물기를 뺀다.
2. 은어는 머리와 내장을 빼고 깨끗이 손질한다.
3. 쌀은 깨끗이 씻어 30분 정도 불린 후 준비된 콩나물과 은어를 넣고 밥을 짓는다.
4. 밥이 되면 은어의 뼈를 발라 내고 양념장을 곁들인다.

✽ 참고사항

은어만 넣어 밥을 짓기도 한다.

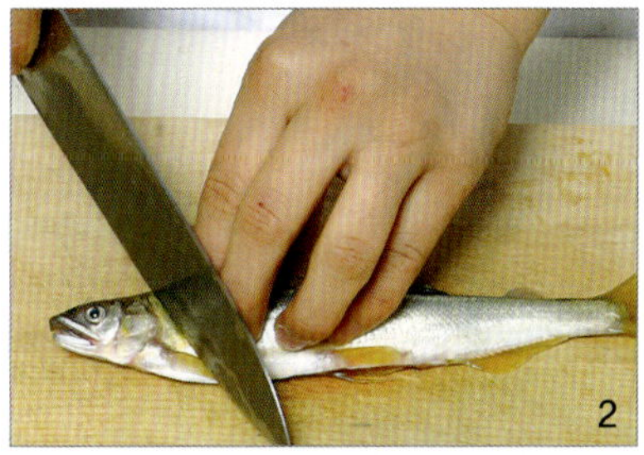

2

3

4

4

출 처

울산광역시농업기술센터, 울산향토음식, 2001

김상애 · 권순정, 경상남도 일부 지역 향토음식의 조리표준화 및 영양분석, 한국식품영양과학회지, 33(2), 2004

정보제공자

강정희, 경상남도 합천군

이봉우, 울산광역시 중구 옥교동

조리시연자

정계임, 경상남도 진주시 대안동

밥

충무김밥(꼬치김밥)

재 료

쌀 360g(2컵) • 김 8g(4장) • 갑오징어 200g(¾마리) • 무 150g • 물 470mL(2⅓컵) • 소금 약간

갑오징어 양념 고춧가루 2큰술 • 간장 2큰술 • 다진 마늘 1작은술 • 다진 파 1작은술 • 깨소금 ½작은술 • 소금 ½작은술 • 설탕 ½작은술 • 참기름 1작은술 • 후춧가루 약간

무 양념 젓갈 1큰술 • 고춧가루 2½큰술 • 다진 마늘 1작은술 • 다진 파 1작은술

만드는 법

1. 쌀은 깨끗이 씻어 30분 정도 불린 후 고슬고슬하게 밥을 짓는다.
2. 갑오징어는 껍질을 벗겨 끓는 물에 살짝 데친 후 2×4cm 크기로 썰어 양념으로 무친다.
3. 무는 어슷하게 썰어 소금에 약간 절인 다음 헹궈서 물기를 빼고 양념으로 버무린다.
4. 김은 6등분하여 밥을 말아서 접시에 담고 준비된 갑오징어와 무를 곁들인다.

2

3

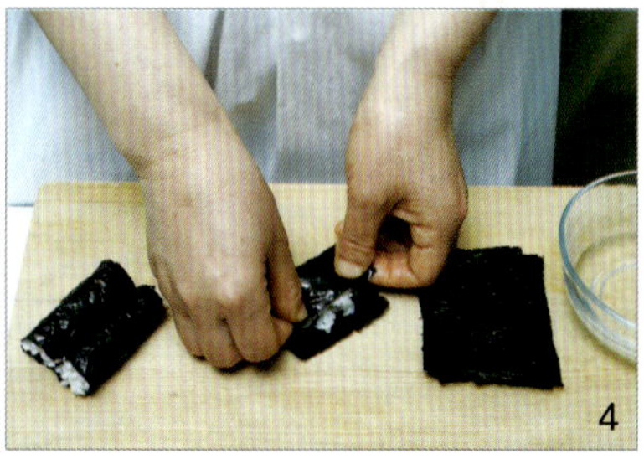

4

참고사항

옛날 통영과 부산을 왕래하던 여객선 안에서 할머니, 아주머니들이 나무 함지박에 김밥과 오징어, 무김치를 팔았다. 할매김밥이라고도 하며 여름철 밥의 변질을 방지하기 위하여 밥과 반찬을 분리하여 먹게 된 것이 기원이다. 원래는 주꾸미를 사용하였으나 지금은 오징어를 대신 사용한다.

출 처

경상남도 농촌진흥원, 경남향토음식, 1994
농촌진흥청 농촌생활연구소(현 농촌자원개발연구소), 전통지식 모음집(생활문화 편), 1997
통영시농업기술센터, 통영음식, 1999

정보제공자

강경옥, 경상남도 통영시 광도면 죽림리
강민옥, 경상남도 통영시 광도면 죽림리
김금숙, 경상남도 통영시 도산면 관덕리
박명숙, 경상남도 통영시 도남동
이경숙, 경상남도 통영시 미수동
이두익, 경상남도 충무시 항남동

조리시연자

정계임, 경상남도 진주시 대안동

통영비빔밥

재 료

쌀 360g(2컵) • 콩나물 100g • 시금치 100g • 부추 100g • 톳나물 100g • 생미역 100g • 무 100g • 애호박 100g(¼개) • 가지 100g(1개) • 오이 100g(⅔개) • 물 470mL(2⅓컵) • 고추장 3큰술 • 소금 약간 • 식용유 적량

탕수국 두부 130g(¼모) • 조갯살 300g(1½컵) • 국간장 1⅓큰술 • 참기름 약간 • 물 1L(5컵)

양념장 국간장 2큰술 • 다진 파 1큰술 • 다진 마늘 ½큰술 • 참기름 1큰술 • 깨소금 2작은술

만드는 법

1. 쌀은 깨끗이 씻어 30분 정도 불린 후 고슬고슬하게 밥을 짓는다.
2. 콩나물은 다듬어 삶고, 부추, 시금치, 톳나물은 끓는 물에 살짝 데쳐 양념장으로 각각 무친다.
3. 생미역은 주물러 씻어 5~6cm 길이로 잘라 양념장에 무친다.
4. 무, 애호박은 곱게 채 썰고(5×0.2×0.2cm), 오이, 가지는 은행잎 모양(0.5cm 두께)으로 썰어 팬에 식용유를 두르고 소금 간을 하여 각각 볶는다.
5. 두부는 깍둑썰기(사방 2cm) 한다.
6. 냄비에 참기름을 두르고 조갯살을 볶은 후 물을 붓고, 국간장으로 간을 하여 끓인 후 두부를 넣고 한소끔 더 끓여 탕수국을 만든다.
7. 그릇에 2, 3, 4를 색 맞추어 담고 중앙에 6의 탕수국을 부어 밥을 넣고 고추장을 곁들인다.

❁ 참고사항

명절, 제사, 생일, 혼인잔치 등 각종 행사에서 주로 이용하는 음식이며 콩나물, 오이, 박, 가지, 호박, 미나리, 시금치, 국파래, 생미역, 톳, 솎음배추, 방풍, 무, 부추, 근대, 쑥갓 중에서 계절에 따라 10가지 이상의 나물을 이용한다. 두부탕국을 이용하는 것이 이 비빔밥의 특징이다.

출 처

문화공보부 문화재관리국, 한국민속종합조사보고서(향토음식 편), 1984
통영시농업기술센터, 통영음식, 1999
한국관광공사, 한국의 전통음식, www.visitkorea.or.kr, 2006

정보제공자

김금숙, 경상남도 통영시 도산면 관덕리
김부옥, 경상남도 통영시 광도면 죽림리

밥

달걀온밥(곤밥, 달걀고드밥)

재 료

쌀 4큰술 • 달걀 200g(4개) • 물 4큰술

만드는 법

1. 쌀은 깨끗이 씻어 30분 정도 불린다.
2. 달걀은 껍질이 깨지지 않게 윗부분만 살짝 뜯어 내용물을 비워 낸다.
3. 2의 달걀 껍질에 불린 쌀을 반 정도 채워 물을 붓고 윗부분에 물에 적신 한지를 붙인다.
4. 한지를 붙인 달걀을 사그라진 숯불 속에 넣어 굽는다.

참고사항

김해 지역에서는 달걀온밥, 밀양 지역에서는 달걀고드밥이라 부른다.

정보제공자
이복자, 경상남도 밀양시 상남면 기산리

돼지국밥(순대국밥)

재 료

밥 840g(4공기) • 돼지고기 250g • 무 200g(¼개) • 양파 160g(1개) • 물 2L(10컵) • 다진 마늘 1큰술 • 고춧가루 1큰술 • 소금 1큰술

만드는 법

1. 양파는 0.5cm 두께로 채 썰고, 무는 나박썰기(2×2×0.5cm) 한다.
2. 냄비에 물을 붓고 돼지고기를 푹 삶아 고기는 건져 낸다.
3. 삶은 돼지고기는 0.3cm 두께로 저며 국물에 다시 넣는다.
4. 국물에 양파와 무를 넣고 끓인 후 밥, 다진 마늘, 고춧가루, 소금을 넣고 한소끔 더 끓인다.

참고사항

봄철에 먹는 음식으로 동네잔치 때 별미음식으로 이용되어 왔고, 돼지편육, 내장, 순대 등을 넣기도 한다.

정보제공자
김선이, 경상남도 창녕군 고암면 억만리

밥

된장주먹밥

재료

찬밥 840g(4공기)

양념 된장 2큰술 • 참기름 ½큰술 • 깨소금 ½큰술

만드는 법

1. 된장, 깨소금, 참기름을 골고루 잘 섞어 양념을 만든다.
2. 찬밥에 양념을 넣어 버무린 후 둥글게 주먹밥을 만든다.

정보제공자
김순희, 경상남도 밀양시 상남면 연금리

밥

열무된장비빔밥(열무보리밥, 열무비빔밥)

재료

보리쌀 360g(2컵) • 열무김치 · 강된장찌개 적량 • 물 470mL(2⅓컵)

만드는 법

1. 보리쌀은 깨끗이 씻어 30분 정도 불린 후 고슬고슬하게 밥을 짓는다.
2. 그릇에 밥을 담고 강된장찌개와 열무김치를 곁들인다.

출 처
울산광역시농업기술센터, 울산향토음식, 2001

정보제공자
박영실, 경상남도 거창군 거창읍 김천리
주점숙, 울산광역시 울주군 범서읍 굴화리

무밥

재 료

쌀 360g(2컵) • 무 200g(¼개) • 물 400mL(2컵)

양념장 간장 4큰술 • 다진 파 1큰술 • 다진 마늘 ½작은술 • 참기름 2작은술 • 고춧가루 2작은술 • 깨소금 2작은술

만드는 법

1. 쌀은 깨끗이 씻어 30분 정도 불린다.
2. 무는 굵게 채 썬다(5×0.5×0.5cm).
3. 냄비에 무채를 깔고 불린 쌀을 얹어 물을 붓고 밥을 짓는다.
4. 양념장을 만들어 곁들인다.

참고사항

- 쌀과 무를 섞어 간장, 소금, 후춧가루로 간을 하거나 보리를 섞어 밥을 짓기도 한다.
- 처음부터 무를 쌀 위에 얹어 밥을 짓기도 하고 밥 뜸들일 때 무를 넣기도 한다.

출 처

문화공보부 문화재관리국, 한국민속종합조사보고서(향토음식 편), 1984
경상남도 농촌진흥원, 경남향토음식, 1994
거제시농업기술센터, 거제향토음식, 1998
울산광역시농업기술센터, 울산향토음식, 2001

정보제공자

문란주, 경상남도 양산시 동면 석산리
박필연, 경상남도 김해시 장유면 산문리
이복실, 경상남도 거제시 신현읍 남문2동
최외순, 울산광역시 울주군 범서읍 입암리

밥

미역밥

재료

쌀 360g(2컵) • 염장 미역 70g • 홍합살 70g(⅓컵) • 소금 2작은술 • 청주 2작은술 • 식용유 2작은술 • 멸치장국국물(멸치 · 다시마 · 물) 400mL(2컵)

양념장 간장 4큰술 • 다진 파 1큰술 • 다진 마늘 ½작은술 • 참기름 2작은술 • 고춧가루 2작은술 • 깨소금 2작은술

만드는 법

1. 염장 미역은 물에 불려 짠맛을 제거한 후 깨끗이 씻어 2cm 길이로 자른다.
2. 쌀은 깨끗이 씻어 30분 정도 불린 후 건져서 물기를 뺀다.
3. 홍합은 소금물(소금 1작은술)에 흔들어 씻어 끓는 물에 살짝 데친다.
4. 솥에 식용유를 두르고 준비된 미역, 쌀, 홍합을 넣고 살짝 볶은 후 소금(1작은술), 청주를 넣어 고루 섞는다.
5. 멸치장국국물을 붓고 고슬고슬하게 밥을 지은 후 그릇에 담아 양념장을 곁들인다.

출처

경상남도 농촌진흥원, 경남향토음식, 1994
농촌진흥청 농촌생활연구소(현 농촌자원개발연구소), 전통지식 모음집(생활문화 편), 1997
농촌진흥청, 향토음식, www2.rda.go.kr/food/, 2006

정보제공자

곽성엽, 경상남도 삼천포시 송포동
안미숙, 경상남도 사천시

버섯밥

재 료

쌀 360g(2컵) • 건표고버섯 15g(5개) • 송이버섯 150g • 느타리버섯 150g(8개) • 애호박 100g(¼개) • 식용유 ½큰술 • 육수 400mL(2컵)

양념장 간장 2큰술 • 고춧가루 2큰술 • 다진 파 1큰술 • 다진 마늘 ½큰술 • 식초 1작은술 • 깨소금 1작은술 • 후춧가루 약간

만드는 법

1. 쌀은 깨끗이 씻어 30분 정도 불린다.
2. 송이버섯은 씻어서 찢어 놓고, 느타리버섯은 살짝 데쳐 찢는다.
3. 표고버섯은 물에 불려서 4등분하고, 애호박은 굵게 채 썬다(5×0.3×0.3cm).
4. 솥에 식용유를 두르고 불린 쌀을 넣고 볶다가 준비된 버섯과 애호박을 돌려 담고 육수를 부어 밥을 짓는다.
5. 양념장을 만들어 곁들인다.

출 처

경상남도 농촌진흥원, 경남향토음식, 1994
농촌진흥청 농촌영양개선연수원(현 농촌자원개발연구소), 한국의 향토음식, 1994
농촌진흥청 농촌생활연구소(현 농촌자원개발연구소), 전통지식 모음집(생활문화 편), 1997

정보제공자

이미림, 경상남도 산청군 산청읍 병정리
지형스님, 경상남도 산청군 삼장면 대원사

밥

산채비빔밥

재 료

쌀 360g(2컵) • 물 470mL(2⅓컵) • 산나물 160g • 도라지 120g • 삶은 고사리 120g(⅔컵) • 건표고버섯 10g(3개) • 숙주 120g • 달걀 50g(1개) • 도토리묵 50g • 다진 파 1큰술 • 다진 마늘 ½큰술 • 국간장 2작은술 • 간장 ½작은술 • 소금 ½큰술 • 참기름 1큰술 • 깨소금 1큰술 • 고추장 2큰술 • 설탕 약간 • 식용유 적량

만드는 법

1. 쌀은 깨끗이 씻어 30분 정도 불린 후 고슬고슬하게 밥을 짓는다.
2. 산나물은 삶아 건져 잔뿔에 남가 쓴맛을 우려 낸 후 물기를 빼고 팬에 식용유를 둘러 소금, 다진 파, 다진 마늘을 넣고 볶아 참기름, 깨소금을 넣고 무친다.
3. 도라지는 소금으로 주물러 물에 담가 쓴맛을 빼고 끓는 물에 살짝 데쳐 헹군 후 팬에 식용유를 두르고 소금, 다진 파, 다진 마늘을 넣고 볶아 참기름, 깨소금을 넣고 무친다.
4. 고사리는 팬에 식용유를 두르고 국간장, 다진 파, 다진 마늘을 넣고 볶아 참기름, 깨소금을 넣고 무친다.
5. 숙주는 다듬어 씻어 끓는 물에 살짝 데쳐서 물기를 짠 후 소금, 참기름으로 양념한다.
6. 표고버섯은 물에 불려 기둥을 떼고 곱게 채 썰어(5×0.2×0.2cm) 간장, 설탕, 다진 파, 다진 마늘, 참기름, 깨소금을 넣고 양념하여 볶는다.
7. 달걀은 황백지단으로 부쳐 곱게 채 썰고, 도토리묵은 굵게 채 썬다(5×0.5×0.5cm).
8. 그릇에 밥을 담고 준비된 산나물, 도라지, 고사리, 숙주, 표고버섯을 색 맞추어 담아 채 썬 지단과 도토리묵을 고명으로 얹어 내고 고추장을 곁들인다.

참고사항

- 머위잎, 더덕, 다시마부각을 넣기도 하고, 쇠고기를 양념하여 볶아 올리기도 한다.
- 계절에 따라 절기에 맞는 산나물을 이용한다.

출 처

경상남도 농촌진흥원, 경남향토음식, 1994
김상애, 양산의 전통향토음식 산채비빔밥 · 민물매운탕에 관한 연구, 양산시, 2006
최수근 · 이연정 · 박성수, 향토음식 인지도에 관한 실증적 연구, 한국식생활문화학회지, 19(3), 2004
이연정 · 하미옥 · 최수근, 울산 지역 향토음식에 대한 식행동과 기호도에 관한 연구, 한국식생활문화학회지, 21(5), 2006
농촌진흥청, 향토음식, www2.rda.go.kr/food/, 2006

정보제공자

최미석, 경상남도 합천군 가야면 치인리
최은숙, 경상남도 하동군 적량면 동산리

해물비빔밥

재 료

쌀 360g(2컵) • 조갯살 150g(¾컵) • 생미역 100g • 톳나물 100g • 파래 100g • 청각 70g • 물 670mL(3⅓컵) • 고추장 2큰술 • 국간장 1작은술 • 참기름 1작은술

양념 소금 2작은술 • 다진 마늘 ½큰술 • 참기름 1큰술 • 깨소금 1큰술

만드는 법

1. 쌀은 깨끗이 씻어 30분 정도 불린 후 물 2⅓컵을 붓고 고슬고슬하게 밥을 짓는다.
2. 조갯살을 씻어 물기를 빼고 잘게 다져 국간장으로 간을 하여 볶다가 물 1컵을 부어 한소끔 끓인다.
3. 생미역, 톳나물, 청각은 끓는 물에 살짝 데쳐 5cm 길이로 썰어 각각 양념을 넣고 무친다.
4. 파래는 깨끗이 씻어 물기를 빼고 양념으로 무친다.
5. 그릇에 밥을 담고 그 위에 준비된 물미역, 톳나물, 청각, 파래를 돌려 담은 후 2를 얹는다.
6. 고추장과 참기름을 곁들인다.

출 처

경상남도 농촌진흥원, 경남향토음식, 1994

정보제공자

박필선, 경상남도 통영군 사량면 금평리

한리스, 경상남도 진해시 성내동

밥

쇠미역밥(곰피밥)

재 료

쌀 270g(1½컵) • 보리쌀 90g(½컵) • 쇠미역(곰피) 90g • 물 470mL(2⅓컵)

양념장 간장 4큰술 • 다진 파 1큰술 • 다진 마늘 ½작은술 • 참기름 2작은술 • 고춧가루 2작은술 • 깨소금 2작은술

만드는 법

1. 쌀과 보리쌀은 깨끗이 씻어 30분 정도 불린다.
2. 쇠미역은 삶은 후 물에 담가 검은 물을 빼고 채 썬다(5×0.2×0.2cm).
3. 솥에 불린 쌀과 보리쌀을 넣은 후 한쪽에 2의 쇠미역채를 넣고 밥을 짓는다.
4. 밥이 다 되면 밥과 쇠미역을 섞어 양념장을 곁들인다.

참고사항

양념장 대신 강된장찌개를 곁들이기도 한다.

출 처
울산광역시농업기술센터, 울산향토음식, 2001

정보제공자
장영애, 울산광역시 북구 어물동

밥

진주헛제삿밥

재 료

쌀 360g(2컵) • 쇠고기 150g • 고등어 200g(½마리) • 상어 150g • 두부 130g(¼모) • 달걀 100g(2개) • 삶은 고사리 100g(½컵) • 산채 100g • 시금치 100g • 무 100g • 콩나물 150g • 물 470mL(2⅓컵) • 소금 2작은술 • 참기름 ½큰술 • 깨소금 ½큰술 • 국간장 1큰술 • 식용유 1작은술

탕국 무 100g • 물 400mL(2컵) • 국간장 2작은술

만드는 법

1. 쌀은 깨끗이 씻어 30분 정도 불린 후 밥을 짓는다.
2. 쇠고기는 결반대 방향으로 길이 7cm, 너비 3cm 크기로 썰어 꼬치에 끼운 후 오그라들지 않게 두들겨서 소금으로 간을 하여 찐다(지지기도 한다).
3. 고등어와 상어는 소금으로 간을 하여 찐다(간고등어일 경우에는 소금 간을 하지 않는다).
4. 두부는 납작하게 썰어(3×4×0.7cm) 소금을 뿌려 잠시 두었다가 물기를 제거하고 팬에 식용유를 두르고 지진다.
5. 달걀은 삶아 반으로 자른다.
6. 고사리는 식용유에 볶아 국간장으로 간을 하고, 콩나물은 머리와 뿌리를 떼고 삶아 소금, 참기름, 깨소금을 넣고 무친다.
7. 무는 5cm 길이로 채 썰어 소금에 절인 후에 볶고, 시금치와 산나물은 끓는 물에 소금을 넣고 데쳐서 참기름, 깨소금, 소금으로 무친다.
8. 탕거리용 무는 나박썰기(2×2×0.5cm) 하여 물을 붓고 끓인 후 국간장으로 간을 하여 탕을 만든다.
9. 준비된 쇠고기, 고등어, 상어, 두부, 달걀, 고사리, 콩나물, 무나물, 시금치와 산나물을 색맞추어 각각 담는다.
10. 8, 9와 밥에 국간장을 곁들인다.

❈ 참고사항

제사를 지낸 후 음복할 때 차린 제사상에 올린 음식을 모아 비벼 나누어 먹은 것에서 비롯되었다.

출 처

한국정신문화연구원, 한국민속문화대백과사전, 1991
진주문화원, 진주의 역사와 문화, 2001

정보제공자

정현애, 경상남도 진주시 상대동

밥

찐쌀밥(찐밥)

재 료

찐 쌀 400g • 물 470mL(2⅓컵)

양념장 간장 3큰술 • 다진 풋고추 ⅔큰술 • 다진 붉은 고추 ⅔큰술 • 깨소금 1⅓큰술 • 참기름 ⅔큰술 • 고춧가루 ⅓작은술

만드는 법

1. 찐 쌀에 물을 붓고 밥을 짓는다.
2. 양념장을 만들어 곁들인다.

참고사항

찐 쌀은 찹쌀나락을 가마솥에 물을 약간 넣어 찐 후 말려서 탈곡한 것이다.

출 처
울산광역시농업기술센터, 울산향토음식, 2001

고문헌
조선요리(찐밥)

콩나물국밥

재 료

찬밥 630g(3공기) • 콩나물 200g • 고구마 500g(2개) • 배추김치 200g • 멸치장국국물(멸치 · 다시마 · 물) 1.2L(6컵) • 국간장 약간

만드는 법

1. 콩나물은 뿌리를 떼고 손질하여 씻는다.
2. 고구마는 깍둑썰기(사방 2cm) 하고, 배추김치는 송송 썬다(0.5cm).
3. 준비된 콩나물, 고구마, 배추김치에 멸치장국국물을 붓고 끓인 후 찬밥을 넣는다.
4. 30이 끓으면 국간장으로 간을 하여 한소끔 더 끓인다.

참고사항

가래떡을 넣기도 한다.

정보제공자
김임숙, 경상남도 거창군 거창읍 김천리

밥

콩나물밥

재 료

쌀 360g(2컵) • 콩나물 300g • 물 400mL(2컵)

양념장 간장 4큰술 • 다진 파 1큰술 • 다진 마늘 ½작은술 • 참기름 2작은술 • 고춧가루 2작은술 • 깨소금 2작은술

만드는 법

1. 콩나물은 다듬어 씻어 물기를 빼고, 쌀은 깨끗이 씻어 30분 정도 불린다.
2. 솥에 콩나물을 먼저 깔고 불린 쌀을 넣어 밥을 짓는다.
3. 양념장을 만들어 곁들인다.

참고사항

쇠고기, 돼지고기를 볶아 넣기도 하고, 멸치를 넣어 밥을 짓기도 한다.

출 처

경상남도 농촌진흥원, 경남향토음식, 1994

거제시농업기술센터, 거제향토음식, 1998

울산광역시농업기술센터, 울산향토음식, 2001

정보제공자

박필연, 경상남도 김해시 장유면 산문리

이봉우, 울산광역시 중구 옥교동

이정악, 경상남도 거제시 신현읍 수월리

밥

톳나물밥

재 료

쌀 360g(2컵) • 톳나물 200g • 멸치장국국물(멸치 · 다시마 · 물) 470mL(2⅓컵)

양념장 간장 4큰술 • 다진 파 1큰술 • 다진 마늘 ½작은술 • 참기름 2작은술 • 고춧가루 2작은술 • 깨소금 2작은술

만드는 법

1. 쌀은 깨끗이 씻어 30분 정도 불린다.
2. 톳나물은 깨끗하게 손질하여 끓는 물에 살짝 데친다.
3. 톳나물을 솥에 깔고 불린 쌀을 넣은 후 멸치장국국물을 부어 밥을 짓는다.
4. 양념장을 만들어 곁들인다.

✻ 참고사항

굴을 넣기도 한다.

출 처

거제시농업기술센터, 거제향토음식, 1998

남해군농업기술센터, 보물섬 남해 향토 먹거리 맛과 멋, 2005

정보제공자

박필순, 경상남도 거제시 신현읍

장영애, 경상남도 남해군 미조면 미조리

밥

홍합밥

재 료

쌀 360g(2컵) • 홍합 350g • 강된장찌개 적량 • 물 400mL(2컵)

초고추장 고추장 3큰술 • 식초 3큰술 • 설탕 1큰술 • 다진 마늘 1작은술 • 깨소금 1작은술

만드는 법

1. 쌀은 깨끗이 씻어 30분 정도 불린다.
2. 홍합은 껍질째 깨끗하게 씻는다.
3. 불린 쌀과 홍합을 넣고 밥을 짓는다.
4. 3에 강된장찌개와 초고추장을 곁들인다.

참고사항

보리쌀을 섞어 밥을 짓기도 하며, 밥은 강된장찌개에 비비고, 홍합을 초고추장에 찍어 먹기도 한다.

출 처

거제시농업기술센터, 거제향토음식, 1998

정보제공자

김임순, 경상남도 거제시 장승포동

지재선, 경상남도 남해군 남면 당항리

마죽

재료

쌀 300g(1⅔컵) • 마 250g • 물 1.6L(8컵) • 소금 1작은술 • 꿀 약간

만드는 법

1. 쌀을 깨끗이 씻어 불린 후 물을 부어 곱게 간다.
2. 마는 껍질을 벗겨 강판에 간다.
3. 냄비에 곱게 간 쌀을 넣고 푹 끓인 후 2의 마를 넣고 끓으면 소금으로 간을 한다.
4. 꿀을 곁들인다.

2

3

3

참고사항

마의 앙금과 녹두 전분이나 감자 전분을 섞어 끓이기도 하고 마를 삶아 불린 쌀을 넣어 죽을 쑤기도 한다.

정보제공자
천수남, 경상남도 마산시 회원1동

조리시연자
정계임, 경상남도 진주시 대안동

죽

애호박죽

재료

쌀 360g(2컵) • 애호박 100g(¼개) • 바지락살 100g(½컵) • 멸치장국국물(멸치 · 다시마 · 물) 2L(10컵) • 국간장 1큰술 • 참기름 1큰술 • 깨소금 · 소금 약간

만드는 법

1. 쌀은 깨끗이 씻어 30분 정도 불린 후 물기를 뺀다.
2. 애호박은 0.3cm 두께로 은행잎 모양으로 썬다.
3. 바지락은 씻어 물기를 빼고 곱게 다진다.
4. 냄비에 참기름을 두르고 3의 바지락을 넣어 볶다가 불린 쌀을 넣고 함께 볶는다.
5. 4에 멸치장국국물을 붓고 푹 끓인 후 애호박을 넣고 소금과 국간장으로 간을 하여 한소끔 더 끓인다.
6. 5를 그릇에 담고 깨소금을 뿌린다.

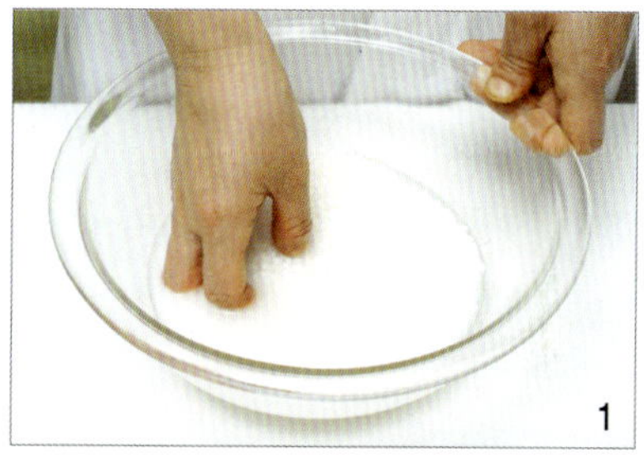

1

4

5

출처
문화공보부 문화재관리국, 한국민속종합조사보고서(향토음식 편), 1984
경상남도 농촌진흥원, 경남향토음식, 1994

정보제공자
김계남, 경상남도 고성군 고성읍 기월리
전윤숙, 경상남도 진주시 상대동

조리시연자
정계임, 경상남도 진주시 대안동

죽

절간고구마죽(고구마빼데기죽)

재 료

말린 고구마 300g • 팥 70g(1/3컵) • 강낭콩 70g(1/3컵) • 물 2.5L(12 1/2컵) • 소금 1작은술 • 설탕 약간

만드는 법

1. 강낭콩과 팥은 깨끗이 씻어 불려 두었다가 냄비에 넣고 숟가락으로 눌러 으깨질 정도로 삶아 건진다.
2. 말린 고구마는 물을 붓고 걸쭉하게 될 때까지 중불에서 푹 끓인다.
3. 2에 삶은 강낭콩과 팥을 넣고 저어 가면서 끓인 후 설탕, 소금으로 간을 한다.

✤ 참고사항

- 고구마가 많이 수확되는 계절에 얇게 썰어 건조한 후 팥, 강낭콩, 동부, 조, 수수 등의 부재료를 넣어 만든 죽으로 겨울철이나 춘궁기의 간식으로 먹어 온 음식이다. 전분이나 쌀가루, 찹쌀가루를 넣고 끓이기도 한다.
- 말린고구마죽, 고구마빼대기죽, 건조고구마죽이라고도 부른다.

출 처

경상남도 농촌진흥원, 경남향토음식, 1994
거제시농업기술센터, 거제향토음식, 1998
통영시농업기술센터, 통영음식, 1999
남해군농업기술센터, 보물섬 남해 향토 먹거리 맛과 멋, 2005

정보제공자

김순이, 경상남도 고성군 하일면 학림리
노들래, 경상남도 거제시 임은면 구조라리
백화옥, 경상남도 삼천포시 실안동
신우엽, 경상남도 남해군 삼동면 물건
원희순, 경상남도 거제시 남부면 다포리
이노순, 경상남도 김해시 불암동
이윤숙, 경상남도 하동군 적량면 동산리
최경숙, 경상남도 고성군 고성읍 동외리

조리시연자

이명심, 경상남도 남해군 이동면 초읍리

죽

굴죽

재료

쌀 360g(2컵) • 굴 200g(1컵) • 물 2L(10컵) • 참기름 1⅓큰술 • 소금 1작은술 • 국간장 약간

만드는 법

1. 쌀은 깨끗이 씻어 30분 정도 불린 후 물기를 뺀다.
2. 굴은 소금물에 살살 흔들어 씻어 건진다.
3. 냄비에 참기름을 두르고 1의 불린 쌀을 넣어 볶다가 물을 붓고 끓여 쌀알이 퍼지면 굴을 넣고 한소끔 더 끓인다.
4. 먹기 직전에 소금이나 국간장으로 간을 한다.

참고사항

송이버섯, 채소, 미역을 넣고 끓이기도 한다.

출처
통영시, 통영 농수산물로 만든 별미요리, 2002
해양수산부, 아름다운 어촌 100선, 2005

정보제공자
황영숙, 경상남도 거제시 신현읍 고현리

고문헌
조선무쌍신식요리제법(석화죽 : 石花粥)

백합죽

재 료

찹쌀 360g(2컵) • 백합 2kg • 수삼 2뿌리 • 대추 25g(10개) • 물 2L(10컵) • 소금 1작은술 • 다진 마늘 약간

만드는 법

1. 백합의 반은 껍질째 깨끗이 씻고 반은 살만 발라 내어 자체에서 나오는 물과 함께 둔다.
2. 찹쌀은 깨끗이 씻어 30분 정도 불린다.
3. 수삼은 씻어 얄팍하게 어슷썰기를 하고, 대추는 씨를 제거하고 곱게 채 썬다(3×0.2× 0.2cm).
4. 불린 찹쌀, 수삼, 대추에 물을 붓고 끓이다가 쌀이 퍼지면 1의 백합을 넣고 다시 한소끔 더 끓인다.
5. 4가 끓으면 다진 마늘을 넣고 소금으로 간을 한다.

출 처

경상남도 농촌진흥원, 경남향토음식, 1994

최수근 · 이연정 · 박성수, 향토음식 인지도에 관한 실증적 연구, 한국식생활문화학회지, 19(3), 2004

정보제공자

박애자, 경상남도 사천시 용현면 선진리

전윤숙, 경상남도 진주시 상대동

고문헌

산림경제(백합죽 : 百合粥)

죽

생선죽

재 료

쌀 360g(2컵) • 가자미 350g(1마리) • 물 2.2L(11컵) • 소금 1작은술

만드는 법

1. 쌀은 깨끗이 씻어 30분 정도 불린다.
2. 가자미는 씻어 내장과 비늘은 제거하고 포를 떠서 가로 2cm, 세로 3cm 크기로 자른다.
3. 가자미 뼈는 삶아 국물을 만든다.
4. 3의 국물 10컵에 불린 쌀을 넣고 끓이다가 2의 가자미를 넣어 한소끔 더 끓인 후 소금으로 간을 한다.

참고사항

도미, 도다리 등의 흰살생선을 이용할 수 있다.

정보제공자
천수남, 경상남도 마산시 회원1동

죽

소양죽

재 료

쌀 360g(2컵) • 양(소의 위) 200g • 물 2.4L(12컵) • 소금 1작은술 • 참기름 적량

만드는 법

1. 쌀은 깨끗이 씻어 30분 정도 불린다.
2. 양은 소금으로 문질러 깨끗이 씻는다.
3. 냄비에 손질한 양과 물을 붓고 약한 불에서 삶은 다음 잘게 썬다.
4. 솥에 참기름을 두르고 1의 불린 쌀을 볶다가 3의 국물 10컵과 양을 넣어 끓인다.
5. 4가 끓으면 불을 약하게 해서 눌지 않게 가끔 저어 가며 끓여 소금으로 간을 한다.

출 처
울산광역시농업기술센터, 울산향토음식, 2001

정보제공자
김영자, 울산광역시 남구 신정4동

송이닭죽

재 료

닭 1kg(1마리) • 송이버섯 100g • 찹쌀 60g(1/3컵) • 인삼 50g • 물 2L(10컵) • 소금 1작은술

만드는 법

1. 찹쌀은 깨끗이 씻어 30분 정도 불린다.
2. 송이버섯과 닭은 손질하여 깨끗이 씻는다.
3. 냄비에 물을 붓고 인삼을 넣어 어느 정도 우러날 때까지 끓인다.
4. 3에 송이버섯과 닭을 넣어 푹 끓인다.
5. 4가 끓으면 불린 찹쌀을 넣어 쌀이 퍼질 때까지 끓여 소금으로 간을 한다.

참고사항

송이버섯의 향기로 닭 냄새가 약해지므로 닭을 싫어하는 사람도 먹을 수 있다.

출 처

농촌진흥청 농촌영양개선연수원(현 농촌자원개발연구소), 한국의 향토음식, 1994

정보제공자

박윤옥, 경상남도 밀양군 하남읍 수산리

죽

순두부죽

재 료

쌀 360g(2컵) • 순두부 300g(¾개) • 새우살 100g(½컵) • 미나리 30g • 물 1.8L(9컵) • 참기름 1작은술 • 소금 1작은술

만드는 법

1. 쌀은 깨끗이 씻어 30분 정도 불린 후 물기를 뺀다.
2. 새우살은 깨끗이 씻어 물기를 뺀다.
3. 미나리는 다듬어 씻은 후 3cm 길이로 썬다.
4. 냄비에 참기름을 두르고 불린 쌀을 볶은 후 새우살과 물을 넣어 끓인다.
5. 쌀알이 익어 퍼지면 순두부와 미나리를 넣고 소금으로 간을 하여 한소끔 더 끓인다.

정보제공자
김경자, 경상남도 창원시 도계동

죽

은어죽

재 료

쌀 270g(1½컵) • 은어 200g • 양파 50g(⅓개) • 당근 50g(⅓개) • 물 2L(10컵) • 소금 1작은술 • 참기름 약간

만드는 법

1. 쌀은 깨끗이 씻어 30분 정도 불리고 양파, 당근은 곱게 다진다.
2. 은어는 내장을 빼내고 깨끗이 씻어 냄비에 물을 붓고 삶아 살을 발라 내고, 국물은 따로 둔다.
3. 냄비에 참기름을 두르고 3의 은어살을 볶은 후 은어 삶은 물 8컵과 불린 쌀을 넣어 끓인다.
4. 쌀알이 익어 퍼지면 양파와 당근을 넣고 한소끔 더 끓인 후 소금으로 간을 한다.

정보제공자
박순천, 경상남도 밀양시 산외면 남기리

죽

장어죽

재 료

찹쌀가루 230g(2⅓컵) • 장어뼈와 머리 300g • 물 2L(10컵) • 소금 1작은술 • 후춧가루 약간

만드는 법

1. 냄비에 장어뼈와 머리를 넣고 물을 부어 충분히 끓인 후 국물을 체에 걸러 장어육수를 만든다.
2. 1에 찹쌀가루를 넣고 저으면서 끓인 후 소금, 후춧가루로 간을 한다.

참고사항

- 장어육수에 대추, 마늘을 넣기도 하고 생강을 넣기도 한다.
- 불린 쌀을 참기름에 볶아서 이용하기도 한다.

정보제공자
안선주, 경상남도 거창군 거창읍 서변리

죽

전복죽

재 료

찹쌀 360g(2컵) • 전복 330g(4마리) • 물 2L(10컵) • 참기름 1큰술 • 소금 1작은술

만드는 법

1. 찹쌀을 깨끗이 씻어 30분 정도 불린다.
2. 전복은 껍질을 벗기고 씻어 잘게 썬다.
3. 냄비에 참기름을 두르고 잘게 썬 전복을 볶다가 불린 찹쌀을 넣고 노릇하게 볶는다.
4. 3에 물을 붓고 쌀이 퍼질 때까지 나무주걱으로 잘 저으면서 끓여 소금으로 간을 한다.

참고사항

멥쌀을 이용하기도 하고, 쌀을 갈아서 사용하기도 한다.

출 처

거제시농업기술센터, 거제향토음식, 1998
울산광역시농업기술센터, 울산향토음식, 2001
남해군농업기술센터, 보물섬 남해 향토 먹거리 맛과 멋, 2005

정보제공자

김금숙, 경상남도 통영시 도산면 관덕리
정우순, 경상남도 거제시 옥포2동

죽

콩나물죽(콩나물갱죽)

재 료

쌀 360g(2컵) • 콩나물 200g • 멸치장국국물(멸치 · 다시마 · 물) 2L(10컵) • 된장 1큰술 • 국간장 · 소금 약간

만드는 법

1. 쌀은 깨끗이 씻어 30분 정도 불리고 콩나물은 다듬어서 씻는다.
2. 냄비에 물을 붓고 멸치와 다시마를 넣어 멸치장국국물을 낸다.
3. 멸치장국국물에 된장을 풀어 불린 쌀과 콩나물을 넣고 끓인 후 소금이나 국간장으로 간을 한다.

출 처
울산광역시농업기술센터, 울산향토음식, 2001

정보제공자
손영희, 울산광역시 북구 신천동

콩죽

재 료

콩 220g(1¼컵) • 쌀 180g(1컵) • 물 1.4L(7컵) • 소금 1작은술

만드는 법

1. 쌀과 콩은 깨끗이 씻어 3시간 이상 물에 불린다.
2. 불린 콩은 물을 넣고 분쇄기에 곱게 간다.
3. 냄비에 2의 콩국물을 부어 끓이다가 불린 쌀을 넣고 눌지 않도록 저으면서 끓인다.
4. 한 번 끓어오르면 불을 약하게 줄여서 쌀알이 완전히 퍼질 때까지 가끔 저으면서 끓인다.
5. 쌀알이 퍼지면 불에서 내려 소금으로 간을 한다.

✻ 참고사항

찹쌀가루를 익반죽하여 새알로 만들어 넣기도 하고, 칼국수, 수제비를 넣기도 한다.

출 처
울산광역시농업기술센터, 울산향토음식, 2001

정보제공자
김순자, 경상남도 창원시 대원동

고문헌
조선요리제법(콩죽), 조선무쌍신식요리제법(태죽 : 太粥)

죽

홍합죽(담치죽)

재료

쌀 360g(2컵) • 홍합살 200g(1컵) • 물 2L(10컵) • 다진 파 1큰술 • 다진 마늘 1작은술 • 참기름 1큰술 • 국간장 · 소금 약간

만드는 법

1. 쌀은 깨끗이 씻어 30분 정도 불린다.
2. 홍합을 소금물에 깨끗이 씻어 물기를 뺀 다음 4등분한다.
3. 솥에 참기름을 두르고 준비된 홍합과 불린 쌀을 넣어 살짝 볶은 후 물을 조금씩 부으면서 젓는다.
4. 쌀알이 퍼지면 다진 파, 다진 마늘, 국간장으로 간을 한다.

출처

경상남도 농촌진흥원, 경남향토음식, 1994
울산광역시농업기술센터, 울산향토음식 , 2001

정보제공자

김난자, 울산광역시 울주군 온산읍 덕산리
박애자, 경상남도 사천군 용현면
신영애, 경상남도 거제시 신현읍 고현리

미음 · 범벅 · 응이

호박범벅

재 료

늙은 호박 200g • 찹쌀가루 150g(1½컵) • 팥 210g(1컵) • 고구마 130g(½개) • 깐 밤 40g(4개) • 물 1.6L(8컵) • 설탕 125g(½컵) • 소금 1작은술

만드는 법

1. 늙은 호박은 껍질을 벗기고 속을 긁어 다듬은 후 3×3×4cm 크기로 썬다.
2. 냄비에 물 6컵을 붓고 준비된 늙은 호박과 설탕을 넣어 푹 삶은 후 건더기는 건져 놓는다.
3. 팥은 깨끗이 씻어 푹 삶아 건진다.
4. 고구마는 깍둑썰기(사방 2cm) 하고, 밤은 4등분한다.
5. 2의 호박 삶은 물에 삶은 팥, 고구마, 밤을 넣어 삶는다.
6. 찹쌀가루에 물 2컵을 부어 푼다.
7. 5가 끓으면 6의 찹쌀가루물을 조금씩 부으면서 주걱으로 눋지 않게 저어 준다.
8. 국물이 걸쭉해지면 2의 호박건더기를 넣고 약한 불에서 더 끓여 설탕이나 소금으로 간을 한다.

참고사항

- 강낭콩을 넣기도 하고, 찹쌀과 멥쌀로 만든 새알을 넣기도 한다.
- 범벅이 완성되면 콩가루를 묻히기도 한다.

출 처

울산광역시농업기술센터, 울산향토음식, 2001

정보제공자

권소숙, 부산광역시 금정구 남산동

김정자, 울산광역시 남구 무거동

미음 · 범벅 · 응이

밤응이(밤갱이)

재 료

깐 밤 300g(30개) • 물 1.6L(8컵) • 소금 1작은술

만드는 법

1. 밤은 물을 넣고 곱게 갈아 고운체에 걸러 낸다.
2. 냄비에 1의 밤물을 부어 끓이다가 중불로 낮추어 저으면서 말갛게 될 때까지 쑨다.
3. 소금으로 간을 한다.

❁ 참고사항

갱이는 웅이의 방언으로 웅이는 곡물의 전분가루를 물에 풀어 끓여서 마실 수 있을 정도의 농도로 익힌 유동식이다.

정보제공자
이영미, 경상남도 의령군 의령읍 동동리

국수 · 수제비

어탕국수(추어탕국수)

재료

민물고기 600g • 국수 400g • 애호박 150g(1/3개) • 양파 100g(2/3개) • 풋고추 30g(2개) • 물 3L(15컵) • 초피가루(제피가루) 2큰술 • 다진 파 2큰술 • 다진 마늘 1큰술 • 국간장 1큰술 • 고춧가루 · 소금 약간

만드는 법

1. 민물고기는 깨끗이 씻은 후 통째로 솥에 넣고 물을 부어 2~3시간 정도 푹 삶은 다음 체에 밭쳐 뼈를 발라 낸다.
2. 호박, 양파는 반달썰기 하고, 풋고추는 어슷썰기(0.3cm) 한다.
3. 1의 민물고기육수 10컵에 소금, 국간장으로 간을 하고 준비된 호박, 양파를 넣어 끓인 후 국수를 넣는다.
4. 3이 끓으면 풋고추, 고춧가루, 다진 파, 다진 마늘을 넣고 초피가루를 곁들인다.

1

2

3

4

참고사항

민물고기는 계절에 따라 피리, 붕어, 미꾸라지 등을 이용하고 숙주, 시래기를 삶아서 밑간을 한 후 넣기도 하며 고추장을 넣기도 한다. 초피가루를 넣으면 민물고기의 비린내를 없애 준다.

출처
경상남도 농촌진흥원, 경남향토음식, 1994
권순정, 경상남도 일부 지역의 향토음식의 발굴 및 조리표준화, 신라대학교 석사학위논문, 1999
농촌진흥청, 향토음식, www2.rda.go.kr/food/, 2006

정보제공자
김옥엽, 경상남도 밀양시 단장면 사연리
이명점, 경상남도 산청군 생초면 어서리
이미림, 경상남도 산청군 산청읍 병정리
이재숙, 경상남도 거창군

조리시연자
정계임, 경상남도 진주시 대안동

진주냉면

재 료

메밀국수(생면) 600g • 무김치 150g • 쇠고기(또는 돼지고기) 150g • 달걀 50g(1개) • 배 120g(⅓개) • 실고추 · 잣 약간 • 식용유 적량 • 해물육수 1.2L(6컵)

고기 양념장 간장 ½큰술 • 대파 10g(¼뿌리) • 마늘 5g(1쪽) • 참기름 · 설탕 · 깨소금 · 후춧가루 약간

전분액 전분 1작은술 • 물 ½큰술

해물육수 마른 명태머리 · 건새우 · 건홍합 · 물 적량

만드는 법

1. 냄비에 해물육수 재료를 넣고 끓여 육수를 내서 식혀 놓는다.
2. 쇠고기는 납작하게 저며 양념한 다음 달갈물을 묻혀 가열한 팬에 식용유를 두르고 지진 다음 1cm 너비로 썬다.
3. 무김치는 물기를 꼭 짜고, 배는 껍질을 벗겨 각각 0.5cm 두께로 채 썬다.
4. 달걀물에 전분액을 섞어 얇게 지단을 부쳐 곱게 채 썬다(5×0.2×0.2cm).
5. 실고추는 3~4cm 길이로 썬다.
6. 메밀국수는 끓는 물에 삶아 찬물에 여러 번 헹궈 낸 후 사리를 지어 그릇에 담는다.
7. 6에 준비한 쇠고기, 무김치, 배, 달걀지단, 실고추, 잣을 올리고 해물육수를 붓는다.

1

2

4

4

✻ 참고사항

진주냉면은 지리산 주위 산간 지역에서 메밀이 수확되었으므로 이 지역에서 메밀국수를 즐겨 먹은 것에서 유래되었다. 냉면이라면 북한의 평양냉면, 남쪽의 진주냉면이 알려져 있다.

출 처

이성우, 한국요리문화사, 교문사, 1999

조리시연자

정계임, 경상남도 진주시 대안동

국수 · 수제비

팥칼국수(밀장국)

재 료

팥 210g(1컵) • 소금 1작은술 • 밀가루 약간 • 물 적량

반죽 밀가루 440g(4컵) • 콩가루(생것) 40g(⅓컵) • 소금 2작은술 • 물 250mL(1¼컵)

만드는 법

1. 팥은 깨끗이 씻어 물을 넉넉히 붓고 팥알이 뭉그러지도록 삶아 체에 걸러 팥물(2컵)을 받는다.
2. 밀가루와 콩가루에 소금과 물을 넣고 반죽하여 밀대로 밀어 가늘게 썬 후 서로 붙지 않도록 밀가루를 뿌려 놓는다.
3. 팥물 2컵에 물 6컵을 부어 끓이다가 칼국수를 넣고 붙지 않도록 저어 가면서 끓인 후 소금으로 간을 한다.

참고사항

칼국수 대신 국수, 수제비를 이용하기도 한다.

출 처
남해군농업기술센터, 보물섬 남해 향토 먹거리 맛과 멋, 2005

정보제공자
정은숙, 경상남도 고성군 고성읍 서외리

조리시연자
한명자, 경상남도 남해군

녹두칼국수

재 료

녹두 400g(2컵) • 물 6L(30컵) • 소금 1작은술 • 밀가루 약간

반죽 밀가루 275g(2½컵) • 소금 1작은술 • 식용유 1큰술 • 물 150mL(¾컵)

만드는 법

1. 밀가루에 소금, 물, 식용유를 넣어 되직하게 반죽을 한다.
2. 밀가루 반죽을 밀대로 밀어 가늘게 채 썰어 서로 붙지 않도록 밀가루를 뿌려 놓는다.
3. 녹두는 깨끗이 씻어 물 4L를 붓고 1시간 이상 푹 무를 때까지 삶아 중간체로 걸러, 체에 남은 껍질은 버리고 거른 물은 그대로 두어 앙금을 가라앉힌다.
4. 3의 윗물은 따라 내고 앙금을 냄비에 넣고 물 2L를 부어 잘 섞어 끓인다.
5. 4가 끓어오르면 칼국수를 넣고 끓여 한 김 식힌 후에 소금으로 간을 한다.

출 처
의령군농업기술센터, 의령의 맛, 2002

해물칼국수

재 료

바지락 400g • 애호박 200g($\frac{1}{2}$개) • 양파 100g($\frac{2}{3}$개) • 새우살 50g • 실파 20g • 국간장 1$\frac{1}{3}$큰술 • 다진 마늘 1큰술 • 멸치장국 국물(멸치 · 다시마 · 물) 2L(10컵)

반죽 밀가루 440g(4컵) • 소금 2작은술 • 물 1$\frac{1}{5}$컵

만드는 법

1. 바지락은 소금물에 담가 해감한 후 흐르는 물에 씻고, 새우살도 씻는다.
2. 애호박과 양파는 곱게 채 썰고(5×0.2×0.2cm), 실파는 5cm 길이로 썬다.
3. 밀가루에 소금과 물을 넣고 반죽하여 밀대로 밀어 가늘게 썬 후 서로 붙지 않도록 밀가루를 뿌려 놓는다.
4. 냄비에 멸치장국국물을 붓고 바지락, 새우살을 넣어 끓인 후 국수를 넣는다.
5. 4가 끓으면 준비한 애호박, 양파, 실파, 다진 마늘을 넣고 한소끔 더 끓여 국간장으로 간을 한다.

✻ 참고사항

칼국수 대신 수제비를 이용하기도 한다.

출 처
남해군농업기술센터, 보물섬 남해 향토 먹거리 맛과 멋, 2005

정보제공자
김은진, 경상남도 거창군 거창읍 김천리

된장국수

재료

국수 400g • 멸치장국국물(멸치 · 다시마 · 물) 1.6L(8컵) • 된장 2큰술 • 소금 약간

만드는 법

1. 끓는 물에 국수, 소금을 넣어 끓어오르면 찬물을 약간 붓고, 다시 끓어오르면 건져 찬물에 헹궈 사리를 만든다.
2. 멸치장국국물에 된장을 풀어 끓인다.
3. 그릇에 1의 국수를 담고 2의 멸치장국국물을 붓는다.

정보제공자
이명숙, 경상남도 진해시 죽곡동

메밀국수

재 료

시금치 200g • 쇠고기장조림 150g • 국간장 2큰술 • 다진 파 1큰술 • 다진 마늘 1작은술 • 참기름 1작은술 • 고춧가루 · 후춧가루 · 소금 약간 • 멸치장국국물(멸치 · 다시마 · 물) 1.6L(8컵)

반죽 메밀가루 220g(2컵) • 밀가루 220g(2컵) • 보릿가루 ⅓컵 • 물 250mL(1¼컵) • 소금 2작은술

만드는 법

1. 메밀가루, 밀가루, 보릿가루에 물, 소금을 넣고 되직하게 반죽한 후 국수를 뽑아 낸다.
2. 시금치는 다듬어 끓는 물에 살짝 데친 후 국간장, 참기름으로 무친다.
3. 끓는 물에 소금을 넣고 국수를 쫄깃하게 삶아 건져 찬물에 헹궈 사리를 만들고 물기를 뺀다.
4. 그릇에 국수사리를 담고 멸치장국국물을 붓는다.
5. 4에 시금치, 쇠고기장조림, 다진 파, 다진 마늘을 얹고 국간장으로 간을 맞춘다.
6. 고춧가루, 후춧가루를 곁들인다.

출 처

경상남도 농촌진흥원, 경남향토음식, 1994
의령군농업기술센터, 의령의 맛, 2002

정보제공자

김미경, 경상남도 김해시 생림면 안양리
김최악, 경상남도 의령군 의령읍 중동리

국수 · 수제비

밀면(밀국수냉면)

재 료

밀면(생면) 600g • 돼지고기(등심) 200g • 오이 120g(1개) • 무 120g • 배 120g(⅓개) • 달걀 100g(2개) • 식용유 · 겨자 · 식초 적량 • 소금 약간 • 육수 1.2L(6컵)

육수 돼지뼈 · 양지육 · 물 · 대파 · 마늘 적량

무 양념 식초 ½큰술 • 고운 고춧가루 1작은술 • 다진 마늘 ½작은술 • 소금 ½작은술 • 설탕 약간

다진 양념 고춧가루 4큰술 • 간장 2큰술 • 육수 2큰술 • 설탕 1큰술 • 다진 파 1큰술 • 생강즙 1작은술 • 깨소금 ½큰술 • 참기름 · 겨자 · 후춧가루 약간

만드는 법

1. 오이는 소금으로 문질러 씻어 반으로 갈라 0.3cm 두께로 어슷썰어 소금에 절인 다음 물기를 빼고 식용유를 두른 팬에서 센 불로 살짝 볶는다.
2. 무는 납작썰기(2×8×0.2cm) 하여 양념을 넣고 섞어서 간이 배도록 한다.
3. 배는 0.5cm 두께로 굵게 채 썬다.
4. 달걀은 완숙으로 삶아 반으로 썬다.
5. 돼지고기는 푹 삶아 0.3cm 두께로 편으로 썬다.
6. 다진 양념 재료는 섞어 숙성시킨다.
7. 끓는 물에 밀면을 삶아 찬물에 여러 번 헹궈 낸 다음 사리를 만들어 그릇에 담는다.
8. 국수에 육수를 넣고 오이, 무, 배, 달걀, 돼지고기를 고명으로 올린다.
9. 8에 숙성시킨 다진 양념, 겨자, 식초를 곁들인다.

참고사항

- 부산 밀면은 밀가루에 소금(간수)을 넣어 반죽하여 하루 숙성한 생면을 이용한다.
- 밀면은 삼복 중의 별미음식으로 『동국세시기』에 기록되고 있으며 부산 밀면은 한국전쟁 이후 냉면을 대체한 면으로 먹은 것에서 유래한다.

출 처

문화공보부 문화재관리국, 한국민속종합조사보고서(향토음식 편), 1984
김상애, 밀면에 관한 연구결과 보고서, 부산광역시, 2006

정보제공자

이선애, 경상남도 김해시 한림면 장방리
정한금, 부산광역시 남구 우암2동
주석수, 부산광역시 연제구 연산5동

국수 · 수제비

사찰국수(녹차칼국수)

재 료

애호박 190g(½개) • 표고버섯 100g(8개) • 멸치장국국물(멸치 · 다시마 · 물) 2L(10컵) • 국간장 1큰술 • 소금 약간

반죽 밀가루 440g(4컵) • 녹차가루 4큰술 • 소금 2작은술 • 물 240mL(1⅕컵)

만드는 법

1. 녹차가루를 물에 풀어 소금, 밀가루를 넣고 반죽하여 얇게 밀어 가늘게 썬다.
2. 애호박은 5cm 길이로 채 썰고, 표고버섯도 곱게 채 썬다(5×0.2×0.2cm).
3. 냄비에 멸치장국국물을 넣어 끓인 후 1의 국수를 넣는다.
4. 3이 끓으면 준비한 애호박, 표고버섯을 넣고 한소끔 끓여 소금, 국간장으로 간을 한다.

참고사항

- 메밀국수를 이용하기도 하고, 밀가루에 생콩가루, 들깻가루를 넣어 반죽하기도 한다.
- 사찰에서는 장국국물로 표고버섯과 다시마를 이용한다.
- 장국국물을 내고 남은 표고버섯, 다시마는 고명으로 이용한다.

출 처

홍승, 녹차와 채식 사찰음식으로 부처를 만나다, 우리출판사, 2003

정보제공자

최윤정, 경상남도 하동군 하동읍 신기리

선지국수

재 료

국수 400g • 선지 300g • 멸치장국국물(멸치 · 다시마 · 물) 1.6L(8컵) • 소금 약간

양념장 간장 4큰술 • 다진 파 2큰술 • 다진 마늘 1큰술 • 고춧가루 1큰술 • 참기름 1큰술 • 깨소금 1큰술

만드는 법

1. 끓는 물에 소금과 국수를 넣어 끓어오르면 찬물을 약간 붓고, 다시 끓어오르면 건져 찬물에 헹군 다음 국수사리를 만든다.
2. 선지는 끓는 물에 넣고 삶아 건져서 적당한 크기로 썰어 놓는다.
3. 그릇에 국수와 선지를 담고 끓인 멸치장국국물을 부어 양념장을 곁들인다.

정보제공자
송갑숙, 부산광역시 기장군 일광면 삼성리

올챙이국수

재 료

옥수수(깐 것) 1.5kg(10컵) • 열무김치 적량 • 물 1L(5컵)

양념장 간장 4큰술 • 다진 풋고추 2큰술 • 고춧가루 1큰술 • 다진 마늘 1작은술 • 깨소금 1작은술 • 참기름 약간

만드는 법

1. 옥수수는 물을 넣고 갈아 앙금을 가라앉혀 솥에 붓고 끓이면 풀처럼 된다.
2. 찬물이 담긴 그릇 위에 올챙이묵 틀(또는 구멍 난 바가지나 깡통 틀)을 올리고 1의 끓인 옥수수풀을 내려 건진다(올챙이처럼 떨어진다).
3. 그릇에 2의 국수를 담고 양념장, 열무김치를 곁들인다.

❀ 참고사항

말린 옥수수는 끓는 물에 불려서 이용하기도 한다.

정보제공자

최경자, 경상남도 고성군 영현면 신분리

조개국수

재 료

바지락 120g • 부추 40g • 쑥갓 40g • 애호박 40g • 숙주 30g • 시금치 30g • 물 2L(10컵) • 국간장 2큰술 • 소금 · 식용유 약간

반죽 밀가루 440g(4컵) • 콩가루(생것) 120g(1컵) • 소금 2작은술 • 물 320mL(1⅖컵)

만드는 법

1. 밀가루에 콩가루를 섞어 물과 소금을 넣고 반죽하여 얇게 밀어 가늘게 썬다.
2. 끓는 물에 바지락을 넣어 장국을 만든다.
3. 애호박은 채 썰어(5×0.2×0.2cm) 소금으로 살짝 절인 다음 물기를 제거하여 팬에 식용유를 두르고 볶는다.
4. 부추, 시금치, 쑥갓, 숙주는 다듬어 깨끗하게 씻은 후 끓는 장국에 살짝 담가 숨만 죽여서 건져 놓는다.
5. 끓는 장국에 국수를 넣어 다 익으면 국간장으로 간을 한다.
6. 5를 그릇에 담고 준비된 애호박, 부추, 시금치, 쑥갓, 숙주를 얹는다.

출 처
문화공보부 문화재관리국, 한국민속종합조사보고서(향토음식 편), 1984

정보제공자
지재선, 경상남도 남해군 당황리

다슬기수제비(고둥수제비)

재 료

다슬기 8컵 • 호박잎 200g • 애호박 190g(½개) • 감자 150g(1개) • 부추 70g • 풋고추 15g(1개) • 붉은 고추 15g(1개) • 물 2L (10컵) • 국간장 · 소금 적량

반죽 밀가루 440g(4컵) • 달걀 25g(½개) • 소금 2작은술 • 식용유 1작은술 • 물 200mL(1컵)

만드는 법

1. 다슬기를 문질러 씻어 맑은 물로 여러 번 헹군 다음 하룻밤 물에 담가 모래를 빼고 푹 삶는다.
2. 삶은 다슬기는 살을 발라 내고, 국물은 따로 둔다.
3. 밀가루에 소금, 달걀, 식용유, 물을 넣고 반죽한다.
4. 호박잎은 껍질을 벗기고 으깨어서 즙을 낸다.
5. 감자, 애호박은 0.5cm 두께로 반달썰기 한다.
6. 부추는 3cm 길이로 썰고, 풋고추, 붉은 고추는 다진다.
7. 냄비에 다슬기국물 8컵, 호박잎즙, 감자를 넣고 끓으면 반죽을 적당한 크기로 뜯어 넣고 애호박, 깐 다슬기를 넣어 끓인다.
8. 7이 끓으면 국간장이나 소금으로 간을 하고 준비한 부추, 풋고추, 붉은 고추를 넣는다.

출 처
농촌진흥청, 향토음식, www2.rda.go.kr/food/, 2006

정보제공자
박말점, 경상남도 함양군 함양읍 교산리

미역찹쌀수제비

재 료

쇠고기 150g • 마른 미역 30g • 물 1.6L(8컵) • 국간장 1⅓큰술 • 다진 파 1큰술 • 다진 마늘 1작은술 • 참기름 1작은술

새알심 반죽 찹쌀가루 300g(3컵) • 소금 1½작은술 • 물 3큰술

만드는 법

1. 마른 미역은 물에 불려 5~6cm 길이로 자르고 쇠고기는 사방 3cm 크기로 납작하게 썬다.
2. 찹쌀가루에 소금을 넣고 익반죽하여 지름 2cm 크기로 새알심을 만든다.
3. 냄비에 참기름을 두르고 쇠고기를 볶다가 물을 붓고 끓인 후 불린 미역을 넣고 끓인다.
4. 3에 새알심을 넣어 한소끔 끓여 새알이 떠오르면 국간장으로 간을 하고 다진 파, 다진 마늘을 넣는다.
5. 4를 그릇에 담고 참기름을 1~2방울 떨어뜨린다.

참고사항

- 쇠고기 대신 멸치장국국물을 이용하기도 한다.
- 미역수제비는 밀가루수제비로 만든다.

출 처

경상남도 농촌진흥원, 경남향토음식, 1994
기장군농업기술센터, 기장의 향토음식, 2003

정보제공자

김부자, 경상남도 양산시 기장읍 석산리
동용희, 부산광역시 기장군 일광면 화전리
양말순, 부산광역시 기장군 기장읍 장사리

국수 · 수제비

보리수제비

재 료

다슬기 4컵 • 호박잎 100g • 물 2L(10컵) • 국간장 1큰술 • 소금 약간

반죽 보릿가루 3컵 • 소금 1½작은술 • 물 160mL(⅘컵)

만드는 법

1. 보릿가루에 소금과 물을 넣어 반죽한다. 호박잎은 깨끗이 씻어 물기를 뺀다.
2. 다슬기는 삶아 살만 발라 내어 물을 붓고 끓인다.
3. 3에 반죽을 뜯어 넣어 끓인 후 호박잎을 넣고 국간장, 소금으로 간을 한다.

정보제공자
장정옥, 경상남도 산청군 산청읍 지리

국수 · 수제비

쌀죽수제비

재 료

쌀 180g(1컵) • 붉은 팥 1컵(200g) • 물 1.2L(6컵) • 소금 1작은술

반죽 밀가루 220g(2컵) • 소금 1작은술 • 물 8큰술

만드는 법

1. 쌀은 깨끗이 씻어 30분 정도 불린다. 붉은 팥은 씻어서 삶은 후 체에 걸러 팥물(2컵)은 받아 둔다.
2. 밀가루에 소금과 물을 넣고 반죽을 한다.
3. 냄비에 불린 쌀과 물 6컵을 부어 끓인 다음 2의 팥물을 부어 끓인다.
5. 4에 반죽을 뜯어 넣고 잘 저으면서 끓이다가 소금으로 간을 하고 걸쭉해지면 불을 끈다.

정보제공자
강수길, 경상남도 진해시 북부동

재첩칡수제비

재 료

재첩 400g • 부추 50g • 소금 1작은술 • 물 2L(10컵)

반죽 칡가루 300g • 물 150mL(3/4컵) • 소금 1 1/2작은술

만드는 법

1. 재첩은 삶아서 살을 발라 내고, 국물은 따로 둔다.
2. 부추는 깨끗이 씻어 3cm 길이로 자른다.
3. 칡가루에 소금과 물을 넣고 반죽한다.
4. 냄비에 1의 국물 8컵을 넣어 끓이다가 수제비 반죽을 뜯어 넣는다.
5. 4가 끓으면 준비한 재첩살과 부추를 넣고 소금으로 간을 한다.

참고사항

생칡에 물을 넣고 찧어 앙금을 가라앉히고 윗물을 따라 내어 말리면 칡가루가 된다.

출 처
울산광역시농업기술센터, 울산향토음식, 2001

호박잎수제비

재 료

호박잎 4장 • 된장 1큰술 • 물 1.6L(8컵) • 소금 약간

반죽 밀가루 440g(4컵) • 소금 2작은술 • 물 250mL(1¼컵)

만드는 법

1. 밀가루에 소금과 물을 넣고 반죽한다.
2. 호박잎은 씻어 적당한 크기로 뜯는다.
3. 냄비에 물을 붓고 된장을 풀어 한소끔 끓인다.
4. 3에 호박잎을 넣고 끓이다가 반죽을 얄팍하게 뜯어 넣어 끓인 다음 소금으로 간을 한다.

참고사항

- 수제비 대신 칼국수를 이용하기도 하고, 멸치장국국물을 이용하기도 한다.
- 된장을 넣지 않고 양념장을 곁들이기도 한다.

출 처
울산광역시농업기술센터, 울산향토음식, 2001

정보제공자
김효경, 울산광역시 울주군 웅촌면 초천리

만두

호박편수(애호박편수)

재료

애호박 200g(½개) • 양파 60g(⅓개) • 당근 60g(⅓개) • 감자 50g(⅓개) • 대파 35g(1뿌리) • 마늘 30g(1통)

반죽 밀가루 170g(1½컵) • 소금 약간 • 물 6큰술

만드는 법

1. 밀가루에 소금과 물을 넣고 반죽하여 얇게 밀어 8×8cm 정사각형의 만두피를 만든다.
2. 애호박은 4~5cm 길이로 채를 썬다.
3. 양파, 감자, 당근, 마늘, 대파는 곱게 다진다.
4. 만두피 위에 채 썬 애호박을 깔고 그 위에 다진 양파, 감자, 당근, 마늘, 대파를 넣어 네 귀를 붙인다.
5. 김이 오른 찜통에 면포를 깔고 만두를 올려 찐다.

참고사항

- 끓는 물에 익혀 장국에 넣어 먹기도 한다.
- 쇠고기, 표고버섯을 만두소로 이용하기도 한다.

출처
농촌진흥청 농촌영양개선연수원(현 농촌자원개발연구소), 한국의 향토음식, 1994

정보제공자
현공스님, 경상남도 산청군 시천면

굴떡국

재료

흰떡(가래떡) 600g • 굴 200g • 두부 100g(1/5모) • 달걀 50g(1개) • 김 4g(2장) • 국간장 1큰술 • 소금 약간 • 식용유 적량 • 멸치장국국물(멸치 · 다시마 · 물) 1.6L(8컵)

양념장 간장 1큰술 • 다진 파 2작은술 • 다진 마늘 2작은술 • 깨소금 2작은술 • 참기름 1작은술

만드는 법

1. 굴은 소금물에 흔들어 씻은 다음 체에 밭쳐 물기를 뺀다.
2. 두부는 1cm 크기로 깍둑썰기 한다.
3. 달걀은 황백지단을 부쳐 가늘게 채 썰고(5×0.2×0.2cm), 김은 살짝 구워 부순다.
4. 흰떡은 어슷썰기(0.3cm) 하여 물에 불린 후 물기를 뺀다.
5. 냄비에 멸치장국국물을 넣어 끓인 다음 흰떡을 넣고 끓어오르면 굴, 두부를 넣고 국간장과 소금으로 간을 한다.
6. 그릇에 떡국을 담고 황백지단과 김을 얹고 양념장을 곁들인다.

참고사항

멸치장국국물 대신 굴국물을 이용하기도 한다.

출처
한국관광공사, 한국전통음식, www.visitkorea.or.kr, 2006

조리시연자
정계임, 경상남도 진주시 대안동

굽은떡국

재 료

다진 쇠고기 100g(½컵) • 달걀 50g(1개) • 김 2g(1장) • 국간장 1⅓큰술 • 식용유 1작은술 • 참기름 약간 • 멸치장국국물(멸치 · 다시마 · 물) 1.6L(8컵)

반죽 찹쌀가루 300g(3컵) • 소금 1½작은술 • 물 3큰술

쇠고기 양념 다진 파 1큰술 • 다진 마늘 1작은술 • 간장 2작은술 • 설탕 1작은술 • 참기름 · 깨소금 · 후춧가루 약간

만드는 법

1. 찹쌀가루에 뜨거운 물과 소금을 넣고 익반죽하여 반대기(10×5×0.5cm)를 만든다.
2. 달군 팬에 식용유를 두르고 1의 찹쌀 반대기를 구워 직사각형 모양(5×0.5×0.3cm)으로 썬다.
3. 다진 쇠고기에 양념장을 넣고 버무려 볶는다.
4. 달걀은 황백지단을 부쳐 가늘게 채 썰고, 김은 살짝 구워 채 썬다(5×0.2×0.2cm).
5. 냄비에 멸치장국국물을 부어 끓으면 구운 떡을 넣고 바로 불을 끈 다음 국간장, 참기름으로 간을 한다.
6. 5를 그릇에 담고 볶은 쇠고기, 황백지단, 김을 올린다.

출 처

울산광역시농업기술센터, 울산향토음식, 2001

정보제공자

김영자, 울산광역시 남구 신정4동

메밀떡국(메밀산떡국)

재 료

메밀가루 3컵 • 물 4큰술 • 소금 1½작은술 • 국간장 1⅓큰술 • 다진 파 1큰술 • 다진 마늘 1작은술 • 멸치장국국물(멸치 · 다시마 · 물) 1.6L(8컵)

만드는 법

1. 메밀가루에 소금을 넣고 미지근한 물을 부어 되직하게 반죽을 한다.
2. 반죽을 가래떡 모양으로 길게 빚은 후 0.3cm 두께로 어슷썰기 한다.
3. 멸치장국국물에 국간장을 넣어 간을 하여 끓인 후 어슷썬 떡을 넣고 한소끔 더 끓여 다진 파, 다진 마늘을 넣어 양념한다.

참고사항

마른 메밀가루로 반죽할 경우는 ⅘컵의 물을 이용한다.

정보제공자

장오선, 경상남도 하동군 적량면 동산리

물메기떡국

재료

흰떡(가래떡) 500g • 물메기 1마리 • 달걀 50g(1개) • 김 2g(1장) • 대파 35g(1뿌리) • 국간장 1⅓큰술 • 다진 마늘 1큰술 • 식용유 적량 • 멸치장국국물(멸치 · 다시마 · 물) 2L(10컵)

만드는 법

1. 싱싱한 물메기는 껍질과 내장을 제거하고 깨끗이 씻어 4~5토막을 낸다.
2. 흰떡은 0.3cm 두께로 어슷썰기 한다.
3. 달걀은 황백지단을 부쳐 채 썰고(5×0.2×0.2cm), 김은 살짝 구워 부순다.
4. 냄비에 멸치장국국물을 넣어 끓인 후 흰떡을 넣고 한소끔 끓인 다음 물메기를 넣는다.
5. 4가 끓으면 어슷썬 대파, 다진 마늘을 넣고 국간장으로 간을 맞춘 후 그릇에 담아 황백지단과 김을 고명으로 얹는다.

참고사항

물메기는 바다메기를 말하며 남해안 지역에서는 생선을 떡국이나 국에 많이 이용하는 것이 특징이다.

출처

경상남도 농촌진흥원, 경남향토음식, 1994
거제시농업기술센터, 거제향토음식, 1998

정보제공자

김명숙, 경상남도 거제시 장목면 외포리
김영미, 경상남도 거제시 신현읍 고현리

생떡국

재 료

쇠고기 120g • 달걀 50g(1개) • 물 1.6L(8컵) • 대파 20g(½뿌리) • 국간장 1⅓큰술 • 다진 마늘 1작은술 • 후춧가루 약간 • 식용유 적량

반죽 쌀가루 450g(3컵) • 물 6큰술 • 소금 1작은술

쇠고기 양념 국간장 1작은술 • 참기름 1작은술 • 깨소금 1작은술 • 후춧가루 약간

만드는 법

1. 쌀가루에 소금과 뜨거운 물로 익반죽하여 가래떡 모양으로 만들어 0.3cm 두께로 썬다.
2. 쇠고기는 1cm 크기로 깍둑썰어 양념하고, 대파는 곱게 채 썬다(5×0.2 ×0.2cm).
3. 달걀은 황백지단으로 부쳐 곱게 채 썬다.
4. 냄비에 쇠고기를 넣어 볶다가 물을 붓고 끓인다.
5. 4가 끓으면 1의 생떡을 넣고, 떡이 위로 떠오르면 대파, 다진 마늘, 후춧가루를 넣고 국간장으로 간을 한다.
6. 그릇에 담고 황백지단을 고명으로 얹는다.

참고사항

미역, 감자를 넣기도 한다.

출 처

경상남도 농촌진흥원, 경남향토음식, 1994

정보제공자

김명숙, 경상남도 거제시 장목면 외포리
이영자, 부산광역시 기장군 기장면 마화리

국

복국

재 료

복어 1kg(2마리) • 무 100g • 콩나물 400g • 미나리 200g • 대파 35g(1뿌리) • 물 1.6L(8컵) • 다진 마늘 1큰술 • 식초 약간 • 소금 1작은술

만드는 법

1. 복어는 소금으로 문질러 씻어 껍질을 벗기고 머리는 잘라 내고 내장은 터지지 않게 꺼내어 깨끗이 손질한다.
2. 콩나물은 머리와 뿌리를 다듬어 씻어 두고, 무는 어슷썬다.
3. 대파와 미나리는 3~4cm 길이로 썬다.
4. 냄비에 물을 붓고 콩나물, 무, 손질한 복어를 넣고 끓인다.
5. 4에 대파, 미나리, 다진 마늘을 넣고 소금으로 간을 하여 한소끔 더 끓인다.
6. 먹기 전에 식초를 약간 넣어 먹는다.

3

4

4

5

❁ 참고사항

복어는 세계에서 한국과 일본에서만 식용하고 있다. 1960년대 이전의 마산만은 청정해역으로 천혜의 복어 서식지였으며 마산 어시장은 복어 집하장이어서 복요리가 개발되고 전수되어 전국의 유명음식으로 자리잡게 되었다. 복어국은 간장 해독작용이 뛰어나고 숙취제거 및 알코올 중독 예방에 효과가 있다고 한다. 복어 내장과 알에는 치명적인 독성이 있어서 전문가가 다루는 것이 좋다.

출 처

김현대, 부산향토전통음식 복어요리에 관한 연구, 부산광역시, 2000
울산광역시농업기술센터, 울산향토음식, 2001
기장군농업기술센터, 기장의 향토음식, 2003
마산시농업기술센터, 지역 특산물을 이용한 마산의 새로운 맛, 2004

정보제공자

김영숙, 부산광역시 기장군 기장읍 만화리
이순이, 경상남도 진주시 하대동
장귀숙, 울산광역시 울주군 서생면 용리
천수남, 경상남도 마산시 회원1동

조리시연자

정계임, 경상남도 진주시 대안동

국

생갈치호박국(갈치호박국)

재료

갈치 320g(1마리) • 늙은 호박 200g(½개) • 붉은 고추 30g(2개) • 풋고추 30g(2개) • 실파 20g • 물 1.6L(8컵) • 다진 마늘 1큰술 • 국간장 1⅓큰술 • 고춧가루 1작은술

만드는 법

1. 싱싱한 갈치는 비늘을 긁어 내고 깨끗이 씻어 5cm 길이로 썰어 둔다.
2. 늙은 호박은 0.5cm 두께로 썰고, 붉은 고추, 풋고추는 어슷썰고(0.3cm), 실파는 3~4cm 길이로 썬다.
3. 냄비에 물을 부어 끓인 후 갈치, 늙은 호박을 넣는다.
4. 3이 끓으면 붉은 고추, 풋고추, 실파, 고춧가루, 다진 마늘을 넣고 국간장으로 간을 하여 한 소끔 더 끓인다.

2

3

4

참고사항

초피가루를 넣기도 한다.

출처
거제시농업기술센터, 거제향토음식, 1998
남해군농업기술센터, 보물섬 남해 향토 먹거리 맛과 멋, 2005

정보제공자
김진희, 경상남도 거제시 신현읍 고현리
진한주, 경상남도 거제시 마전동
추영악, 경상남도 거제시 동부면 산양리

조리시연자
정계임, 경상남도 진주시 대안동

국

재첩국

재 료

재첩 800g • 부추 20g • 물 1.6L(8컵) • 소금 1½작은술

만드는 법

1. 재첩을 연한 소금물(소금 ½작은술)에 담가 해감을 한 후 깨끗이 씻어 물기를 뺀다.
2. 부추는 0.5cm 길이로 자른다.
3. 1에 물을 붓고 끓으면 재첩 껍질을 벗겨 내고 소금(1작은술)으로 간을 하여 한소끔 더 끓인 후 부추를 넣는다.

2

3

참고사항

재첩은 갱조개라고도 하며 이는 강의 조개라는 뜻의 강조개에서 유래되었다. 고춧가루, 된장을 넣기도 하고, 껍질째 이용하기도 한다.

출 처

문화공보부 문화재관리국, 한국민속종합조사보고서(향토음식 편), 1984
경상남도 농촌진흥원, 경남향토음식, 1994
농촌진흥청 농촌생활연구소(현 농촌자원개발연구소), 전통지식 모음집(생활문화 편), 1997
김경자, 부산향토전통음식 재첩국에 관한 연구, 부산광역시, 2001
울산광역시농업기술센터, 울산향토음식, 2001
신애숙, 부산의 전통, 향토음식의 현황 고찰, 한국조리학회지, 6(2), 2000
최수근 · 이연정 · 박성수, 향토음식 인지도에 관한 실증적 연구, 한국식생활문화학회지, 19(3), 2004
이연정, 향토음식에 대한 인식이 향토음식전문점 방문빈도에 미치는 영향 연구, 한국조리과학회지, 22(6), 2006

정보제공자

이경희, 경상남도 진주시 집현면 봉강리
최숙연, 경상남도 하동군 하동읍 광평리
한선임, 경상남도 하동군 하동읍 화심리

조리시연자

정계임, 경상남도 진주시 대안동

국

참게가루장국

재료

참게 320g • 건표고버섯 15g(5개) • 방아잎 20g • 대파 35g(1뿌리) • 풋고추 15g(1개) • 붉은 고추 15g(1개) • 찹쌀가루 50g(½컵) • 멥쌀가루 50g(⅓컵) • 다시마장국국물(다시마 · 물) 1.4L(7컵) • 물 200mL(1컵) • 들깻가루 1큰술 • 콩가루(생것) 1큰술 • 다진 파 2큰술 • 다진 마늘 1큰술 • 굵은 소금 ½큰술

만드는 법

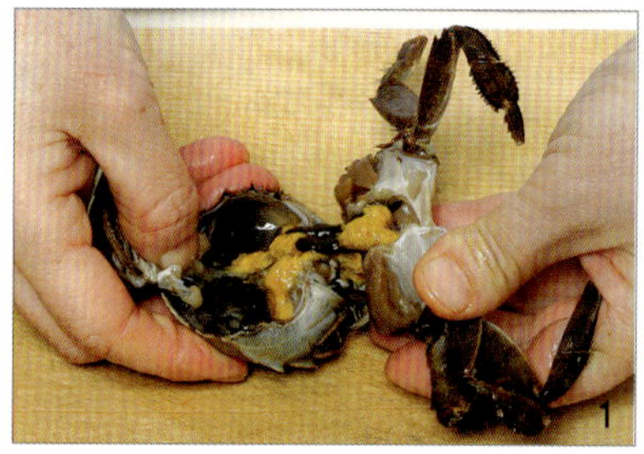

1. 참게는 깨끗이 씻어 손질한 후 딱지를 떼고 몸통은 반으로 자른다.
2. 대파는 어슷썰기(0.3cm) 하고, 풋고추, 붉은 고추도 어슷썰어(0.3cm) 씨를 털어 낸다.
3. 건표고버섯은 따뜻한 물에 불려 0.5cm 두께로 채 썰고, 방아잎은 듬성듬성 썬다.
4. 찹쌀가루, 멥쌀가루, 들깻가루, 콩가루에 물을 붓고 잘 풀어 가루장을 만든다.
5. 냄비에 다시마장국국물을 붓고 참게를 넣어 끓인다.
6. 참게가 익으면 4의 가루장을 넣고 저으면서 걸쭉하게 끓인다.
7. 6에 대파, 풋고추, 붉은 고추, 표고버섯, 방아잎, 다진 파, 다진 마늘을 넣고 소금으로 간을 하여 한소끔 더 끓인다.

❋ 참고사항

예전에는 밀가루만 이용하였으나 기호에 따라 다른 곡식가루를 첨가해도 좋다. 참게 대신 다슬기를 넣어 가루장국을 만들기도 한다.

정보제공자
강영미, 경상남도 하동군 적량면 동산리
한선임, 경상남도 하동군 하동읍 화심리

조리시연자
정계임, 경상남도 진주시 대안동

국

갯가재된장국(속된장국, 딱세된장국)

재 료

갯가재(속) 20마리 • 대파 35g(1뿌리) • 붉은 고추 15g(1개) • 풋고추 15g(1개) • 양파 40g(¼개) • 애호박 100g(¼개) • 물 1.4L(7컵) • 된장 2큰술 • 다진 마늘 1작은술 • 고춧가루 ½큰술

만드는 법

1. 갯가재(속)는 깨끗이 씻어 꼬리, 머리, 발을 떼어 곱게 다지고 날개는 떼어 버린다.
2. 대파는 어슷썬다(0.3cm).
3. 냄비에 손질한 갯가재와 된장을 넣고 볶다가 물을 붓고 끓인 후 어슷썬 대파와 다진 마늘을 넣어 한소끔 더 끓인다.

1

3

참고사항

- 갯가재를 남해에서는 속(쏙), 거제에서는 딱세라고 한다. 속(쏙)이라는 명칭은 붓끝을 갯벌에 넣어 갯가재를 잡을 때 '쏙' 빠져 나오는 것에서 유래된 명칭이다.
- 갯가재를 절구에 찧어서 소쿠리에 걸러 살과 껍질을 분리하여 이용하기도 하며, 두부, 감자, 호박을 넣기도 한다.

출 처
거제시농업기술센터, 거제향토음식, 1998

정보제공자
김치명, 경상남도 남해군 남해읍
이형숙, 경상남도 고성군 고성읍 교사리
이희재, 경상남도 거제시 신현읍 고현리

조리시연자
이미애, 경상남도 고성군 상리면 자은리

국

백합탕

재 료

백합 1kg • 인삼 1뿌리 • 대추 10g(4개) • 양파 80g(½개) • 풋고추 15g(1개) • 붉은 고추 15g(1개) • 물 1.6L(8컵) • 소금 ½큰술

만드는 법

1. 백합은 소금물에 해감을 한 후 깨끗이 씻어 물기를 뺀다.
2. 대추, 인삼은 씻어 물기를 뺀다.
3. 풋고추, 붉은 고추는 0.3cm 두께로 어슷썰기 하고 양파는 0.5cm 두께로 채 썬다.
4. 냄비에 물을 붓고 백합을 넣어 끓인 후 대추, 인삼을 넣는다.
5. 4가 끓으면 풋고추, 붉은 고추, 양파를 넣고 소금으로 간을 하여 한소끔 더 끓인다.

참고사항

다양한 조개류를 이용한 여러 종류의 조개탕이 있다.

조리시연자

이영옥, 경상남도 사천시 용현면 신촌리

국

다슬기국(고등국)

방법 1

재 료

다슬기 370g • 호박잎 100g • 풋고추 30g(2개) • 붉은 고추 30g(2개) • 부추 20g • 물 1.6L(8컵) • 다진 마늘 1큰술 • 국간장 1⅓큰술

만드는 법

1. 다슬기는 깨끗이 씻어 물을 붓고 삶아 살을 발라 내고, 국물은 따로 둔다.
2. 호박잎은 깨끗이 씻어 으깬 후 체에 밭쳐 풋물을 뺀다.
3. 부추는 3~4cm 길이로 썰고, 풋고추와 붉은 고추는 곱게 다진다.
4. 냄비에 다슬기국물을 붓고 다슬기살, 호박잎을 넣어 끓인 후 부추, 다진 풋고추와 붉은 고추, 다진 마늘을 넣고 국간장으로 간을 한다.

참고사항

다슬기국은 고디국, 올갱이국, 다슬기탕으로도 불린다.

출 처

문화공보부 문화재관리국, 한국민속종합조사보고서(향토음식 편), 1984

밀양시, 밀양의 맛, 2001

정보제공자

이지만, 경상남도 밀양시 삼문동

조리시연자

이재숙, 경상남도 거창군

방법 2 다슬기찜국(고둥찜국)

재료

다슬기 200g • 쌀가루 1컵 • 들깻가루 1컵 • 대파 140g(4뿌리) • 부추 50g • 삶은 우거지 50g • 물 1.2L(6컵) • 국간장 1큰술 • 소금 약간

만드는 법

1. 다슬기는 깨끗이 문질러 씻어 끓는 물에 소금을 넣고 삶아 살을 빼 놓고 국물은 따로 준비한다.
2. 부추는 씻어 10cm 길이로 썰고, 대파는 0.3cm 두께로 어슷썰기 한다.
3. 냄비에 다슬기 삶은 물과 부추, 대파를 넣어 끓인다.
4. 3에 다슬기살, 들깻가루, 쌀가루를 넣고 저으면서 끓인 다음 국간장으로 간을 한다.

참고사항

- 다슬기는 물고둥이라고 하는 민물고둥을 말한다.
- 으깬 호박잎, 숙주, 고사리, 감자, 머위줄기 등의 채소와 다진 풋고추, 붉은 고추를 넣기도 한다.
- 된장을 이용하기도 한다.

출처

밀양시, 밀양의 맛, 2001
울산광역시농업기술센터, 울산향토음식, 2001
이연정 · 하미옥 · 최수근, 울산 지역 향토음식에 대한 식행동과 기호도에 관한 연구, 한국식생활문화학회지, 21(5), 2006

정보제공자

이외자, 울산광역시 울주군 범서읍 입암리
이지만, 경상남도 밀양시 삼문동

국

머윗대들깨국(머윗대들깨탕)

방법 1

재 료

삶은 머윗대 800g • 멸치 20g(10마리) • 들깻가루 8큰술 • 물 2~2.4L(10~12컵) • 국간장 1½큰술

만드는 법

1. 머윗대는 껍질을 벗기고 씻어 물기를 빼고 3~4cm 길이로 썬다.
2. 멸치는 손질하여 다진다.
3. 들깻가루는 물을 넣어 잘 푼다.
4. 냄비에 머윗대, 멸치, 들깻가루를 넣고 끓이다가 국간장으로 간을 한다.

참고사항

쓴맛을 싫어하는 사람은 삶은 머윗대를 하루 정도 물에 담가 쓴맛을 우려 낸다.

조리시연자

전필순, 경상남도 함양군 안위면 신안리

방법 2

재 료

머윗대 300g • 쌀 ¼컵 • 들깨 ½컵 • 조갯살 150g • 물 1.6L(8컵) • 국간장 1⅓큰술 • 참기름 1작은술

만드는 법

1. 쌀은 깨끗이 씻어 30분 정도 불린 후 물 1컵을 넣어 곱게 간다.
2. 들깨는 물1컵을 부어 곱게 갈아 체에 밭쳐 찌꺼기를 걸러 낸다.
3. 머윗대는 삶아서 껍질을 벗긴다.
4. 조갯살은 씻어 물기를 뺀다.
5. 냄비에 참기름을 두르고 조갯살을 볶다가 머윗대와 물 6컵을 넣어 끓인다.
6. 5에 갈아 놓은 쌀과 들깨를 넣어 저으면서 끓인 후 국간장으로 간을 한다.

참고사항

여름철 입맛 없을 때 별미로 해먹은 음식으로 맛이 부드럽고 영양가가 높다. 조갯살 대신 새우를 이용하기도 한다.

정보제공자

강순호, 경상남도 고성군 영오면 연산리
구맹숙, 경상남도 밀양시 산외면 남기리
김미숙, 경상남도 창녕군 도천면 덕곡리
김옥엽, 경상남도 밀양시 단장면 사연리
손성희, 경상남도 고성군 마암면 보전리
이영미, 경상남도 의령군 의령읍 동동리
최경숙, 경상남도 고성군 고성읍 동외리

국

붕장어국(바다장어추어탕)

재 료

장어 400g • 숙주 100g • 삶은 고사리 50g • 삶은 토란대 50g • 부추 100g • 대파 35g(1뿌리) • 방아잎 30g • 쌀뜨물 1.6L(8컵) • 된장 1큰술 • 다진 마늘 ½큰술 • 고춧가루 ½큰술 • 참기름 1작은술 • 고추장 1작은술

다진 양념 다진 풋고추 1큰술 • 다진 붉은 고추 1큰술 • 다진 파 1큰술 • 다진 마늘 1작은술

만드는 법

1. 장어는 손가락 굵기만한 것을 골라 2~3cm 길이로 토막을 낸다.
2. 숙주는 끓는 물에 살짝 데치고, 부추는 깨끗이 씻어 고사리, 토란대와 함께 3cm 길이로 썰어 둔다.
3. 대파는 어슷썰기 하고, 방아잎은 씻어 뜯어 둔다.
4. 냄비에 참기름을 두르고 다진 마늘과 장어를 넣고 익힌 후 고춧가루를 넣어 붉은빛이 날 때까지 볶는다.
5. 쌀뜨물에 된장, 고추장을 풀어 4에 붓고 끓인다.
6. 5에 숙주, 부추, 고사리, 토란대, 대파, 방아잎을 넣고 한소끔 더 끓여 다진 양념을 곁들인다.

참고사항

- 초피가루를 이용하기도 하며 국간장으로 간을 하기도 한다.
- 바다장어영양국, 장어국, 장어탕, 풍장어국으로도 부른다.

출 처
경상남도 농촌진흥원, 경남향토음식, 1994
해양수산부, 아름다운 어촌 100선, 2005

정보제공자
최을순, 경상남도 거제시 옥포동

조리시연자
김성숙, 경상남도 진해시 두동

국

생선미역국

재 료

생선(돔, 도다리) 1마리 • 마른 미역 30g • 물 1.6L(8컵) • 국간장 1큰술 • 참기름 1작은술 • 소금 약간

만드는 법

1. 마른 미역은 물에 불려 주물러 씻은 후 물기를 뺀다.
2. 생선은 내장과 비늘을 제거하고 깨끗이 씻은 다음 크기가 너무 클 경우 토막 낸다.
3. 냄비에 참기름을 두르고 미역을 살짝 볶은 후 물을 붓고 끓인다.
4. 3이 끓으면 손질한 생선을 넣고 한소끔 더 끓여 국간장과 소금으로 간을 한다.

3

4

참고사항

해산물이 풍부한 남해에는 산후 회복식으로 미역국에 생선을 넣은 여러 종류의 생선미역국이 있다. 가자미, 돔, 도다리, 양태, 광어 등을 넣기도 하며, 특히 농어를 넣은 미역국은 담백한 맛을 낸다.

출 처
거제시농업기술센터, 거제향토음식, 1998
울산광역시농업기술센터, 울산향토음식, 2001
남해군농업기술센터, 보물섬 남해 향토 먹거리 맛과 멋, 2005

정보제공자
김금지, 경상남도 거제시 장목면 구영리
김미선, 경상남도 남해군 이동면 다정리
김진희, 경상남도 거제시 신현읍 고현리
홍선옥, 울산광역시 북구 정자동

조리시연자
이희자, 경상남도 남해군

국

청각냉국

재 료

청각 100g • 오이 70g(½개) • 붉은 고추 15g(1개) • 풋고추 15g(1개) • 물 1.2L(6컵) • 통깨 약간

양념장 국간장 1큰술 • 식초 3큰술 • 소금 ½큰술 • 다진 마늘 1작은술 • 설탕 약간

만드는 법

1. 청각은 티를 잘 골라 내고 끓는 물에 살짝 데쳐 찬물에 헹구어 물기를 뺀다.
2. 붉은 고추, 풋고추는 씨를 빼고 송송 썬다(0.3cm).
3. 청각을 양념장으로 잘 버무린 다음 냉수를 붓는다.
4. 3에 붉은 고추, 풋고추, 통깨를 넣는다.

출 처

울산광역시농업기술센터, 울산향토음식, 2001
기장군농업기술센터, 기장의 향토음식, 2003
이연정 · 하미옥 · 최수근, 울산 지역 향토음식에 대한 식행동과 기호도에 관한 연구, 한국식생활문화학회지, 21(5), 2006

정보제공자

공영순, 부산광역시 기장군 기장읍 서부리
이말열, 부산광역시 기장군 일광면 이천리
홍선옥, 울산광역시 북구 정자동

국

가루장국(가리장국)

재 료

해물(새우, 다슬기) 200g • 밀가루 110g(1컵) • 방아잎 50g • 풋고추 30g(2개) • 물 800mL(4컵) • 들깻가루 1큰술 • 국간장 1큰술 • 다진 마늘 1큰술

만드는 법

1. 새우와 다슬기는 삶아 껍질을 벗겨 살만 발라 내고, 육수도 따로 둔다.
2. 방아잎은 씻어 뜯어 놓고, 풋고추는 송송 썬다(0.3cm).
3. 육수에 밀가루를 풀고 손질한 새우와 다슬기를 넣어 저어 가면서 끓인 다음 걸쭉해지면 방아잎을 넣는다.
4. 국간장으로 간을 맞추고 들깻가루와 다진 마늘을 넣는다.

참고사항

- 남해의 토속음식으로 모내기 전후 우렁이가 잡힐 때나 보통 제사 때 각종 나물에 이용하기도 한다. 우렁이 대신에 다슬기나 참게 등을 이용하기도 한다.
- 밀가루 대신 찹쌀가루, 멥쌀가루를 이용하기도 하고, 고추장으로 간을 하기도 한다.

출 처
남해군농업기술센터, 보물섬 남해 향토 먹거리 맛과 멋, 2005

국

가물치곰국

재 료

가물치(2마리) • 물 8L(40컵) • 들기름 1큰술 • 소금 약간

만드는 법

1. 가물치는 내장을 제거하고 깨끗이 씻는다.
2. 들기름을 두른 솥에 손질한 가물치를 넣고 물을 부어 센 불로 끓인다.
3. 2가 끓으면 중불로 낮춰 뼈가 물렁해질 때까지 푹 곤다.
4. 그릇에 3을 담고 소금을 곁들인다.

참고사항

찹쌀, 생강, 대추, 미나리, 대파, 마늘, 깨소금을 넣어 탕을 만들기도 한다.

정보제공자

윤말자, 경상남도 양산시 원동면 서룡리

국

가자미미역국

재 료

가자미 2마리 • 마른 미역 30g • 물 1.4L(7컵) • 국간장 1½큰술 • 참기름 약간

만드는 법

1. 마른 미역을 물에 불려서 씻어 5~6cm 길이로 자른다.
2. 가자미는 비늘과 내장을 제거하고 씻은 후 5~6cm 크기로 토막 낸다.
3. 냄비에 참기름을 두르고 1을 볶다가 물을 붓는다.
4. 3이 끓으면 2의 가자미를 넣어 은근한 불에서 끓인 후 국간장으로 간을 한다.

참고사항

- 가자미 대신 흰살생선(도다리, 광어, 양태 등)을 넣기도 한다.
- 가자미는 손질하여 삶아 살을 발라 내어 국물과 함께 이용하기도 한다.

출 처

거제시농업기술센터, 거제향토음식, 1998
울산광역시농업기술센터, 울산향토음식, 2001

정보제공자

김금지, 경상남도 거제시 장목면 구영리
홍선옥, 울산광역시 북구 정자동

국

간국

재 료

찐 흰살생선(2마리) • 두부 250g(½모) • 무 100g • 다시마 20g(5조각) • 매운 고추 60g(4개) • 대파 35g(1뿌리) • 고춧가루 2큰술 • 소금 1작은술 • 물 1.6L(8컵)

만드는 법

1. 찐 흰살생선은 손으로 큼직하게 뜯는다.
2. 무는 나박썰기(3×3×0.5cm) 한다.
3. 대파와 매운 고추는 0.3cm 두께로 어슷썰기 한다.
4. 두부는 2×3×1cm 크기로 자른다.
5. 냄비에 물을 붓고 준비된 생선, 무, 다시마를 넣어 끓인다.
6. 5에 고춧가루를 풀고 두부를 넣는다.
7. 6이 끓으면 소금으로 간을 하고 대파와 매운 고추 등을 넣어 한소끔 더 끓인다.

참고사항

- 간국은 제사를 지낸 후 찐 생선을 이용하여 만든 국이다.
- 갈치의 굵은 토막은 구이로 이용하고 꼬리 부분이나 가는 토막은 소금 간을 하여 간국을 끓이기도 한다.

출 처
기장군농업기술센터, 기장의 향토음식, 2003

정보제공자
임경숙, 부산광역시 기장군 기장면 서부리

국

갯장어탕(장어국, 갯장어국)

재 료

장어 400g • 숙주 100g • 배춧잎 100g • 삶은 고사리 100g • 콩나물 100g • 대파 35g(1뿌리) • 방아잎 30g • 국간장 1⅓큰술 • 초피가루(제피가루) · 소금 약간 • 물 3L

양념 다진 풋고추 1큰술 • 다진 붉은 고추 1큰술 • 다진 파 1큰술 • 다진 마늘 1작은술

만드는 법

1. 장어는 내장을 빼고 소금으로 깨끗이 씻어 푹 고아 고운체에 걸러 뼈를 추려 낸다.
2. 배춧잎과 숙주는 각각 끓는 물에 살짝 데치고 배춧잎은 3×4cm 크기로 자른다.
3. 콩나물은 머리와 뿌리를 떼어 씻어 놓고, 고사리는 4cm 길이로 썬다.
4. 방아잎은 씻어 적당한 크기로 뜯고, 대파는 어슷썰기 한다.
5. 1의 장어국물에 배춧잎, 숙주, 콩나물, 고사리를 넣어 끓인다.
6. 5가 끓으면 방아잎, 대파, 초피가루를 넣고 국간장으로 간을 하여 한소끔 더 끓인 후 양념을 곁들인다.

출 처

경상남도 농촌진흥원, 경남향토음식, 1994

정보제공자

권정자, 경상남도 충무시 동호동
김정숙, 부산광역시 북구 구포3동
장인수, 경상남도 통영시 도산면 법송리

국

고사리들깨국

재 료

고사리 300g • 들깨 ½컵 • 멸치장국국물(멸치 · 다시마 · 물) 1.2L(6컵) • 물 200mL(1컵) • 소금 1작은술

만드는 법

1. 고사리는 손질하여 삶는다.
2. 들깨는 물을 부어 곱게 갈아 체에 밭쳐 찌꺼기는 걸러 낸다.
3. 냄비에 멸치장국국물과 들깨물을 넣어 끓인 후 고사리를 넣고 눌지 않게 저으면서 끓여 소금으로 간을 한다.

정보제공자
장정옥, 경상남도 산청군 산청읍 지리

굴해장국

재 료

굴 100g • 얼갈이배추 150g • 무 100g • 쇠고기 100g • 실파 20g • 물 2L(10컵) • 국간장 1큰술 • 다진 파 1큰술 • 다진 마늘 1작은술 • 참기름 1작은술 • 고춧가루 약간 • 소금 2작은술

만드는 법

1. 쇠고기는 얇게 저며 국간장, 다진 파, 다진 마늘로 양념한다.
2. 큰 얼갈이배추는 7~8cm 길이로 썰고, 작은 얼갈이배추는 모양 그대로 사용한다.
3. 무는 나박썰기(2×3×0.5cm) 하고, 실파는 3cm 길이로 썬다.
4. 굴은 연한 소금물에 살살 흔들어 깨끗이 씻는다.
5. 냄비에 참기름을 두르고 양념한 쇠고기를 볶다가 얼갈이배추, 무, 고춧가루를 넣고 볶은 다음 물을 부어 푹 끓인다.
6. 5에 굴, 실파를 넣고 한소끔 더 끓여 소금으로 간을 한다.

출 처
남해군농업기술센터, 보물섬 남해 향토 먹거리 맛과 멋, 2005

국

김국

재료

김 5장 • 달걀 100g(2개) • 대파 35g(1뿌리) • 참기름 1작은술 • 국간장 ½큰술 • 깨소금 1작은술 • 소금 약간 • 물 1.4L(7컵)

만드는 법

1. 김은 티를 말끔히 털어서 큼직큼직하게 뜯는다.
2. 대파는 4~5cm의 길이로 어슷하게 썰고, 달걀은 풀어 놓는다.
3. 냄비에 참기름을 두르고 어슷썬 대파를 ⅔ 정도 넣고 볶아 대파의 숨이 죽으면 물을 붓고 국간장과 소금으로 간을 맞춘다.
4. 3이 끓으면 김과 나머지 어슷썬 대파를 넣고 풀어 놓은 달걀을 돌려 가며 붓는다.
5. 달걀이 떠오르면 대접에 담고 깨소금을 뿌린다.

출 처

한국문화재보호재단, 한국음식대관 2권, 한림출판사, 1999

정보제공자

이경희, 경상남도 남해군 이동면 다정리

국

깨즙국(깨집국, 깻국)

재 료

들깨 ½컵 • 쌀 ¼컵 • 조갯살 150g • 숙주 150g • 삶은 토란대 100g • 삶은 고사리 100g • 물 1.6L(8컵) • 소금 1작은술

만드는 법

1. 들깨는 물(1컵)을 부어 곱게 갈아 체에 밭쳐 찌꺼기는 걸러 낸다.
2. 쌀은 깨끗이 씻어 30분 정도 불린 후 물(1컵)을 넣어 간다.
3. 냄비에 조갯살을 넣고 물(6컵)을 부어 육수를 만들고 조갯살을 건져 놓는다.
4. 숙주는 손질하여 삶아 두고, 고사리와 토란대는 5~6cm 길이로 자른다.
5. 3의 조개 삶은 물에 숙주, 고사리, 토란대를 넣어 끓이다가 갈아 놓은 들깨, 쌀가루, 조갯살을 넣고 저어 주면서 끓인 후 소금으로 간을 한다.

참고사항

- 알토란버섯을 넣기도 한다.
- 쇠고기육수, 멸치장국국물을 이용하기도 한다.

정보제공자
진미선, 경상남도 산청군 삼장면 대포리

국

나물국(나물탕국)

재 료

조갯살 100g(½컵) • 콩나물 50g • 숙주 50g • 애호박 50g • 삶은 고사리 50g • 무 50g • 생미역 50g • 두부 50g • 시금치 30g • 부추 20g • 쌀뜨물 1.6L(8컵) • 국간장 · 참기름 · 소금 약간

양념장 국간장 2큰술 • 다진 파 2큰술 • 다진 마늘 1큰술 • 참기름 1큰술 • 깨소금 1큰술

만드는 법

1. 콩나물과 숙주는 삶아서 양념장으로 각각 무친다.
2. 시금치와 부추는 끓는 물에 살짝 데친 후 양념장으로 각각 무친다.
3. 고사리는 양념하여 볶고, 생미역은 깨끗하게 주물러 씻어 6~7cm 길이로 잘라 양념장에 무친다.
4. 무와 애호박은 5cm 길이로 채 썰어 각각 소금에 절였다가 물기를 꼭 짜서 참기름에 볶는다.
5. 두부는 깍둑썰기(1×1×1cm) 하고, 조갯살은 깨끗이 씻는다.
6. 냄비에 쌀뜨물을 붓고 준비된 콩나물, 숙주, 시금치, 부추, 고사리, 미역, 무, 애호박을 넣어 끓인 후 조갯살을 넣는다.
7. 6이 끓으면 두부를 넣고 국간장으로 간을 하여 한소끔 더 끓인다.

❃ 참고사항

옛날에는 명절이나 큰 행사 시 음식을 풍족히 마련하여 가족, 친지들이 나누어 먹고 난 후 남은 음식을 보관할 시설이 없어 변질될 우려가 있는 나물류를 이용해 국을 끓여 먹었던 것에서 유래되어 오늘날 즐겨 먹고 있다. 나물을 새로 만들기보다는 먹고 남은 나물을 이용하고 국간장으로 간을 해야 제 맛을 낼 수 있다.

출 처

경상남도 농촌진흥원, 경남향토음식, 1994

정보제공자

권맹읍, 경상남도 고성군 구만면 용외리
정용주, 경상남도 고성군 고성읍 서외리

국

낙지연포탕

재 료

낙지 1kg(4마리) • 쪽파 50g • 멸치장국국물(멸치 · 다시마 · 물) 1.6L(8컵) • 다진 마늘 1큰술 • 소금 1작은술 • 참기름 · 깨소금 약간

만드는 법

1. 낙지는 깨끗이 손질하여 씻고 물기를 뺀다.
2. 쪽파는 씻어 3cm 길이로 썬다.
3. 냄비에 멸치장국국물을 붓고 낙지를 통째로 넣어 삶아 낙지가 익으면 꺼내어 4cm 길이로 썰어 넣는다.
4. 3에 쪽파, 다진 마늘, 참기름, 깨소금을 넣고 소금으로 간을 하여 한소끔 더 끓인다.

정보제공자
성현지, 경상남도 진주시 상대1동

대구곤이국(대구곤국)

재 료

대구곤이 200g • 무 200g(¼개) • 대파 35g(1뿌리) • 물 1.6L(8컵) • 소금 1작은술 • 고춧가루 약간

만드는 법

1. 대구곤이는 깨끗이 씻어 소금을 약간 뿌려 둔다.
2. 무는 나박썰기(3×3×0.3cm) 하고, 대파는 0.3cm 두께로 어슷썰기 한다.
3. 냄비에 물을 붓고 무를 넣어 끓이다가 대구곤이를 넣는다.
4. 3이 끓으면 고춧가루, 소금으로 간을 하고 어슷썬 대파를 넣어 한소끔 더 끓인다.

참고사항

대구 수컷의 정소를 곤이라고 한다.

출 처

울산광역시농업기술센터, 울산향토음식, 2001

도다리쑥국

재 료

도다리 2마리 • 무 150g • 쑥 100g • 실파 20g • 쌀뜨물 1.6L(8컵) • 다진 마늘 2큰술 • 소금 1작은술

만드는 법

1. 도다리는 내장을 제거하고 4토막을 내어 깨끗하게 씻는다.
2. 무는 나박썰기(3×3×0.3cm) 한다.
3. 쑥은 깨끗하게 씻고, 실파는 송송 썬다(0.5cm).
4. 냄비에 무를 넣고 쌀뜨물을 부어 끓이다가 손질한 도다리를 넣는다.
5. 4가 끓으면 쑥, 실파, 다진 마늘을 넣고 소금으로 간을 하여 한소끔 더 끓인다.

참고사항

- 봄이 제철인 도다리에 봄의 햇쑥을 넣어 만든 담백한 맛의 생선국으로 통영 지역 봄철 생선국의 대표적인 음식이다.
- 향긋한 쑥향이 생선의 비린 맛을 없애 주면서 국물이 아주 시원하고 개운하여 통영 지역에서는 숙취해소에 좋은 국으로 알려져 있다.

출 처
통영시농업기술센터, 통영음식, 1999

정보제공자
강경옥, 경상남도 통영시 광도면 죽림리
강민옥, 경상남도 통영시 광도면 죽림리

국

동타리국

재 료

동타리 600g • 실파 60g • 쑥갓 120g • 찹쌀가루 50g(⅓컵) • 물 1.6L(8컵) • 들깨 2큰술 • 소금 약간

만드는 법

1. 동타리를 깨부수어 껍질을 떼 내고 체에 밭쳐 알맹이만 거른다.
2. 들깨는 물 ½컵을 부어 곱게 갈아 체에 밭쳐 찌꺼기를 걸러 낸다.
3. 실파는 씻어 5cm 길이로 썰고, 쑥갓은 깨끗하게 씻어 둔다.
4. 냄비에 물을 붓고 찹쌀가루와 들깨즙을 넣어 저어 가며 끓이다가 동타리를 넣고 더 끓인다.
5. 실파와 쑥갓을 넣고 한소끔 더 끓여 소금으로 간을 한다.

참고사항

들깨의 구수한 맛과 동타리의 깔끔한 맛이 어울려 노인의 식사로 어울리는 음식이다.

출 처

농촌진흥청 농촌영양개선연수원(현 농촌자원개발연구소), 한국의 향토음식, 1994

정보제공자

한정옥, 경상남도 창원시 진북면 부평리

국

메기매운탕

재료

메기 1kg(1마리) • 삶은 우거지 150g • 무 150g • 양파 50g(⅓개) • 쑥갓 50g • 대파 70g(2뿌리) • 풋고추 30g(2개) • 붉은 고추 30g(2개) • 물 1.6L(8컵) • 다진 마늘 3큰술 • 다진 생강 2작은술 • 고추장 2큰술 • 고춧가루 2작은술 • 국간장 1큰술 • 소금 · 참기름 약간

만드는 법

1. 메기는 아가미와 내장을 빼고 깨끗하게 손질하여 5cm로 토막 낸다.
2. 무는 나박썰기(3×3×0.5cm) 하고, 쑥갓은 깨끗이 씻어 둔다.
3. 우거지는 10cm 길이로 잘라 다진 마늘, 다진 생강, 고춧가루, 국간장, 참기름으로 양념한다.
4. 대파, 풋고추, 붉은 고추는 0.3cm 두께로 어슷썰기 하고, 양파는 굵게 채 썬다(5×0.3× 0.3cm).
5. 냄비에 물을 붓고 고추장, 고춧가루를 풀어 끓인 후 손질한 메기와 무를 넣고 반 정도 익으면 우거지를 넣고 끓인다.
6. 5에 대파, 풋고추, 붉은 고추, 양파, 다진 마늘, 다진 생강을 넣고 국간장과 소금으로 간을 한 후 한소끔 더 끓여 쑥갓을 얹는다.

참고사항

- 기호에 따라 들깻가루, 된장을 넣기도 하고 감자, 호박, 깻잎, 미나리, 초피(제피)가루, 수제비를 넣기도 한다.
- 대추, 수삼, 검은콩, 표고버섯을 넣어 보양식으로 끓이기도 한다.

출 처
기장군농업기술센터, 기장의 향토음식, 2003
김상애, 양산의 전통향토음식 산채비빔밥 · 민물매운탕에 관한 연구, 양산시, 2006

정보제공자
권순정, 경상남도 양산시 동면 석산리
김영숙, 부산광역시 기장군 기장읍 만화리

국

메기탕국(메기탕, 메기국)

재 료

메기 1kg(1마리) • 삶은 배추 우거지 100g • 삶은 고사리 100g • 숙주 100g • 물 1.6L(8컵) • 다진 파 1큰술 • 다진 마늘 1작은술 • 다진 풋고추 1큰술 • 국간장 1큰술 • 초피가루(제피가루) 약간

양념 된장 1큰술 • 고춧가루 1큰술 • 다진 파 1큰술 • 다진 마늘 1작은술

만드는 법

1. 메기는 아가미와 내장을 빼고 깨끗하게 손질하여 냄비에 물을 붓고 끓여 뼈를 발라 낸다.
2. 배추 우거지와 고사리는 5~6cm의 길이로 썰고, 숙주는 손질하여 데친 후 각각 양념한다.
3. 1에 양념한 배추우거지, 고사리, 숙주를 넣어 끓인 후 국간장으로 간을 한다.
4. 다진 파, 다진 마늘, 다진 풋고추, 초피가루를 넣고 한소끔 더 끓인다.

참고사항

미나리, 쑥갓, 깻잎 등을 이용하기도 한다.

출 처

신애숙, 부산의 전통 향토음식의 현황 고찰, 한국조리학회지, 6(2), 2000

정보제공자

정희선, 경상남도 밀양시 삼랑진읍 우곡리

국

물메기국(미거지국, 물메기탕)

재 료

물메기1kg(1마리) • 무 300g(⅓개) • 대파 35g(1뿌리) • 다진 마늘 1큰술 • 국간장 1큰술 • 소금 약간 • 물 1.6L(8컵)

만드는 법

1. 물메기는 내장을 제거하고 깨끗이 씻어 5cm 크기로 토막을 낸다.
2. 무는 어슷하게 썰고, 대파도 어슷썰기 한다.
3. 냄비에 물을 붓고 무를 넣어 끓인 후 물메기를 넣는다.
4. 3이 끓으면 대파, 다진 마늘을 넣고 한소끔 더 끓여 국간장, 소금으로 간을 한다.

참고사항

고춧가루를 넣기도 하고 콩나물, 미나리를 넣기도 한다.

출 처

남해군농업기술센터, 보물섬 남해 향토 먹거리 맛과 멋, 2005

정보제공자

이은주, 경상남도 거제시 신현읍 고현리

국

뱅어국(병아리국)

재 료

뱅어(병아리) 200g • 실파 100g • 달걀 50g(1개) • 소금 1작은술 • 물 1.6L(8컵)

만드는 법

1. 뱅어는 소쿠리에 담아 깨끗이 씻는다.
2. 실파는 씻어 2~3cm 길이로 썰고, 달걀은 잘 풀어 둔다.
3. 냄비에 물을 부어 끓인 후 뱅어를 넣는다.
4. 3이 끓으면 실파와 풀어 놓은 달걀을 넣고 소금으로 간을 하여 한소끔 더 끓인다.

참고사항

- 남해안 지방에서 1월 말~3월에 주로 먹는 어리고 연한 생선인 뱅어로 만든 생선국이며 통영 지방에서는 병아리국으로 통용되고 있다.
- 기호에 따라 고춧가루를 넣기도 한다.
- 뱅어, 실파, 달걀을 섞어 두었다가 끓는 물에 한 숟가락 떠 넣어 조리하기도 한다.

출 처

거제시농업기술센터, 거제향토음식, 1998
통영시농업기술센터, 통영음식, 1999
남해군농업기술센터, 보물섬 남해 향토 먹거리 맛과 멋, 2005

정보제공자

문연선, 경상남도 거제시 동부면 산촌리

국

보리뜨물장

재 료

보리쌀뜨물 적량 • 방아잎(또는 깻잎) 80g • 물 800mL(4컵) • 된장 4큰술 • 다진 마늘 1큰술

만드는 법

1. 보리쌀뜨물은 가라앉혀 웃물을 버리고 앙금만 걸러 낸다.
2. 방아잎(또는 깻잎)은 씻어 물기를 빼고 잘게 썬다.
3. 냄비에 1의 앙금과 물을 넣고 된장을 풀어 약한 불에서 오래 끓인다.
4. 잘게 썬 방아잎, 다진 마늘을 넣고 한소끔 더 끓인다.

출 처
경상남도 농촌진흥원, 경남향토음식, 1994

정보제공자
손분수, 경상남도 창원시 중앙동

국

부추냉국

재 료

부추 300g • 멸치장국국물(멸치 · 다시마 · 물) 1.2L(6컵) • 된장 1큰술 • 다진 마늘 1큰술 • 통깨 1큰술 • 소금 약간

만드는 법

1. 냄비에 멸치, 다시마, 물을 부어 끓인 후 차게 식혀 둔다.
2. 끓는 물에 소금을 넣고 부추를 살짝 데친다.
3. 데친 부추에 된장, 다진 마늘, 통깨를 넣고 무친다.
4. 2에 식혀 놓은 멸치장국국물을 붓는다.

정보제공자
이종선, 부산광역시 기장군 일광면 삼성리

국

붕어단지곰

재 료

붕어 5마리 • 참기름 300g(1½컵)

만드는 법

1. 붕어는 내장을 제거하고 깨끗이 씻는다.
2. 항아리(단지)에 참기름과 손질한 붕어를 넣고 뚜껑을 한지로 덮어 김이 새지 않도록 한 후 약한 불에서 7~8시간 정도 푹 곤다. 이때 항아리(단지) 위에 찬물이 든 종지를 올려 물이 데워지면 찬물을 자주 갈아 준다.
3. 붕어가 푹 고아지면 면포로 짜서 국물과 고기살을 따로 거른다.

참고사항

붕어 대신 잉어를 넣기도 한다.

출 처

울산광역시농업기술센터, 울산향토음식, 2001

정보제공자

이봉우, 울산광역시 중구 옥교동

비지국(콩갱)

재 료

콩 80g(½컵) • 배춧잎 200g • 돼지고기 100g • 물 2L(10컵) • 소금 2작은술

만드는 법

1. 콩은 씻어 물에 불리고, 돼지고기는 갈아 놓는다.
2. 끓는 물에 소금 1작은술을 넣고 배춧잎을 데쳐 3~4cm 길이로 자른다.
3. 냄비에 물을 붓고 준비된 불린 콩, 돼지고기, 배춧잎을 넣어 푹 끓인 후 소금으로 간을 한다.

참고사항

콩을 갈아서 이용하기도 한다.

정보제공자
장선화, 경상남도 밀양시 산내면 남명리

상사리국

재 료

도미새끼 600g • 무 200g(¼개) • 쑥갓 100g • 실파 20g • 쌀뜨물 1.6L(8컵) • 다진 마늘 1큰술 • 국간장 1⅓큰술

만드는 법

1. 도미새끼는 깨끗이 손질하고, 무는 나박썰기(5×5×0.5cm) 한다.
2. 쑥갓은 깨끗이 씻어 놓고, 실파는 송송 썬다(0.5cm).
3. 냄비에 쌀뜨물을 붓고 국간장으로 간을 하여 끓인 후 무와 도미새끼를 넣고 끓인다.
4. 쑥갓, 송송 썬 실파, 다진 마늘을 넣고 한소끔 더 끓인다.

❁ 참고사항

상사리국은 어린 도미새끼를 이용한 봄철의 미각을 돋우어 주는 생선국으로 간단한 손님상을 준비할 때 이용된다.

출 처
통영시농업기술센터, 통영음식, 1999

생세멸시래기국(생세멸시락국)

재료

생세멸(지리멸치) 200g • 삶은 시래기 300g • 쌀뜨물 1.6L(8컵) • 된장 2큰술 • 풋고추 30g(2개) • 대파 35g(1뿌리) • 다진 마늘 1큰술 • 고춧가루 1작은술

만드는 법

1. 시래기는 씻어 잘게 썰고, 풋고추, 대파는 송송 썬다(0.5cm).
2. 생세멸은 깨끗하게 씻는다.
3. 냄비에 쌀뜨물을 붓고 된장을 풀어서 끓이다가 시래기를 넣어 끓인다.
4. 4에 생세멸을 넣어 끓인 후 송송썬 풋고추와 대파, 다진 마늘, 고춧가루를 넣고 한소끔 더 끓인다.

참고사항

- 멸치의 치어인 세멸 또는 지리멸치시래기국이며 일본식 명칭인 지르메시락국으로 통용되어 온 것을 바로 잡는다.
- 시래기 대신 묵은 김치를 이용하기도 한다.
- 생지리멸치국, 지리멸시락국, 생지르메시락국이라고 부르기도 한다.

출 처
기장군농업기술센터, 가장의 향토음식, 2003

정보제공자
공득선, 부산광역시 기장군 기장읍 동부리

국

성게알탕국

재 료

성게알 200g • 두부 130g(¼모) • 대합살 100g • 양파 100g(⅔개) • 무 150g • 표고버섯 50g(4개) • 다시마장국국물(다시마 · 물) 1.6L(8컵) • 소금 1작은술

만드는 법

1. 무, 대합조개, 표고버섯, 두부, 양파는 1cm 크기로 깍둑썰기 한다.
2. 냄비에 다시마장국국물을 붓고 무, 대합조개, 표고버섯을 넣고 끓이다가 성게알, 양파, 두부를 넣어 한소끔 더 끓여 소금으로 간을 한다.

참고사항

- 제사음식이며, 일반 탕국보다 맛이 담백한 것이 특징이다.
- 두부를 구워서 넣기도 하고, 청각을 넣기도 한다.

출 처
기장군농업기술센터, 기장의 향토음식, 2003

정보제공자
우소열, 부산광역시 기장군 일광면 삼성리

국

시래기국(돼지고기시래기국)

재 료

돼지고기 200g • 말린 무청(말린 무 시래기) 60g • 말린 토란대 40g • 풋고추 30g(2개) • 대파 35g(1뿌리) • 물 2L(10컵) • 국간장 약간

양념 된장 2큰술 • 고추장 1큰술 • 다진 마늘 1큰술 • 고춧가루 1큰술

만드는 법

1. 돼지고기에 물을 붓고 삶아 육수를 준비한다. 삶은 돼지고기는 깍둑썰기(1×1×1cm) 한다.
2. 말린 토란대, 말린 무청은 물에 불려 5cm 길이로 잘라 양념에 무친다.
3. 대파, 풋고추는 어슷썰기 한다.
4. 냄비에 육수, 돼지고기, 토란대, 무청을 넣어 푹 끓인 후 대파, 풋고추를 넣고 국간장으로 간을 하여 한소끔 더 끓인다.

✽ 참고사항

행사나 잔치 때 즐겨 먹었던 국이다. 멸치장국국물로 국을 끓이기도 하고 돼지고기 대신 쇠고기, 조개, 멸치를 넣기도 한다.

출 처

문화공보부 문화재관리국, 한국민속종합조사보고서(경상남도 편), 1972

거제시농업기술센터, 거제향토음식, 1998

정보제공자

이필이, 경상남도 거제시 사등면 사등리

최남미, 경상남도 거창군 거창읍 상금리

허귀자, 경상남도 김해시 삼안동

고문헌

조선무쌍신식요리제법(청경탕 : 靑莖湯)

국

쑥콩국

재 료

삶은 쑥 400g • 삶은 콩 200g • 소금 1작은술 • 물 1.2L(6컵)

반죽 찹쌀가루 100g(1컵) • 멥쌀가루 55g($\frac{1}{2}$컵) • 소금 약간 • 물 1$\frac{1}{2}$큰술

만드는 법

1. 삶은 쑥은 씻어 물기를 빼서 잘게 다지고, 삶은 콩은 간다.
2. 1에 찹쌀가루, 멥쌀가루, 소금, 물을 넣고 되직하게 반죽하여 지름 2cm 크기로 완자를 빚는다.
3. 냄비에 갈아 놓은 콩과 물을 붓고 걸쭉하게 끓이다가 쑥완자를 넣어 한소끔 더 끓인다.
4. 한 김 나가고 나면 소금으로 간을 한다.

출 처
농촌진흥청 농촌영양개선연수원(현 농촌자원개발연구소), 한국의 향토음식, 1994
농촌진흥청 농촌생활연구소(현 농촌자원개발연구소), 전통지식 모음집(생활문화 편), 1997

정보제공자
오정자, 경상남도 삼천포시 송포동

국

아귀탕(아구탕, 물꽁탕)

재 료

생아귀 2마리 • 콩나물 200g • 무 150g • 미나리 50g • 소금 1작은술 • 물 1.6L(8컵)

양념 고춧가루 1큰술 • 다진 마늘 1큰술

만드는 법

1. 생아귀의 이빨을 가위로 자른 후 깨끗이 씻어 3~5cm 크기로 토막을 낸다.
2. 콩나물은 깨끗이 씻는다.
3. 무는 나박썰기(2×2×0.5cm) 한다.
4. 미나리는 5cm 길이로 자른다.
5. 냄비에 물을 붓고 무를 넣어 끓으면 손질한 생아귀와 콩나물을 넣는다.
6. 5가 끓으면 소금으로 간을 하여 미나리를 얹고 양념을 곁들인다.

✻ 참고사항

무를 마지막에 넣어 끓이기도 한다.

출 처

울산광역시농업기술센터, 울산향토음식, 2001
기장군농업기술센터, 기장의 향토음식, 2003
마산시농업기술센터, 지역 특산물을 이용한 마산의 새로운 맛, 2004

정보제공자

김영숙, 부산광역시 기장군 기장읍 만화리
이은주, 경상남도 거제시 신현읍 고현리

국

어글탕

재 료

북어 껍질 3장 • 두부 130g(¼모) • 숙주 100g • 다진 쇠고기 100g(½컵) • 실파 20g • 달걀 50g(1개) • 밀가루 1큰술 • 다진 마늘 1큰술 • 참기름 1작은술 • 소금 1작은술 • 식용유 1작은술 • 육수(양지머리) 6컵 • 국간장 1큰술

만드는 법

1. 북어 껍질을 물에 씻어 편평하게 편다.
2. 실파는 5cm 길이로 자른다.
3. 숙주는 끓는 물에 살짝 데쳐 잘게 자르고 두부는 물기를 제거하여 곱게 으깬다.
4. 다진 쇠고기에 숙주, 으깬 두부, 소금, 다진 마늘, 참기름을 넣어 양념한다.
5. 북어 껍질 안쪽에 4를 얇게 펴고 그 위에 밀가루를 뿌린 다음 달걀물을 묻혀 식용유에 지진 다음 5cm 크기로 자른다.
6. 냄비에 양지머리육수를 붓고 국간장으로 색을 낸 다음 소금으로 간을 하여 끓인다.
7. 6에 지진 북어 껍질을 넣고 한소끔 더 끓여 실파와 다진 마늘을 넣고 싱거우면 소금으로 간을 한다.

참고사항

어글탕은 북어 껍질을 이용한 탕이다.

출 처

문화공보부 문화재관리국, 한국민속종합조사보고서(경상남도 편), 1972

정보제공자

김정숙, 부산광역시 북구 구포3동

와송들깨국(지부들깨국)

재 료

와송(지부) 200g • 쌀가루 2큰술 • 들깻가루 2큰술 • 멸치장국국물(멸치 · 다시마 · 물) 1.6L(8컵) • 소금 2작은술

만드는 법

1. 와송(지부)은 깨끗이 씻어 끓는 물에 소금(1작은술)을 넣고 삶는다.
2. 멸치장국국물에 삶은 와송을 넣고 끓이다가 쌀가루, 들깻가루를 넣고 저어 가면서 끓인 후 소금으로 간을 한다.

참고사항

와송은 지부지기, 바위솔 등의 명칭이 있다.

정보제공자
강정숙, 경상남도 거창시 가조면 대초리
박영실, 경상남도 거창시 거창읍 김천리

국

우뭇가사리국(까시리국)

재 료

우뭇가사리 4큰술 • 삶은 시래기 200g • 조갯살 200g • 물 1.6L(8컵) • 된장 2큰술 • 소금 약간

만드는 법

1. 시래기는 깨끗이 씻어 6~7cm 길이로 자른다.
2. 조갯살은 씻어 다진다.
3. 냄비에 다진 조갯살을 넣어 볶다가 물을 붓고 된장을 풀어 끓인다.
4. 3에 시래기를 넣고 소금으로 간을 하여 중불이나 약한 불에서 은근히 끓이다가 마지막에 우뭇가사리를 넣는다.

참고사항

- 김치를 넣으면 김치까시리국이 되며, 멸치장국국물을 이용하기도 한다.
- 우뭇가사리를 미리 넣으면 풀죽처럼 묽어지므로 마지막에 넣는다.

출 처
기장군농업기술센터, 기장의 향토음식, 2003

정보제공자
이옥염, 부산광역시 기장군 일광면 이천리
임경숙, 부산광역시 기장군 기장읍 성광리

국

전갱이국(메가리국)

재 료

전갱이새끼(메가리) 600g(2~3마리) • 삶은 시래기 200g • 호박잎 150g • 삶은 토란대 100g • 삶은 고사리 100g • 방아잎 50g • 대파 35g(1뿌리) • 물 2L(10컵) • 된장 1큰술 • 다진 마늘 1큰술 • 국간장 2작은술 • 초피가루 약간

양념 다진 풋고추 1큰술 • 다진 붉은 고추 1큰술 • 다진 마늘 1큰술

만드는 법

1. 전갱이새끼는 손질하여 깨끗이 씻는다.
2. 냄비에 전갱이새끼와 물을 넣고 푹 고아서 뼈를 발라 내고 분쇄기에 간다.
3. 시래기, 토란대, 고사리는 3~4cm 길이로 썰어 된장으로 무친다.
4. 방아잎, 호박잎은 잘게 썰고, 대파는 어슷썰기(0.3cm) 한다.
5. 냄비에 2의 갈아 놓은 전갱이새끼, 시래기, 토란대, 고사리, 국간장을 넣어 끓인다.
6. 초피가루와 양념을 곁들인다.

참고사항

- 숙주, 부추, 들깻가루를 넣기도 한다.
- 메가리추어탕, 전갱이추어탕이라고도 불린다.

출 처
기장군농업기술센터, 기장의 향토음식, 2003

정보제공자
김성숙, 경상남도 진해시 두동

국

참게탕

재료

참게 1kg • 삶은 토란대 200g • 무 200g(¼개) • 애호박 150g(⅓개) • 미나리 150g • 붉은 고추 30g(2개) • 된장 ½큰술 • 소금 약간 • 물 1.6L(8컵)

만드는 법

1. 삶은 토란대는 씻어 물기를 빼고 5cm 길이로 자르고 무는 나박썰기(3×3×0.5cm) 한다.
2. 애호박은 0.5cm 두께로 은행잎 모양으로 썬다.
3. 붉은 고추는 어슷썰기(0.3cm) 하고, 미나리는 5cm 길이로 썬다.
4. 참게는 깨끗이 손질하여 등딱지를 떼고 4등분한다.
5. 냄비에 물을 붓고 된장을 풀어 토란대와 무를 넣고 끓인다.
6. 5가 끓으면 참게를 넣고 끓이다가 애호박을 넣는다.
7. 한소끔 더 끓인 후 소금으로 간을 하고 붉은 고추, 미나리를 올린다.

참고사항

참게를 참기름에 볶다가 물을 넣어 끓이기도 하고 식성에 따라 생강, 고춧가루를 넣기도 한다.

출처

최수근 · 이연정 · 박성수, 향토음식 인지도에 관한 실증적 연구, 한국식생활문화학회지, 19(3), 2004
농촌진흥청, 향토음식, www2.rda.go.kr/food/, 2006

정보제공자

박은미, 경상남도 남해군 이동면 난음리

국

초교탕

재료

닭고기 100g • 다진 쇠고기 50g • 도라지 50g • 미나리 50g • 표고버섯 40g(3개) • 달걀 100g(2개) • 밀가루 1큰술 • 육수 1L (5컵) • 소금 약간

양념장 고추장 1큰술 • 간장 1작은술 • 참기름 ½작은술 • 다진 파 1큰술 • 다진 마늘 ½큰술 • 후춧가루 약간

만드는 법

1. 닭고기는 삶아서 잘게 찢는다.
2. 도라지는 소금물에 여러 번 우려 내어 쓴맛을 빼고 가늘게 채 썬다(5×0.2×0.2cm).
3. 표고버섯도 곱게 채 썰고, 미나리는 3~4cm 길이로 썬다.
4. 다진 쇠고기, 닭고기, 도라지, 표고버섯, 미나리에 양념장을 넣어 무친 후 밀가루와 달걀을 넣어 잘 섞는다.
5. 냄비에 육수를 붓고 끓인 다음 4를 숟가락으로 떠 넣고 소금으로 간을 하여 한소끔 더 끓인다.

❁ 참고사항

초교탕은 미나리, 도라지가 닭고기, 쇠고기와 어우러져 맛이 특이하고 향이 좋을 뿐 아니라 입맛이 떨어지기 쉬운 봄철에 좋은 요리이다.

출 처

농촌진흥청 농촌영양개선연수원(현 농촌자원개발연구소), 한국의 향토음식, 1994

정보제공자

조동희, 경상남도 김해시 동상동

국

추어탕(어탕)

재료

미꾸라지 400g • 삶은 토란대 150g • 삶은 배추시래기 100g • 삶은 고사리 50g(¼컵) • 숙주 50g • 부추 30g • 대파 35g(1뿌리) • 풋고추 15g(1개) • 물 2L(10컵) • 된장 2큰술 • 호박잎 · 방아잎 · 국간장 · 소금 · 초피가루(제피가루) 약간

양념 다진 풋고추 1큰술 • 다진 붉은 고추 1큰술 • 다진 마늘 1큰술

만드는 법

1. 미꾸라지는 소금을 뿌려 호박잎으로 문질러 미끄러운 해감이 벗겨지면 깨끗이 씻는다.
2. 미꾸라지에 물을 붓고, 푹 삶아 체에 걸러 뼈를 추려 낸다.
3. 배추시래기는 물기를 꼭 짜고 잘게 썰어 된장으로 무친다.
4. 숙주는 삶고, 토란대와 고사리는 4cm 길이로 썬다.
5. 부추는 4cm 길이로 썰고, 대파와 풋고추는 송송 썰고(0.5cm), 방아잎은 뜯어 둔다.
6. 냄비에 미꾸라지국물, 배추시래기, 숙주, 토란대, 고사리를 넣고 끓여 국간장으로 간을 한다.
7. 6이 끓으면 부추, 대파, 풋고추, 방아잎을 넣고 한소끔 더 끓여 양념과 초피가루를 곁들인다.

참고사항

- 여러 종류의 민물고기를 이용하여 추어탕을 만든다.
- 콩나물, 근대, 부추, 느타리버섯, 양파, 호박, 미나리, 쑥갓을 넣기도 한다.

출 처

문화공보부 문화재관리국, 한국민속종합조사보고서(향토음식 편), 1984
경상남도 농촌진흥원, 경남향토음식, 1994
울산광역시농업기술센터, 울산향토음식, 2001
기장군농업기술센터, 기장의 향토음식, 2003
최수근 · 이연정 · 박성수, 향토음식 인지도에 관한 실증적 연구, 한국식생활문화학회지, 19(3), 2004
농촌진흥청, 향토음식, www2.rda.go.kr/food/, 2006

정보제공자

강미용, 경상남도 양산시 동면 석산리
김금자, 경상남도 양산시 양산읍 다방리
김정희, 부산광역시 기장군 철마면 와여리
김필옥, 경상남도 진주시 수곡면 원계리

고문헌

조선무쌍신식요리제법(추탕 : 鰌湯)

국

토끼탕

재 료

토끼고기 200g • 무 150g • 육수 1.6L(8컵) • 대파 35g(1뿌리) • 다진 마늘 1큰술 • 국간장 $1\frac{1}{3}$큰술

만드는 법

1. 토끼고기는 4cm 크기로 자른다.
2. 무는 나박썰기(3×3×0.5cm) 하고, 대파는 어슷썰기 한다.
3. 냄비에 육수를 붓고 무를 넣어 끓인 다음 토끼고기를 넣는다.
4. 30이 끓으면 어슷썬 대파, 다진 마늘을 넣어 한소끔 더 끓인 후 국간장으로 간을 한다.

참고사항

도라지, 들깻가루를 넣기도 한다.

정보제공자
노광자, 경상남도 밀양시 하남면 백산리

고문헌
산림경제(자토 : 煮兎)

국

토란들깨국(토란찜국)

재 료

토란 200g • 말린 토란대 400g • 들깨 200g($1\frac{3}{4}$컵) • 새우살 100g($\frac{1}{2}$컵) • 조갯살 100g($\frac{1}{2}$컵) • 쌀 80g($\frac{1}{2}$컵) • 쌀뜨물 적량 • 물 1.6L(8컵) • 다진 마늘 1큰술 • 소금 2작은술

만드는 법

1. 쌀은 깨끗이 씻어 쌀뜨물을 받아 놓고 30분 정도 불린다.
2. 들깨는 껍질을 제거하고 불린 쌀과 함께 분쇄기에 곱게 갈아 물 3컵에 푼다.
3. 토란은 껍질을 벗겨 쌀뜨물에 30분 정도 담근 후 건져 물기를 뺀다.
4. 말린 토란대는 물에 불려 2~3cm 길이로 썬다.
5. 새우살과 조갯살은 소금물(소금 1작은술)에 씻어 물기를 뺀다.
6. 냄비에 물 5컵을 붓고 토란을 넣어 익힌 후 토란대를 넣어 끓인다.
7. 새우살, 조갯살을 넣고 더 끓인 다음 2의 들깨와 쌀 간 물을 끼얹어 한소끔 더 끓인 후 다진 마늘, 소금으로 간을 한다.

참고사항

- 콩나물을 넣기도 하고, 멸치장국국물을 이용하기도 한다.
- 들깨토란탕, 토란국, 토란탕으로 불리기도 한다.

출 처

농촌진흥청 농촌생활연구소(현 농촌자원개발연구소), 전통지식 모음집(생활문화 편), 1997
최수근 · 이연정 · 박성수, 향토음식 인지도에 관한 실증적 연구, 한국식생활문화학회지, 19(3), 2004

정보제공자

김영분, 경상남도 거제군 신현읍 고현리
정현숙, 경상남도 거창군 중앙리

국

토종닭약탕

재료

토종닭 1kg(1마리) • 찹쌀 120g(¾컵) • 깐 밤 50g(5개) • 당귀 10g • 황기 10g • 대추 10g(5개) • 건표고버섯 5g(2개) • 물 4L(20컵)

만드는 법

1. 찹쌀은 깨끗이 씻어 30분 정도 불린다.
2. 토종닭은 깨끗이 손질하여 씻는다.
3. 황기, 당귀는 깨끗이 손질하여 3cm 크기로 썰고, 건표고버섯은 충분히 불려 채 썬다(5×0.2 × 0.2cm).
4. 솥에 토종닭, 황기, 당귀, 표고버섯, 밤, 대추를 넣고 찹쌀은 보자기에 싸서 넣어 물을 붓고 2~3시간 정도 푹 끓인다.
5. 토종닭은 그릇에 담고, 국물과 찰밥은 따로 담아 낸다.

출 처
농촌진흥청, 향토음식, www2.rda.go.kr/food/, 2006

정보제공자
하명화, 경상남도 산청군 산청읍 병정리

국

해물탕(해물뚝배기)

재 료

꽃게 250g(1마리) • 조개 200g • 미더덕 100g(10개) • 바다소라 2~3마리 • 가재 6~7마리 • 애호박 150g(⅓개) • 양파 100g(⅔개) • 대파 35g(1뿌리) • 풋고추 45g(3개) • 물 2L(10컵) • 다진 마늘 2큰술 • 된장 2큰술 • 고춧가루 1큰술 • 소금 약간

만드는 법

1. 된장은 물에 풀어 체에 거른다.
2. 미더덕, 조개, 바다소라, 가재는 소금물에 깨끗이 씻고, 꽃게는 다듬어 먹기 좋게 3~4등분한다.
3. 애호박은 0.5cm 두께로 반달썰기 하고, 양파는 0.5cm 두께로 채 썬다.
4. 대파와 풋고추는 어슷썬다(0.3cm).
5. 냄비에 1의 된장물을 부어 끓이다가 미더덕, 조개, 바다소라, 가재, 꽃게, 호박, 양파를 넣고 끓인다.
6. 어슷썬 대파와 풋고추, 다진 마늘, 고춧가루를 넣고 소금으로 간을 하여 한소끔 더 끓인다.

참고사항

• 쌀뜨물을 이용하면 맛이 좋다.
• 홍합, 메기알을 이용하기도 한다.

출 처

경상남도 농촌진흥원, 경남향토음식, 1994
통영시농업기술센터, 통영음식, 1999
김경자, 부산향토전통음식 해물탕에 관한 연구, 부산광역시, 2000
농촌진흥청, 향토음식, www2.rda.go.kr/food/, 2006

정보제공자

서두연, 경상남도 마산시 월영2동
이복자, 경상남도 통영시 도산면 법송리

국

호박잎국(호박잎사귀국, 호박잎된장국)

재 료

호박잎 120g • 풋고추 45g(3개) • 붉은 고추 45g(3개) • 물 1.2L(6컵) • 된장 2큰술 • 다진 마늘 1큰술 • 초피가루 · 고춧가루 약간

만드는 법

1. 호박잎은 깨끗이 씻어 먹기 좋은 크기로 뜯어 둔다.
2. 풋고추, 붉은 고추는 잘게 다진다.
3. 냄비에 물을 붓고 된장을 풀어 끓인 후 호박잎을 넣는다.
4. 3이 끓으면 다진 풋고추와 붉은 고추, 다진 마늘, 고춧가루를 넣고 한소끔 더 끓여 초피가루를 넣는다.

❂ 참고사항

멸치장국국물이나 쌀뜨물, 들깨즙을 넣기도 하고, 쇠고기, 애호박, 고추장을 넣기도 한다.

출 처

경상남도 농촌진흥원, 경남향토음식, 1994
울산광역시농업기술센터, 울산향토음식, 2001

정보제공자

구인란, 경상남도 창녕군 대합면 평지리
권맹음, 경상남도 고성군 구만면 용외리
김원자, 울산광역시 울주군 삼동면 금곡리
이미란, 경상남도 함양군 함양읍 교산리

고문헌

조선요리(호박잎국)

홍합미역국(마른홍합미역국)

재 료

마른 홍합 60g • 마른 미역 30g • 물 1.6L(8컵) • 국간장 1큰술 • 다진 마늘 1큰술 • 참기름 1작은술 • 소금 약간

만드는 법

1. 마른 미역은 물에 불린 후 주물러 씻어 물기를 뺀다.
2. 마른 홍합은 씻어 물에 불린 후 물기를 뺀다.
3. 냄비에 참기름을 두르고 다진 마늘, 미역, 홍합을 볶다가 물을 부어 끓인다.
4. 국간장이나 소금으로 간을 한다.

참고사항

생홍합을 이용하기도 한다.

출 처
문화공보부 문화재관리국, 한국민속종합조사보고서(향토음식 편), 1984

가자미두부찌개(납세미두부찌개)

재 료

가자미(납세미) 340g(1마리) • 두부 250g(½모) • 양파 100g(⅔개) • 풋고추 15g(1개) • 붉은 고추 15g(1개) • 대파 10g(¼뿌리) • 물 400mL(2컵) • 식용유 1작은술 • 소금 약간

양념 고춧가루 2큰술 • 고추장 1큰술 • 마늘 10g(2쪽) • 생강 5g(1쪽) • 설탕 · 소금 · 후춧가루 약간

만드는 법

1. 가자미는 지느러미와 내장을 제거하고 깨끗이 씻어 2토막을 낸다.
2. 두부는 3×4×1cm 크기로 잘라 소금 간을 하고 달군 팬에 식용유를 두르고 노릇하게 지진다.
3. 양파는 0.5cm 너비로 썰고, 풋고추, 붉은 고추는 어슷썬다(0.3cm).
4. 냄비에 가자미를 넣고 지진 두부를 위에 얹은 다음 양념을 넣고 물을 자작하게 부어 끓인다.
5. 4가 끓으면 양파, 풋고추, 붉은 고추, 대파를 넣고 소금으로 간을 하여 국물을 끼얹어 가면서 한소끔 더 끓인다.

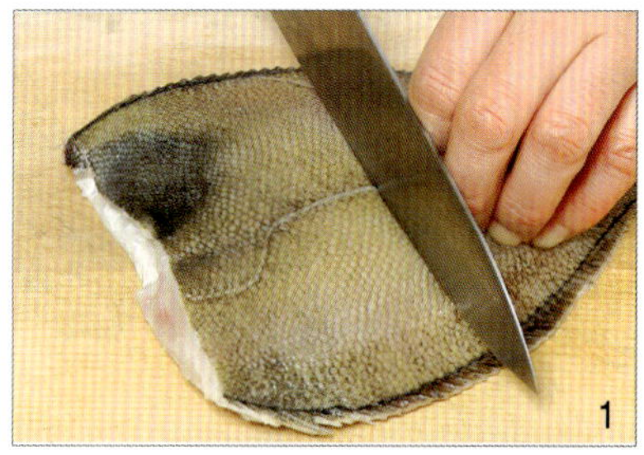

1

2

4

5

정보제공자
이영옥, 경상남도 사천시 용현면 신촌리

조리시연자
정계임, 경상남도 진주시 대안동

갈치찌개(갈치호박찌개)

재 료

갈치 320g (1마리) • 애호박 200g(½개) • 붉은 고추 30g(2개) • 대파 35g(1뿌리) • 다진 마늘 1큰술 • 고춧가루 1작은술 • 소금 1작은술 • 물 1.2L(6컵)

만드는 법

1. 갈치는 비늘을 긁어 내고 내장을 제거한 후 5cm 길이로 자른다.
2. 애호박은 0.5cm 두께로 반달썰기 한다.
3. 붉은 고추와 대파는 어슷썰기 한다.
4. 냄비에 물을 부어 끓인 후 갈치와 애호박을 넣어 끓인다.
5. 4에 붉은 고추, 대파, 고춧가루, 다진 마늘을 넣고 한소끔 더 끓여 소금으로 간을 한다.

참고사항

- 애호박은 간장에 절여 이용하기도 한다.
- 늙은 호박을 이용하면 갈치늙은호박찌개라고 한다.

출 처
울산광역시농업기술센터, 울산향토음식, 2001
기장군농업기술센터, 기장의 향토음식, 2003

정보제공자
강경임, 부산광역시 강서구 대저1동
공득선, 부산광역시 기장군 기장읍 동부리
김옥경, 부산광역시 기장군 대변리

명란젓찌개

재 료

명란젓 100g • 다진 쇠고기 100g(½컵) • 두부 130g(¼모) • 물 1.2L(6컵) • 대파 35g(1뿌리) • 새우젓국 ½큰술 • 참기름 1작은술

만드는 법

1. 명란젓은 4~5cm 길이로 썬다.
2. 두부는 1cm 크기로 깍둑썰기 하고, 대파는 송송 썬다(0.5cm).
3. 냄비에 참기름을 두르고 쇠고기를 볶다가 물을 붓고 명란젓을 넣어 끓인다.
4. 3이 끓으면 새우젓국으로 간을 맞추고, 두부와 대파를 넣어 한소끔 더 끓인다.

정보제공자
이선자, 경상남도 통영시 용남면 동달리

고문헌
조선요리(명란찌개), 조선요리제법(명란찌개), 조선무쌍신식요리제법(명란젓찌개)

미역귀된장찌개

재 료

마른 미역귀 20g • 두부 130g(¼모) • 실파 50g • 방아잎 20g • 표고버섯 25g(2개) • 된장 2큰술 • 다진 마늘 1큰술 • 소금 약간 • 멸치장국국물(멸치 · 다시마 · 물) 800mL(4컵)

만드는 법

1. 미역귀는 씻어 3cm 길이로 썰고, 표고버섯은 곱게 채 썬다(5×0.2×0.2cm).
2. 실파는 3cm 길이로 썰고, 두부는 1cm 크기로 깍둑썬다.
3. 방아잎은 씻어 손으로 뜯어 둔다.
4. 냄비에 멸치장국국물을 붓고 된장을 풀어 끓으면 미역귀와 표고버섯을 넣고 끓인다.
5. 4에 실파, 두부, 다진 마늘을 넣어 한소끔 끓인 후 방아잎을 넣고 소금으로 간을 한다.

참고사항

미역줄기, 양파, 풋고추를 넣기도 한다.

출 처
기장군농업기술센터, 기장의 향토음식, 2003

정보제공자
변양자, 부산광역시 기장군 기장읍 동부리
성필금, 부산광역시 기장군 장안읍 임랑리

찌개 · 전골

미역멸치찌개

재 료

생미역 200g • 생멸치 250g • 대파 35g(1뿌리) • 방아잎 30g • 물 600mL(3컵)

양념 된장 2큰술 • 다진 매운 고추 3큰술 • 고춧가루 1작은술 • 다진 마늘 1큰술

만드는 법

1. 생미역은 주물러 씻어 물기를 빼고 5cm 길이로 썬다.
2. 생멸치는 내장 부분을 제거하고 깨끗이 씻는다.
3. 방아잎은 적당한 크기로 뜯어 놓고, 대파는 송송 썬다(0.5cm).
4. 냄비에 생미역, 생멸치순으로 넣고 물과 양념을 넣어 끓인다.
5. 4에 방아잎과 대파를 넣고 한소끔 더 끓인다.

참고사항

미역귀를 이용하기도 하고, 초피가루를 넣기도 한다.

출 처

기장군농업기술센터, 기장의 향토음식, 2003

정보제공자

윤명자, 부산광역시 기장군 기장읍 교리
이영자, 부산광역시 기장군 기장면 마화리

민어찌개

재 료

민어 600g(2마리) • 바지락 100g • 두부 250g(½모) • 무 200g(¼개) • 쑥갓 30g • 풋고추 30g(2개) • 붉은 고추 30g(2개) • 실파 20g • 물 1L(5컵) • 고추장 2큰술 • 고춧가루 1큰술 • 다진 마늘 1큰술 • 소금 약간

만드는 법

1. 민어는 비늘을 긁어 내고 깨끗이 손질하여 7cm 길이로 토막 낸다.
2. 바지락은 소금물에서 해감을 한다.
3. 두부와 무는 나박썰기(3×3×0.5cm) 한다.
4. 풋고추, 붉은 고추는 어슷썰고(0.3cm), 실파는 4cm 길이로 자른다.
5. 쑥갓은 씻어서 손질해 놓는다.
6. 냄비에 물을 붓고 고추장, 고춧가루를 풀어서 끓이다가 민어, 바지락, 무를 넣고 끓인다.
7. 6에 두부, 풋고추, 붉은 고추, 실파, 다진 마늘을 넣고 소금으로 간을 하여 한소끔 더 끓여 쑥갓을 올린다.

참고사항

조기, 대구 등의 흰살생선을 이용하기도 한다.

출 처

통영시농업기술센터, 통영음식, 1999

정보제공자

유명애, 경상남도 거제시 신현읍 상동리

생멸치찌개

재 료

생멸치 300g • 무 100g • 양파 100g(2/3개) • 풋고추 15g(1개) • 붉은 고추 15g(1개) • 물 400mL(2컵)

양념 고추장 1큰술 • 고춧가루 1큰술 • 다진 마늘 1큰술 • 된장 1작은술 • 간장 1작은술

만드는 법

1. 생멸치는 내장을 제거하고 깨끗이 씻는다.
2. 무는 나박썰기(3×4×0.5cm) 한다.
3. 양파는 굵게 썰고, 풋고추, 붉은 고추는 0.3cm 너비로 어슷썬다.
4. 냄비에 생멸치와 무를 넣고 양념을 골고루 얹어 물을 자작하게 부어 끓인다.
5. 4에 양파, 풋고추, 붉은 고추를 넣고 한소끔 더 끓인다.

참고사항

• 김치를 넣으면 멸치김치찌개라 하고 시래기와 된장을 넣으면 멸치시래기찌개라 한다.

• 방아잎을 넣기도 하고, 상추나 깻잎쌈을 곁들이기도 한다.

출 처

통영시농업기술센터, 통영음식, 1999

남해군농업기술센터, 보물섬 남해 향토 먹거리 맛과 멋, 2005

정보제공자

김부옥, 경상남도 통영시 광도면 죽림리

김치

멍게김치

재료

멍게 1kg • 쪽파 20g • 붉은 고추 45g(3개) • 소금 약간

양념 고춧가루 2큰술 • 마늘 10g(2쪽) • 통깨 1/2큰술 • 소금 1/2큰술

만드는 법

1. 멍게의 껍질을 벗기고 속살을 꺼내어 소금물에 씻어 물기를 뺀다.
2. 쪽파는 다듬어 5cm 길이로 썰어 두고, 붉은 고추는 씨를 빼고 4cm 길이로 굵게 채 썬다.
3. 고춧가루, 다진 마늘, 통깨, 소금을 섞어 양념을 만든 다음 준비된 재료에 넣고 버무린다.

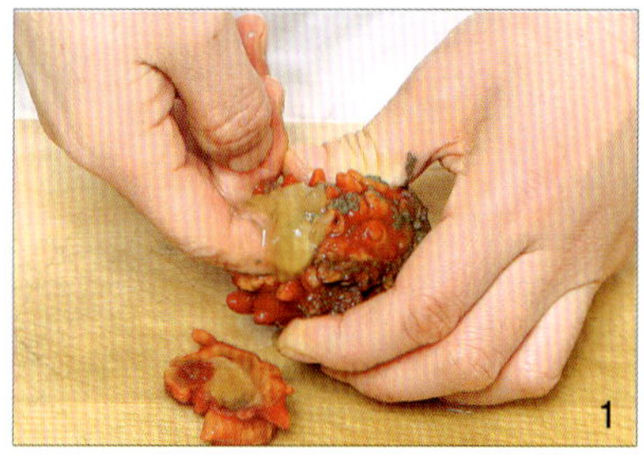

1

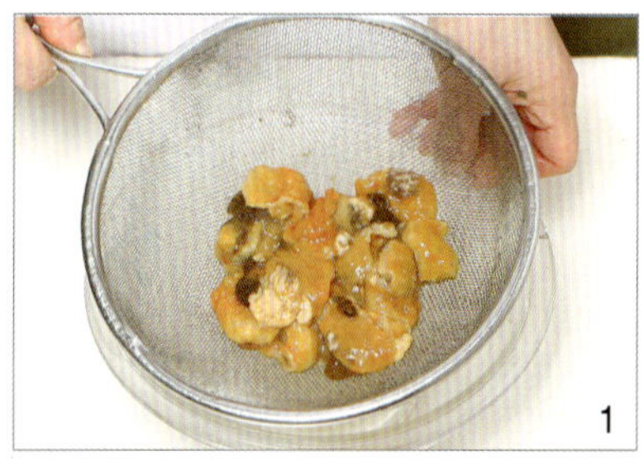

1

3

참고사항

멍게김치는 2~3일 내에 먹어야 한다.

출 처
울산광역시농업기술센터, 울산향토음식, 2001

정보제공자
울산광역시 울주군 온산읍 덕신리

조리시연자
정계임, 경상남도 진주시 대안동

김치

부추김치

재 료

부추 100g • 굵은 소금 약간

양념 고춧가루 3큰술 • 멸치젓국 3큰술 • 다진 생강 1작은술 • 설탕 1작은술

만드는 법

1. 부추는 다듬어 씻어 굵은 소금을 뿌려 절인 다음 살짝 헹궈 물기를 뺀다.
2. 부추를 양념으로 버무린 후 돌돌 말아 항아리에 넣어 익힌다.

1

2

2

출 처
문화공보부 문화재관리국, 한국민속종합조사보고서(향토음식 편), 1984
경상남도 농촌진흥원, 경남향토음식, 1994
울산광역시농업기술센터, 울산향토음식, 2001

정보제공자
김난자, 울산광역시 온산면 덕신리
김미숙, 울산광역시 울주군 상남면 가천리
이호영, 경상남도 김해시 삼방동

조리시연자
정계임, 경상남도 진주시 대안동

전복김치

재료

전복 420g(5개) • 배 370g(1개) • 무 430g(½개) • 유자 껍질 ½개 • 대파 35g(1뿌리) • 생강 20g(5쪽) • 소금 1큰술

소금물 물 200mL(1컵) • 소금 2큰술

만드는 법

1. 전복은 데쳐 내장을 제거하고 손질하여 물기를 제거한 후 얇게 저민다.
2. 배는 껍질을 벗기고 유자 껍질과 같이 5cm 길이로 곱게 채 썬다.
3. 대파와 생강도 5cm 길이로 채 썬다.
4. 무는 나박썰기(2×2×0.5cm) 하여 소금에 절인 다음 헹궈 물기를 뺀다.
5. 소금물을 끓여서 식힌다.
6. 1의 저민 전복 위에 배와 유자를 넣고 말아 꼬치로 꽂는다.
7. 항아리에 6의 전복 꼬치를 담고 준비된 대파, 생강, 무를 얹어 소금물을 자작하게 부어 익힌다.

1

2

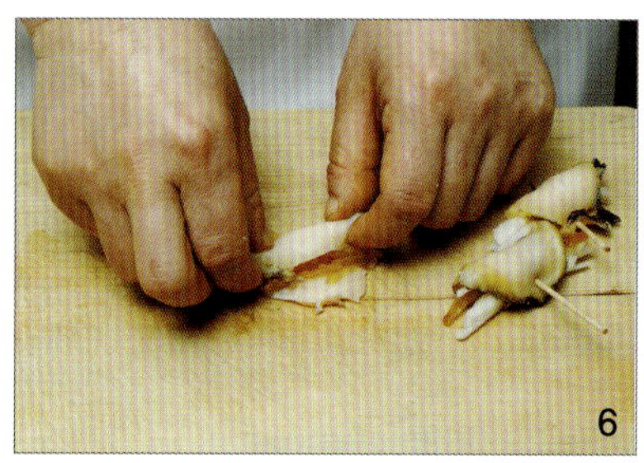

6

7

✻ 참고사항

마른 전복은 미지근한 물에서 불려 이용한다.

출 처

문화공보부 문화재관리국, 한국민속종합조사보고서(경상남도 편), 1972
경상남도 농촌진흥원, 경남향토음식, 1994
통영시농업기술센터, 통영음식, 1999

정보제공자

오부금, 경상남도 통영시 명정동
홍금순, 경상남도 창원시 신월동

조리시연자

정계임, 경상남도 진주시 대안동

고문헌

규합총서(전복김치), 부인필지(전복김치), 조선요리제법(전복김치)

머위김치

재료

머위잎 200g • 쪽파 10g • 굵은 소금 ¼컵

양념 고춧가루 1큰술 • 마늘 10g(2쪽) • 생강 5g(1쪽) • 통깨 1큰술 • 멸치액젓 ½작은술

만드는 법

3

1. 머위잎은 굵은 소금에 절여 두었다가 씻어 물기를 뺀다.
2. 쪽파는 2cm 길이로 썬다.
3. 준비된 재료에 양념을 넣고 버무려 항아리에 담아 익힌다.

정보제공자
전문자, 경상남도 창원시 명서동

조리시연자
전필순, 경상남도 함양군 안위면 신안리

김치

콩잎물김치

재료

콩잎 200g • 물 1.8L(9컵) • 풋고추 15g(1개) • 붉은 고추 75g(5개) • 마늘 20g(5쪽) • 생강 10g(2쪽) • 밀가루 1큰술 • 소금 2작은술

만드는 법

1. 콩잎을 깨끗이 씻어 물기를 뺀 후 20장 정도씩 묶어서 준비한다.
2. 냄비에 물을 붓고 밀가루를 풀어 끓인 후 식혀서 소금으로 간을 한다.
3. 마늘, 생강은 곱게 채 썰고, 풋고추, 붉은 고추는 씨를 빼고 어슷썬다(0.3cm).
4. 2의 밀가루 풀에 콩잎, 마늘, 생강, 풋고추, 붉은 고추를 넣어서 시원한 곳에서 익힌다. 이때 콩잎이 떠오르지 않게 보관한다.

출처

문화공보부 문화재관리국, 한국민속종합조사보고서(경상남도 편), 1972
울산광역시농업기술센터, 울산향토음식, 2001
이연정 · 하미옥 · 최수근, 울산 지역 향토음식에 대한 식행동과 기호도에 관한 연구, 한국식생활문화학회지, 21(5), 2006

정보제공자

신무선, 울산광역시 남구 야음1동
이호영, 경상남도 김해시 삼방동

조리시연자

김성숙, 경상남도 진해시 두동
서영애, 울산광역시 울주군 범서읍 두산리

감김치

재료

땡감 100개 • 소금 3컵 • 여뀟대(약국대) · 짚 적량

만드는 법

1. 여뀟대는 삶아 건져 내고 물은 차게 식힌다.
2. 감은 씻어 항아리에 넣고 감이 잠길 정도로 여뀟대 삶은 물을 붓고 소금을 뿌린다.
3. 2에 짚과 여뀟대로 덮고 뚜껑을 닫아 서늘한 곳에 보관한다.

출처

울산광역시농업기술센터, 울산향토음식, 2001

이연정 · 하미옥 · 최수근, 울산 지역 향토음식에 대한 식행동과 기호도에 관한 연구, 한국식생활문화학회지, 21(5), 2006

정보제공자

김헌주, 울산광역시 울주군 언양읍 구수리

정옥례, 울산광역시 울주군 범서읍 사연리

갈치내장김치(갈치순태김치)

재 료

갈치내장(갈치순태) 150g • 무 850g(1개) • 풋고추 30g(2개) • 붉은 고추 30g(2개) • 소금 ½컵

양념 고춧가루 2컵 • 다진 마늘 2큰술 • 통깨 약간

만드는 법

1. 무는 깍둑썰어(사방 2cm) 소금에 절인 다음 씻어서 물기를 뺀다.
2. 갈치내장은 곱게 다지고, 풋고추와 붉은 고추는 씨를 빼고 송송 썬다(0.3cm).
3. 준비된 모든 재료에 양념을 넣고 버무려 항아리에 담아 숙성시킨다.

출 처

울산광역시농업기술센터, 울산향토음식, 2001

정보제공자

노들래, 경상남도 거제시 임은면 구조라리
손순연, 울산광역시 울주군 웅촌면 검단리

김 치

갈치섞박지

재 료

무 5kg(6개) • 굵은 소금 1½컵 • 갈치젓 1컵 • 쪽파 400g • 대파 170g(5뿌리)

양념 고춧가루 2컵 • 생강 5큰술 • 멸치액젓 4큰술 • 다진 마늘 2컵 • 설탕 · 소금 약간

만드는 법

1. 무는 깨끗이 씻어 납작하게 썰어(4×5×1cm) 굵은 소금에 절인 다음 한 번 헹구어 물기를 뺀다.
2. 쪽파는 씻어 4cm 길이로 썰고, 대파는 어슷썰기 한다(0.3cm).
3. 갈치젓은 2cm 폭으로 자른다.
4. 준비된 재료에 양념을 넣고 버무려 항아리에 눌러 담는다.

✻ 참고사항

갈치젓은 갈치 비늘을 긁어 내고 내장을 뺀 후 통째로 소금을 뿌려 3~4개월 삭혀서 만든다.

정보제공자
이종선, 부산광역시 기장군 일광면 삼성리

김치

고구마순김치(고구마줄기김치)

재료

고구마순 400g • 소금 2큰술

양념 고춧가루 ½컵 • 다진 마늘 3큰술 • 다진 생강 ½작은술 • 검은깨 1큰술 • 소금 1큰술 • 설탕 약간

만드는 법

1. 고구마순은 껍질을 벗긴다.
2. 끓는 물에 소금을 넣고 고구마순을 살짝 데친 후 찬물에 헹궈 물기를 뺀다.
3. 데친 고구마순에 양념을 넣고 버무린다.
4. 작은 항아리에 버무린 고구마순을 돌돌 말아 차곡차곡 넣어 익힌다.

참고사항

- 통영의 제례음식이며 딸이 시집갈 때 이바지음식으로 이용하였다.
- 황석어젓을 이용할 경우에는 소금 양을 줄인다.
- 초피가루를 넣기도 하고 풋고추, 붉은 고추를 다져 넣기도 한다.
- 고구마순을 소금물에 데치지 않고 소금에 절이기도 한다.

출처

경상남도 농촌진흥원, 경남향토음식, 1994
거제시농업기술센터, 거제향토음식, 1998
통영시농업기술센터, 통영음식, 1999
통영시, 통영 농수산물로 만든 별미요리, 2002

정보제공자

강귀선, 경상남도 통영시 광도면 노산리
김경순, 경상남도 통영시 광도면 죽림리
김난자, 울산광역시 울주군 온산면 덕산리
손성희, 경상남도 고성군 마암면 보전리
이은순, 경상남도 고성군 고성읍 송학리
정미자, 경상남도 거제시 남부면 다대리
차일수, 경상남도 거제시 둔덕면 학산리
최경숙, 경상남도 고성군 고성읍 동외리

김치

고들빼기김치

재 료

고들빼기 400g • 실파 150g • 소금 약간

양념 멸치젓 1컵 • 고춧가루 1컵 • 다진 마늘 2큰술 • 다진 생강 1큰술 • 통깨 2큰술

찹쌀풀 찹쌀가루 50g(½컵) • 물 200mL(1컵)

만드는 법

1. 고들빼기는 깨끗이 다듬어 씻은 다음 연한 소금물에 담가 일주일 동안 물을 갈아 주면서 쓴맛을 우려 내고 삭힌다.
2. 1의 고들빼기를 깨끗이 씻어 물기를 완전히 뺀다.
3. 실파는 반으로 갈라 소금물에 살짝 절인다.
4. 멸치젓은 고운체에 거른다.
5. 냄비에 찹쌀가루와 물을 넣고 찹쌀풀을 끓여 식힌 후 멸치젓, 고춧가루, 다진 마늘, 다진 생강, 통깨를 섞어 양념을 만든다.
6. 고들빼기와 실파에 양념을 넣어 버무린다.

❀ 참고사항

밤을 넣어 버무리기도 한다.

출 처

경상남도 농촌진흥원, 경남향토음식, 1994

최수근 · 이연정 · 박성수, 향토음식 인지도에 관한 실증적 연구, 한국식생활문화학회지, 19(3), 2004

정보제공자

김정숙, 경상남도 고성군 회화면 삼덕리

정일달, 경상남도 진주시 상봉서동

고추김치

재료

풋고추 200g(13개) • 붉은 고추 200g(13개) • 사과 500g(2개) • 부추 300g • 당근 300g(2개) • 꼴뚜기젓 2컵 • 고춧가루 2컵 • 다진 마늘 2큰술 • 설탕 약간

만드는 법

1. 풋고추, 붉은 고추는 가운데 칼집을 내어 씨를 빼고 깨끗이 씻어 물기를 뺀다.
2. 꼴뚜기젓은 잘게 썰어 고춧가루, 다진 마늘, 설탕으로 양념을 한다.
3. 부추는 5cm 길이로 썰고 당근, 사과는 채 썰어(5×0.2×0.2cm) 양념한 꼴뚜기젓에 넣어 버무려 김치소를 만든다.
4. 고추에 3의 소를 넣어서 김치를 담는다.

참고사항

고추는 멸치액젓에 삭힌 후 건져 고춧가루, 다진 파, 다진 마늘에 무치기도 한다.

출처
농촌진흥청, 향토음식, www2.rda.go.kr/food/, 2006

정보제공자
손분이, 경상남도 고성군 거류면 송산리

고춧잎김치

재료

고춧잎 200g

양념 멸치젓 ½컵 • 고춧가루 50g(⅔컵) • 다진 마늘 2작은술 • 다진 생강 1작은술 • 물엿 · 통깨 약간

만드는 법

1. 고춧잎은 쪄서 꼬들꼬들하게 말린다.
2. 말린 고춧잎에 양념을 넣어 버무린다.

❋ 참고사항

고춧잎을 쌀뜨물과 소금물에 담가 두었다가 김치를 담그기도 한다.

출처

경상남도 농촌진흥원, 경남향토음식, 1994
울산광역시농업기술센터, 울산향토음식, 2001

정보제공자

박곡지, 경상남도 밀양시 하남면 백산리
백태연, 울산광역시 울주군 삼남면 교동리
손대곤, 경상남도 밀양시 교동
정옥남, 경상남도 고성읍 이당리

곤달비김치

재료

곤달비잎 100장

양념 간장 ½컵 • 멸치장국국물(멸치 · 다시마 · 물) ½컵 • 고춧가루 5큰술 • 다진 파 2큰술 • 다진 마늘 1큰술 • 깨소금 1큰술

만드는 법

1. 곤달비잎은 깨끗이 씻어 물기를 뺀다.
2. 1의 곤달비잎에 양념을 넣어 버무린다.

참고사항

양념한 곤달비를 찜통에 살짝 쪄서 먹기도 한다.

출처

경상남도 농촌진흥원, 경남향토음식, 1994
거제시농업기술센터, 거제향토음식, 1998

정보제공자

신양자, 경상남도 거제시 남부면 다대리
정미자, 경상남도 거제시 남부면 다대리
하명화, 경상남도 산청군 산청읍 병정리

김치

굴젓김치

재료

굴 200g(1컵) • 무 2kg(2개) • 실파 40g • 고운 소금 1큰술 • 고춧가루 ¾컵

양념 다진 파 ½컵 • 다진 마늘 5큰술 • 다진 생강 1큰술 • 소금 2½큰술 • 설탕 약간

만드는 법

1. 무는 깨끗이 씻어 길이로 2등분한 후 숟가락으로 긁어 낸 다음 소금에 살짝 절여 물기를 뺀다.
2. 굴은 소금물에 살살 흔들어 씻어 물기를 뺀다.
3. 실파는 깨끗이 씻어 물기를 빼고 3cm 길이로 자른다.
4. 1의 무에 고춧가루를 넣고 버무려 고춧물을 들인 다음 굴과 실파를 넣고 양념으로 버무린다.

참고사항

풋마늘을 이용하기도 하고, 무를 나박썰어(1×1×0.5cm) 굴깍두기를 담그기도 한다.

출처

울산광역시농업기술센터, 울산향토음식, 2001

남해군농업기술센터, 보물섬 남해 향토 먹거리 맛과 멋, 2005

다슬기김치(고둥김치)

재료

다슬기 3컵 • 무 2kg(2개) • 풋마늘 100g • 소금 2큰술 • 고춧가루 ¾컵 • 통깨 1큰술 • 밀가루 3큰술 • 물 100mL(½컵)

양념 멸치액젓 1컵 • 다진 마늘 5큰술 • 다진 생강 2큰술 • 설탕 · 소금 약간

만드는 법

1. 다슬기는 살을 빼내어 내장을 떼어 낸 후 밀가루로 치대어 씻어 건진다.
2. 1의 다슬기를 어슷하게 썰어 소금(1큰술)에 절인 후 씻어 물기를 뺀다.
3. 무는 깍둑썰어(사방 2cm) 소금(1큰술)으로 절인 후 살짝 씻어 물기를 뺀다.
4. 고춧가루는 더운 물에 푼다.
5. 풋마늘은 어슷썰기 한다.
6. 준비된 모든 재료에 양념을 넣어 버무리고 통깨를 뿌려 항아리에 담는다.

출처
울산광역시농업기술센터, 울산향토음식, 2001

돌나물물김치(돈나물물김치, 돋나물물김치)

재료

돌나물 300g • 붉은 고추 45g(3개) • 다진 마늘 1큰술 • 밀가루 1큰술 • 물 1.8L(9컵) • 소금 2작은술

만드는 법

1. 돌나물은 깨끗이 씻어 소금에 살짝 절인 다음 헹궈 물기를 뺀다.
2. 붉은 고추는 칼집을 내어 씨를 털어 내고 어슷하게 썬다.
3. 냄비에 물을 넣고 밀가루를 풀어 끓인 후 식혀 소금으로 간을 한다.
4. 3에 돌나물, 붉은 고추, 다진 마늘을 넣어 익힌다.

참고사항

- 고춧가루를 넣어 색을 내기도 하고, 양파, 풋고추를 넣기도 한다.
- 밀가루 대신 쌀뜨물을 이용하기도 하고, 쌀밥이나 누룽지 끓인 물을 이용하기도 한다.
- 돌나물을 소금에 절이지 않고 김치를 담그기도 한다.

출처

경상남도 농촌진흥원, 경남향토음식, 1994
거제시농업기술센터, 거제향토음식, 1998
통영시농업기술센터, 통영음식, 1999
남해군농업기술센터, 보물섬 남해 향토 먹거리 맛과 멋, 2005

정보제공자

동용희, 부산광역시 기장군 일광면 화전리
윤혜순, 경상남도 남해군 남해읍 북변1동

김치

민들레김치

재료

민들레 200g • 붉은 고추 30g(2개) • 생강 5g(1쪽) • 고춧가루 1큰술 • 찹쌀풀 2큰술 • 감초물 2큰술 • 들깨죽 1큰술 • 소금 1큰술 • 통깨 약간

만드는 법

1. 민들레를 깨끗이 씻어서 소쿠리에 밭쳐 둔다.
2. 붉은 고추와 생강은 함께 갈아 놓는다.
3. 찹쌀풀, 감초물, 들깨죽, 고춧가루, 소금에, 간 붉은 고추, 생강을 넣어 양념을 만든다.
4. 준비해 둔 민들레에 양념을 넣고 무르지 않게 버무린 후 통깨를 뿌린다.

볼락무김치

재료

볼락 200g • 무 850g(1개) • 소금 ⅓컵

양념 갈치젓 1컵 • 찹쌀풀 1컵 • 소금 100g(¾컵) • 고춧가루 5큰술 • 다진 마늘 2큰술 • 다진 생강 1큰술 • 통깨 1큰술

만드는 법

1. 볼락은 작은 것으로 골라 씻지 않고 소금을 뿌려 절인다.
2. 무는 나박썰기(5×5×1cm) 하여 소금에 절인다.
3. 준비된 볼락과 무를 씻어 물기를 뺀다.
4. 3에 양념을 넣고 잘 버무려 항아리에 담고 일주일 정도 익힌다.

출처
통영시농업기술센터, 통영음식, 1999

정보제공자
김부옥, 경상남도 통영시 광도면 죽림리

김치

얼갈이반김치(얼갈이김치)

재료

얼갈이배추 1kg • 밀가루 1큰술 • 다시마장국국물(다시마 · 물) 200mL(1컵) • 물 100mL(½컵) • 소금 2큰술

양념 고춧가루 ⅓컵 • 멸치젓 4큰술 • 다진 마늘 3큰술 • 다진 생강 1큰술 • 설탕 약간

만드는 법

1. 얼갈이배추는 다듬어서 소금물에 절여 씻은 후 물기를 뺀다.
2. 냄비에 밀가루와 물을 넣고 걸쭉하게 끓여 식힌다.
3. 양념에 밀가루 풀을 넣어 잘 섞는다.
4. 절인 얼갈이배추에 3의 양념을 넣어 버무린 후 항아리에 담고 다시마장국국물을 자작하게 부어 익힌다.

정보제공자
최화옥, 부산광역시 기장군 장안면 기룡리

우엉김치

재료

우엉 400g(1뿌리) • 실파 50g • 멸치젓 ½컵 • 쌀뜨물(또는 식초물) 적량

양념 찹쌀풀 ½컵 • 고춧가루 3큰술 • 다진 파 1큰술 • 다진 마늘 2작은술 • 다진 생강 1작은술 • 소금 · 통깨 약간

만드는 법

1. 우엉은 중간 크기로 골라 껍질을 벗겨 5cm 길이로 납작하게 썰어 쌀뜨물이나 식초물에 살짝 삶아 건진다.
2. 실파는 잘 다듬어 5cm 길이로 썬다.
3. 멸치젓에 동량의 물을 붓고 달여 체에 밭쳐 식힌 다음 양념을 넣고 섞는다.
4. 우엉과 실파에 3의 양념을 넣어 버무려 익힌다.

참고사항

우엉을 데치지 않고 사용하기도 한다.

출처

문화공보부 문화재관리국, 한국민속종합조사보고서(경상남도 편), 1972
경상남도 농촌진흥원, 경남향토음식, 1994

정보제공자

김난자, 울산광역시 온산면 덕신리

김치

장지김치(장제김치)

재료

무 850g(1개) • 소금 2큰술

양념 고춧가루 ⅓컵 • 장지젓 5큰술 • 대구알 5큰술 • 다진 파 5큰술 • 다진 마늘 3큰술 • 다진 생강 1큰술 • 통깨 1큰술

만드는 법

1. 무는 나박썰기(3×3×0.5cm) 하여 소금물에 절여 씻은 후 물기를 뺀다.
2. 양념을 넣어 버무린 후 항아리에 담아 익힌다.

참고사항

꼴뚜기젓(호루래기젓)을 이용하기도 한다.

출처

문화공보부 문화재관리국, 한국민속종합조사보고서(경상남도 편), 1972

전어섞박지

재료

무 5kg(6개) • 무청 100g • 전어젓 1컵 • 굵은 소금 1½컵

양념 고춧가루 2컵 • 다진 마늘 1컵 • 다진 생강 5큰술 • 설탕 · 소금 약간

만드는 법

1. 무는 깨끗이 씻어 4×5×1cm 크기로 썰어 굵은 소금에 절인 후 한 번만 헹구어 물기를 뺀다.
2. 무청은 씻어 굵은 소금에 절인 다음 헹구어 물기를 빼고 4cm 길이로 자른다.
3. 전어젓은 잘게 다진다.
4. 준비된 재료에 양념을 넣어 버무린 후 항아리에 담아 익힌다.

정보제공자
김미영, 부산광역시 기장군 정관면 용수리

김치

죽순김치

재료

배추 1kg(1통) • 삶은 죽순 500g(2~3개) • 실파 30g • 소금 3큰술

양념 고춧가루 1컵 • 멸치젓국 ½컵 • 다진 마늘 2큰술 • 다진 생강 1큰술

만드는 법

1. 삶은 죽순은 4~5cm 길이로 얇게 썰어 소금(1큰술)을 뿌려 절인 후 씻어 물기를 뺀다.
2. 배추도 죽순 크기로 썰어 소금(2큰술)을 뿌려 절인 후 씻어 물기를 뺀다.
3. 실파는 3~4cm 길이로 자른다.
4. 준비된 모든 재료에 양념을 넣어 버무린다.

출 처

거제시농업기술센터, 거제향토음식, 1998

정보제공자

김정숙, 경상남도 고성군 회화면 삼덕리
주종악, 경상남도 거제시 하청면 하청리

나물 – 생채

가죽무침(나물)

재 료

가죽 300g • 깨소금 ½큰술

양념 고추장 3큰술 • 다진 파 1큰술 • 다진 마늘 1큰술 • 설탕 1작은술 • 식초 1½큰술 • 참기름 ½작은술

만드는 법

1. 가죽은 깨끗이 씻어 물기를 뺀다.
2. 분량의 재료로 양념을 만들어 가죽에 양념을 넣고 가볍게 무친 후 깨소금을 뿌린다.

1

2

2

참고사항

생채 또는 데쳐서 이용하기도 한다.

정보제공자
김말희, 경상남도 김해시 생림면 사촌리

조리시연자
정계임, 경상남도 진주시 대안동

곰취절임

재 료

곰취 300g

양념장 간장 1컵 • 고춧가루 2큰술 • 다진 파 ½큰술 • 다진 마늘 2큰술 • 참기름 2작은술 • 깨소금 2작은술

만드는 법

1. 곰취잎은 씻어 물기를 빼고 분량의 재료로 양념장을 만든다.
2. 곰취잎에 양념장을 얹어 하루 정도 재워 둔다.

1

2

2

✻ 참고사항

소금에 절이거나 데치기도 하지만 생곰취가 향이 더 좋다.

조리시연자
정계임, 경상남도 진주시 대안동

나물 – 생채

풋마늘겉절이

재 료

풋마늘 100g

양념 간장 ⅔큰술 • 깨소금 1작은술 • 고춧가루 ½작은술 • 참기름 ½작은술 • 설탕 ½작은술

만드는 법

1. 풋마늘을 씻어 굵은 것은 반으로 갈라 5cm 길이로 썬다.
2. 1에 양념을 넣고 버무린다.

출 처
문화공보부 문화재관리국, 한국민속종합조사보고서(향토음식 편), 1984

조리시연자
정계임, 경상남도 진주시 대안동

청각볶음(청각조갯살볶음)

재 료

청각 300g • 조갯살(또는 새우살) 50g(¼컵) • 풋고추 15g(1개) • 붉은 고추 15g(1개) • 국간장 1½큰술 • 다진 마늘 1큰술 • 깨소금 약간

만드는 법

1. 조갯살은 깨끗이 씻어 물기를 뺀다.
2. 청각은 끓는 물에 살짝 데쳐서 깨끗이 씻어 물기를 꼭 짜고 5cm 길이로 썬다.
3. 풋고추와 붉은 고추는 반으로 갈라 씨를 제거한 후 다진다.
4. 달군 팬에 조갯살을 넣어 볶다가 청각, 풋고추, 붉은 고추, 국간장, 다진 마늘, 깨소금을 넣어 살짝 더 볶는다.

2

4

4

출 처
남해군농업기술센터, 보물섬 남해 향토 먹거리 맛과 멋, 2005

조리시연자
정계임, 경상남도 진주시 대안동

나물 – 기타

부산잡채(해물잡채)

재 료

문어 ½마리 • 홍합 110g(5개) • 전복 85g(1개) • 대합 50g(1개) • 양파 80g(½개) • 풋고추 30g(2개) • 당면 50g • 식용유 1작은술

당면 양념 간장 1큰술 • 설탕 ½작은술 • 참기름 약간

잡채 양념 간장 1큰술 • 깨소금 1큰술 • 참기름 1작은술 • 설탕 1작은술 • 후춧가루 약간

만드는 법

1. 문어는 찜솥에 넣어 찐 다음 어슷하게 썬다.
2. 대합, 전복, 홍합은 각각 손질하여 데친 후 어슷썬다.
3. 양파는 0.3cm 두께로 채 썰고, 풋고추는 반을 갈라 씨를 제거하고 양파 길이로 채 썬다.
4. 당면은 불려서 삶아 자른 후 당면 양념을 넣고 무쳐 팬에 식용유를 두르고 볶는다.
5. 팬에 참기름을 두르고 양파와 풋고추를 각각 볶는다.
6. 준비된 당면, 홍합, 대합, 전복, 문어, 양파, 풋고추를 섞어 잡채 양념으로 무친다.

1·2

4

6

출 처
문화공보부 문화재관리국, 한국민속종합조사보고서(경상남도 편), 1972

조리시연자
정계임, 경상남도 진주시 대안동

나물 – 숙채

청각무침(나물)

재 료

청각 300g • 양파 50g(⅓개) • 풋고추 15g(1개) • 붉은 고추 15g(1개)

양념 고춧가루 1큰술 • 송송 썬 실파 1큰술 • 국간장 1큰술 • 다진 마늘 ½큰술 • 통깨 1작은술 • 식초 1큰술 • 소금 약간

만드는 법

1. 청각은 깨끗이 씻어 끓는 물에 살짝 데쳐 물기를 꼭 짜고 10cm 길이로 썬다.
2. 양파는 0.5cm 두께로 채 썰고, 풋고추와 붉은 고추는 씨를 빼고 송송 썬다(0.5cm).
3. 준비된 재료에 양념을 넣어 무친다.

1·2

3

정보제공자
이형숙, 경상남도 고성군 고성읍 교사리

조리시연자
이미애, 경상남도 고성군 상리면 자은리

나물 – 숙채

콩나물볶음(콩나물조갯살볶음)

재 료

콩나물 300g • 조갯살 100g(½컵) • 물 100mL(½컵)

양념 소금 ½큰술 • 다진 마늘 1작은술 • 참기름 1작은술 • 깨소금 약간

만드는 법

1. 조갯살은 씻어 물기를 빼고 잘게 다진다.
2. 콩나물은 다듬어 씻고 물기를 뺀다.
3. 가열된 팬에 양념과 다진 조갯살을 넣어 볶은 후 콩나물을 넣어 볶는다.
4. 3에 물을 부어 뚜껑을 덮고 한소끔 더 끓인다.

1

정보제공자
권태임, 경상남도 진해시 석동

조리시연자
김성숙, 경상남도 진해시 두동

나물 – 기타

메밀묵채(메밀묵무침, 메밀묵국수)

재 료

메밀묵 400g • 묵은 김치 150g • 김 2g(1장) • 멸치장국국물(멸치 · 다시마 · 물) 800mL(4컵)

양념 국간장 2큰술 • 다진 파 2큰술 • 다진 마늘 1큰술 • 참기름 ½작은술 • 깨소금 1큰술

만드는 법

1. 메밀묵은 굵게 채 썬다(1×10×1.5cm).
2. 묵은 김치는 잘게 썬다.
3. 김은 살짝 구워 메밀묵과 같은 길이로 자른다.
4. 메밀묵에 양념을 넣어 살짝 버무리고 멸치장국국물을 부은 다음 묵은 김치, 김을 올린다.

✻ 참고사항

- 묵 양념은 약간 되직하게 만든다.
- 삶은 달걀, 잣을 고명으로 사용하기도 하고, 실파, 미나리, 쑥갓, 콩나물, 무채, 숙주를 사용하기도 한다.
- 따뜻한 육수를 이용한 메밀묵온채도 있다.

조리시연자
한영숙, 경상남도 거창군 거창읍 장팔리

꼴뚜기무생채

재 료

꼴뚜기 200g • 무 100g • 고춧가루 1큰술 • 소금 약간

양념 고추장 2큰술 • 설탕 1½큰술 • 식초 1½큰술 • 참기름 1½큰술 • 다진 파 1큰술 • 다진 마늘 ½큰술 • 깨소금 2작은술 • 소금 1작은술

만드는 법

1. 꼴뚜기는 내장을 뺀 후 소금으로 주물러 씻어 물기를 빼고 곱게 채 썬다.
2. 무는 곱게 채 썰어(5×0.2×0.2cm) 소금에 절였다가 꼭 짜서 고춧가루로 빨갛게 버무린다.
3. 양념에 준비된 꼴뚜기와 무채를 넣어 무친다.

참고사항

고추장과 고춧가루를 넣지 않기도 한다.

출 처

문화공보부 문화재관리국, 한국민속종합조사보고서(경상남도 편), 1972
경상남도 농촌진흥원, 경남향토음식, 1994

정보제공자

권두례, 경상남도 남해군 남면 운암리

나물 – 생채

돌곶무침

재 료

돌곶 200g • 콩나물 100g • 국간장 1⅓큰술 • 참기름 1작은술 • 소금 · 깨소금 약간

만드는 법

1. 돌곶은 깨끗이 씻어 물기를 빼고 콩나물은 손질하여 소금을 넣고 삶아 건진다.
2. 돌곶과 콩나물에 참기름, 깨소금, 국간장을 넣고 무친다.

정보제공자
신희자, 경상남도 창녕군 대지면 효정리

나물 – 생채

돌나물무침(돈나물무침, 돈나물무침)

재 료

돌나물 300g

양념 국간장 2작은술 • 고춧가루 1큰술 • 다진 파 1큰술 • 다진 마늘 ⅓큰술 • 깨소금 1작은술 • 참기름 1작은술

만드는 법

1. 돌나물은 으깨어지지 않게 살짝 씻어 물기를 뺀다.
2. 돌나물에 양념을 넣어 살살 버무린다.

참고사항
봄철에 달래찌개와 함께 먹으면 입맛을 돋운다.

출 처
문화공보부 문화재관리국, 한국민속종합조사보고서(향토음식 편), 1984

정보제공자
안선주, 경상남도 거창군 거창읍 서변리

미역설치

재 료

생미역 200g • 콩나물 100g • 물 400mL(2컵) • 소금 약간

양념 된장 2작은술 • 국간장 1작은술 • 다진 파 1큰술 • 다진 마늘 1작은술 • 참기름 1작은술

만드는 법

1. 생미역은 숨이 죽을 때까지 주물러 씻어 5cm 길이로 자른다.
2. 콩나물은 씻어 물기를 뺀다.
3. 냄비에 콩나물, 물, 소금을 넣고 삶아 건져 두고, 국물은 식힌다.
4. 미역과 3의 콩나물에 양념을 넣고 무친 후 콩나물국물을 자작하게 붓는다.

참고사항

- 부산 기장 지역의 토속음식인 설치는 국물이 자작히 있는 해조류를 이용한 나물로 시원한 맛을 가지고 있으며 잔치나 큰 행사 때 빼놓을 수 없는 음식이다.
- 주재료인 미역이 생미역이므로 생채로 분류한다.

출 처
기장군농업기술센터, 기장의 향토음식, 2003

정보제공자
송옥순, 부산광역시 기장군 일광면 화전리
임경숙, 부산광역시 기장군 기장읍 청강리

나물 – 생채

미역장나물

재 료

생미역 300g • 성게알 1큰술 • 다시마장국국물(다시마 · 물) 400mL(2컵) • 된장 1큰술 • 참기름 · 깨소금 약간

만드는 법

1. 생미역의 숨이 죽을 때까지 주물러 씻어 5cm 길이로 자른다.
2. 다시마장국국물에 된장을 풀고 미역, 성게알, 참기름, 깨소금을 넣어 무친다.

출 처
기장군농업기술센터, 기장의 향토음식, 2003

정보제공자
우소열, 부산광역시 기장군 일광면 삼성리

나물 – 생채

상추겉절이

재 료

상추 300g

양념 간장 1⅓큰술 • 고춧가루 1½큰술 • 식초 1큰술 • 다진 파 1큰술 • 다진 마늘 1작은술 • 설탕 2작은술 • 참기름 1작은술 • 깨소금 약간

만드는 법

1. 상추는 씻어 물기를 빼고 손으로 크게 뜯는다.
2. 먹기 직전에 양념을 넣어 살살 버무린다.

출 처
문화공보부 문화재관리국, 한국민속종합조사보고서(향토음식 편), 1984

서실무침

재 료

마른 서실 50g • 참기름 · 깨소금 약간

만드는 법

1. 검붉은색의 마른 서실은 손으로 비벼 잔 돌을 제거한다.
2. 밥을 한 후 김이 서린 밥솥 뚜껑에 마른 서실을 올리고 참기름, 깨소금을 넣어 무친다.

참고사항

서실은 해조류의 일종이며, 겨울철 음식으로 서실 자체에 짠맛이 있어 간을 하지 않고 밥에 버무려 먹기도 한다. 생서실은 데쳐서 된장에 파, 마늘, 식초를 넣고 장국국물을 자작하게 부어 나물로 만들고, 마른 서실은 살짝 볶아 참기름, 통깨를 넣고 버무리기도 한다.

출 처

울산광역시농업기술센터, 울산향토음식, 2001
기장군농업기술센터, 기장의 향토음식, 2003

정보제공자

손성희, 부산광역시 기장군 기장읍 대라리
윤임옥, 부산광역시 기장군 일광면 이천리
이봉우, 울산광역시 중구 옥교동
임경숙, 부산광역시 기장군 기장면 서부리

나물 – 생채

솎음배추겉절이(배추겉절이)

재 료

솎음배추 300g

양념 간장 1⅓큰술 • 고춧가루 1½큰술 • 다진 파 1큰술 • 다진 마늘 1작은술 • 참기름 1작은술 • 설탕 · 깨소금 약간

만드는 법

1. 떡잎이 아직 붙어 있는 어린 배추를 솎아서 뿌리째 씻어 물기를 빼고 손으로 크게 뜯는다.
2. 먹기 직전에 양념을 넣어 살살 버무린다.

❁ 참고사항

- 보리밥에 배추겉절이와 된장찌개를 곁들여 비벼 먹기도 한다.
- 멸치젓국으로 양념하기도 한다.

출 처

문화공보부 문화재관리국, 한국민속종합조사보고서(향토음식 편), 1984

경상남도 농촌진흥원, 경남향토음식, 1994

최수근 · 이연정 · 박성수, 향토음식 인지도에 관한 실증적 연구, 한국식생활문화학회지, 19(3), 2004

정보제공자

송옥윤, 경상남도 김해시 진영읍 여래리

쇠미역무침(곰피무침)

재 료

쇠미역(곰피) 300g • 풋고추 30g(2개) • 붉은 고추 30g(2개)

양념 멸치액젓 4큰술 • 고춧가루 1큰술 • 다진 파 1큰술 • 다진 마늘 ½큰술 • 깨소금 약간

만드는 법

1. 쇠미역은 깨끗이 씻어 물기를 꼭 짠 후 채 썬다.
2. 풋고추와 붉은 고추는 어슷썰기 한다(0.3cm).
3. 쇠미역, 풋고추, 붉은 고추에 양념을 넣어 무친다.

참고사항

콩나물을 넣기도 한다.

출 처

울산광역시농업기술센터, 울산향토음식, 2001

정보제공자

우소열, 부산광역시 기장군 일광면 삼성리
장영애, 울산광역시 북구 어물동

나물 – 생채

통도라지생채

재 료

통도라지 160g(8뿌리) • 통깨 약간 • 소금 1큰술 • 고춧가루 1큰술

양념 감식초 ½큰술 • 다진 마늘 ½큰술 • 다진 파 ⅓큰술 • 깨소금 1작은술 • 참기름 · 설탕 약간

만드는 법

1. 통도라지는 껍질을 벗기고 물에 담가 쓴맛을 우려 내고 소금물에 담가 둔다.
2. 간이 밴 통도라지를 고춧가루로 버무려서 물을 들인 후 양념한다.
3. 시원한 곳에 3일 정도 두었다가 먹을 때 통깨를 뿌려낸다.

출 처
산청군농촌지도소, 산청향토요리, 1994

정보제공자
이미림, 경상남도 산청군 산청읍 병정리

파래무침(나물)

재 료

생파래 300g • 풋고추 30g(2개) • 붉은 고추 30g(2개)

양념 간장 2큰술 • 식초 1큰술 • 고춧가루 ½큰술 • 다진 마늘 1작은술 • 멸치액젓 · 깨소금 약간

만드는 법

1. 파래는 깨끗이 씻어 물기를 꼭 짜고 풋고추, 붉은 고추는 송송 썬다(0.3cm).
2. 파래와 썬 고추에 양념을 넣어 무친다.

출 처

울산광역시농업기술센터, 울산향토음식, 2001

정보제공자

안종금, 울산광역시 울주군 청향면 상남리
한리스, 경상남도 진해시 성내동

주식류 부식류 떡류 과정류 음청류 주류

나물 – 숙채

개두릅나물(엉개나물)

재 료

개두릅(엉개나물) 300g • 소금 약간

양념 국간장 1½큰술 • 다진 마늘 ½작은술 • 참기름 1작은술 • 깨소금 1작은술

만드는 법

1. 개두릅의 새순은 끓는 물에 소금을 넣고 데친 후 헹구어 물기를 뺀다.
2. 데친 개두릅을 3~4cm 크기로 썰어 양념으로 무친다.

❋ 참고사항

엄나무의 초봄에 나는 새순을 개두릅 또는 엉개나물이라 하며, 가지와 껍질은 한약재 또는 육류음식 조리 시 이용되고, 향기가 독특한 특징이 있다.

정보제공자
정시점, 경상남도 하동군 적량면 동산리

나물 – 숙채

곤달비무침

재 료

곤달비 300g • 식용유 1작은술

양념 간장 1큰술 • 다진 파 1큰술 • 다진 마늘 ½큰술 • 참기름 1작술 • 깨소금 1작술 • 소금 약간

만드는 법

1. 곤달비는 끓는 물에 살짝 데쳐 낸 후 찬물에 헹구어 물기를 뺀다.
2. 달군 팬에 식용유를 두르고 곤달비를 볶는다.
3. 볶은 곤달비에 넣어 버무린다.

참고사항

곤달비는 튀김, 부침, 쌈 등으로 쓰인다.

출 처

농촌진흥청 농촌영양개선연수원(현 농촌자원개발연구소), 한국의 향토음식, 1994
농촌진흥청 농촌생활연구소(현 농촌자원개발연구소), 전통지식 모음집(생활문화 편), 1997

정보제공자

김분순, 울산광역시 울주군 상북면 길천리

마늘종대무침

재 료

마늘종대 200g • 밀가루 2큰술 • 식용유 1작은술

양념 간장 1⅓큰술 • 고춧가루 1큰술 • 다진 마늘 ½큰술 • 참기름 1작은술

만드는 법

1. 마늘종대는 깨끗이 씻어 물기를 빼고 4~5cm 길이로 썬 다음 밀가루를 묻힌다.
2. 달군 팬에 식용유를 두르고 1의 마늘종대를 볶은 후 양념을 넣어 무친다.

정보제공자
이지만, 경상남도 밀양시 삼문동

나물 – 숙채

머윗대나물

재 료

머윗대 250g • 들깻가루 2큰술 • 쌀가루 2큰술 • 물(또는 멸치장국국물) 100mL(½컵) • 국간장 1큰술 • 다진 마늘 1큰술 • 참기름 1작은술

만드는 법

1. 머윗대는 껍질을 벗겨 끓는 물에 데친 후 5cm 길이로 자른다.
2. 팬에 참기름을 두르고 다진 마늘과 머윗대를 볶다가 물을 넣고 끓인다.
3. 2에 들깻가루, 쌀가루를 넣어 걸쭉하게 끓여 국간장으로 간을 한다.

참고사항

- 쓴맛을 싫어하는 사람은 삶은 머윗대를 하루 정도 물에 담가 쓴맛을 우려 낸다.
- 국물맛을 내기 위하여 멸치와 마른 새우를 손질하여 넣기도 한다.

정보제공자
이지만, 경상남도 밀양시 삼문동

나물 – 숙채

모자반설치(몰설치)

재 료

모자반 100g • 콩나물 200g • 쌀뜨물 100mL(½컵) • 멸치장국국물(멸치 · 다시마 · 물) 100mL(½컵) • 된장 ½큰술 • 다진 파 1큰술 • 다진 마늘 ½큰술 • 소금 · 참기름 · 깨소금 약간

만드는 법

1. 콩나물은 뿌리만 떼고 씻어서 쌀뜨물을 붓고 삶는다.
2. 모자반은 깨끗이 손질하여 끓는 물에 데친 후 찬물에 헹궈 건진다.
3. 멸치장국국물에 된장을 풀은 후 콩나물, 모자반, 다진 파, 다진 마늘, 참기름, 깨소금을 넣고 소금으로 간을 한다.

❁ 참고사항

기호에 따라 고춧가루나 고추를 다져 넣기도 하고 식초를 약간 넣기도 한다.

출 처

기장군농업기술센터, 기장의 향토음식, 2003

기장식문화연구회, 기장 향토 음식따라하기, 2003

정보제공자

안미숙, 경상남도 사천시

윤임옥, 부산광역시 기장군 일광면 이천리

임경옥, 부산광역시 기장군 기장읍 연화리

나물 – 숙채

박나물

재 료

박 300g • 새우살 50g(¼컵) • 풋고추 15g(1개) • 다진 파 1큰술 • 다진 마늘 1작은술 • 참기름 1작은술 • 소금 · 통깨 약간 • 식용유 적량

만드는 법

1. 어린 박은 껍질을 벗기고 속을 긁어 낸 후 가늘게 채 썬다(5×0.2×0.2cm).
2. 새우살은 깨끗이 씻어 물기를 빼고, 풋고추는 다진다.
3. 가열된 팬에 식용유를 두르고 새우살을 볶다가 채 썬 박을 넣고 소금으로 간을 하여 볶는다.
4. 3에 다진 풋고추, 다진 파, 다진 마늘, 통깨, 참기름을 넣어 버무린다.

출 처

남해군농업기술센터, 보물섬 남해 향토 먹거리 맛과 멋, 2005

고문헌

증보산림경제(박나물), 시의전서(박나물), 조선요리제법(박나물), 조선무쌍신식요리제법(박나물)

나물 – 숙채

방풍나물

재 료

방풍잎 300g • 소금 약간

양념 된장 1큰술 • 설탕 ½큰술 • 식초 ½큰술 • 고춧가루 1작은술 • 국간장 1작은술 • 다진 마늘 1작은술 • 들기름 1작은술 • 물 1큰술

만드는 법

1. 방풍잎은 손질하여 끓는 물에 소금을 넣고 데친다.
2. 데친 방풍잎을 찬물에 헹궈 물기를 빼고 손으로 뜯는다.
3. 2에 양념을 넣어 무친다.

참고사항

- 방풍잎은 나물이나 쌈으로 주로 이용되며 해풍 속에서 자란 것이 더 풍미가 있고 제 맛이 난다.
- 들기름 대신 참기름을 쓰기도 한다.

정보제공자
박명숙, 경상남도 통영시 도남동

나물 – 숙채

생김볶음

재 료

생김 300g • 새우살 100g(½컵) • 간장 1큰술 • 참기름 1작은술

만드는 법

1. 생김과 새우살은 깨끗이 씻어 물기를 뺀다.
2. 달군 팬에 참기름을 두르고 생김, 새우살, 간장을 넣어 볶는다.

정보제공자
이경희, 경상남도 남해군 이동면 다정리

나물 – 숙채

쇠미역콩나물무침(곰피콩나물무침)

재 료

쇠미역(곰피) 150g • 콩나물 150g • 깨소금 ½큰술

양념 된장 1큰술 • 다진 마늘 ½큰술 • 참기름 ½작은술

만드는 법

1. 쇠미역은 삶아 깨끗이 씻어 가늘게 채 썬다(5×0.2×0.2cm).
2. 콩나물도 다듬어 씻은 후 삶아 건진다.
3. 1과 2에 양념을 넣고 버무린 후 깨소금을 뿌린다.

출 처
기장군농업기술센터, 기장의 향토음식, 2003

정보제공자
우소열, 부산광역시 기장군 일광면 삼성리

나물 – 숙채

오이볶음

재 료

오이 300g(2개) • 찹쌀풀 1큰술 • 참기름 1작은술 • 소금 1작은술 • 통깨 약간

만드는 법

1. 오이는 길게 반으로 잘라 0.3cm 두께로 어슷썰기 하여 소금에 절인 후 물기를 뺀다.
2. 팬에 1의 오이를 넣고 볶다가 찹쌀풀을 넣어 저으면서 끓인다.
3. 2가 익으면 참기름, 통깨를 뿌린다.

정보제공자
김미경, 경상남도 김해시 생림면 안양리

원추리나물

재 료

원추리 300g • 통깨 1작은술 • 소금 약간

양념 된장 1큰술 • 고추장 1큰술 • 들기름 1작은술

만드는 법

1. 원추리는 깨끗이 다듬어 끓는 물에 소금을 넣고 살짝 데친 후 찬물에 헹구어 물기를 짠다.
2. 원추리에 양념을 넣어 무친 후 통깨를 살짝 뿌린다.

출 처
울산광역시농업기술센터, 울산향토음식, 2001

정보제공자
정현숙, 경상남도 거창군 중앙리

나물 – 숙채

질경이나물(빼뿌쟁이무침)

재 료

질경이(빼뿌쟁이) 300g • 된장 2큰술 • 다진 마늘 ½큰술 • 통깨 ½큰술 • 참기름 1작은술 • 소금 약간

만드는 법

1. 손질한 질경이를 씻어 끓는 물에 소금을 넣고 데친 후 찬물에 헹구어 물기를 뺀다.
2. 1의 질경이에 된장, 다진 마늘을 넣고 주물러 간이 배면 통깨, 참기름을 넣고 버무린다.

정보제공자
김치명, 경상남도 남해군 남해읍 북변리
장정옥, 경상남도 산청군 산청읍 지리

톳나물무침

재 료

톳 300g • 소금 약간

양념 멸치젓국 1½큰술 • 고춧가루 1큰술 • 깨소금 ½큰술 • 다진 마늘 1작은술

만드는 법

1. 톳은 소금으로 주물러 깨끗하게 씻는다.
2. 끓는 물에 소금을 넣고 톳을 살짝 데친 후 찬물에 헹구어 물기를 뺀다.
3. 데친 톳에 양념을 넣어 무친다.

참고사항

최근에는 두부를 으깨어 함께 무친 톳나물두부무침이 이용된다.

출 처

문화공보부 문화재관리국, 한국민속종합조사보고서(향토음식 편), 1984
경상남도 농촌진흥원, 경남향토음식, 1994
울산광역시농업기술센터, 울산향토음식, 2001

정보제공자

이인심, 경상남도 남해군 남해읍 남변동
이희자, 경상남도 남해군 남해읍 유림1리

나물 – 숙채

홑잎나물

재 료

홑잎나물 300g • 소금 약간

양념 된장 1큰술 • 고춧가루 ½큰술 • 국간장 2작은술 • 참기름 1작은술 • 깨소금 ½큰술

만드는 법

1. 홑잎나물은 끓는 물에 소금을 넣고 데친 후 찬물에 헹궈 물기를 뺀다.
2. 홑잎나물에 양념을 넣어 무친다.

정보제공자
노선자, 경상남도 마산시 진동면 사동리

매운잡채

재 료

해파리 200g • 콩나물 200g • 깐 밤 40g(4개) • 생강 20g(5쪽) • 석이버섯 10g(10개) • 대추 10g(4개)

겨자장 겨자가루 2큰술 • 식초 2큰술 • 설탕 1큰술 • 소금 약간 • 물 1큰술

만드는 법

1. 해파리는 더운 물에 담가 불린 후 끓는 물에 데쳐 식힌다.
2. 콩나물은 머리와 뿌리를 떼고, 끓는 물에 데쳐 찬물로 헹군다.
3. 석이버섯은 손질하여 곱게 채 썰고, 밤, 대추, 생강도 채 썬다.
4. 겨자를 물에 개어 따뜻한 곳에서 발효시켜 식초, 설탕, 소금을 넣고 겨자장을 만든다.
5. 준비된 해파리, 콩나물, 석이버섯, 밤, 대추, 생강에 겨자장을 넣어 버무린다.

참고사항

배, 잣, 당근을 넣기도 한다.

출 처

울산광역시농업기술센터, 울산향토음식, 2001

방풍탕평채

재 료

방풍잎 200g • 해삼 200g(1마리) • 꽃게 500g(2마리) • 조갯살 100g(½컵) • 식용유 약간

양념 간장 2큰술 • 다진 파 1큰술 • 참기름 1작은술

만드는 법

1. 방풍잎은 살짝 쪄서 4~5cm 길이로 손으로 찢는다.
2. 해삼은 살짝 데쳐 잘게 썰고, 꽃게는 삶아서 살만 발라 놓는다.
3. 조갯살은 깨끗이 씻어 물기를 뺀 다음 팬에 식용유를 두르고 볶는다.
4. 준비된 방풍잎, 해삼, 꽃게살, 조갯살에 양념을 넣어 무친다.

출 처

경상남도 농촌진흥원, 경남향토음식, 1994
통영시농업기술센터, 통영음식, 1999

정보제공자

제옥례, 경상남도 통영시 무전동

복껍질무침

재 료

복어 껍질 200g • 미나리 50g • 무 50g • 당근 50g(⅓개) • 유자 50g(½개) • 실파 30g • 통깨 1큰술

양념장 고추장 1큰술 • 다진 파 1큰술 • 다진 마늘 ½큰술 • 간장 1작은술 • 청주 1작은술 • 다시마장국국물(다시마 · 물) 1컵

만드는 법

1. 복어 껍질은 끓는 물에 살짝 데쳐서 헹군 후 말린다.
2. 말린 복어 껍질, 미나리, 실파는 4~5cm 길이로 썬다.
3. 당근은 곱게 채 썰고(5×0.2×0.2cm), 유자는 속을 빼고 껍질만 곱게 채 썬다.
4. 무는 강판에 갈아 즙을 낸다.
5. 준비된 말린 복어 껍질, 미나리, 실파, 당근, 유자, 무즙에 양념을 넣어 무친 후 통깨를 뿌린다.

❃ 참고사항

복어 껍질을 살짝 데쳐서 말리지 않고 바로 이용하기도 하고, 오이, 양파를 넣기도 한다.

출 처
마산시농업기술센터, 지역 특산물을 이용한 마산의 새로운 맛, 2001

구이

언양불고기

재 료

쇠고기 600g • 배 90g(¼개) • 통깨 약간

양념장 국간장 1½큰술 • 설탕 1½큰술 • 다진 파 2큰술 • 다진 마늘 1큰술 • 꿀 1큰술 • 물엿 1작은술 • 참기름 1큰술 • 후춧가루 약간

만드는 법

1. 쇠고기는 3×5cm 크기로 굵게 채 썬다.
2. 배는 껍질과 속을 제거하고 강판에 갈아 채 썬 쇠고기를 넣어 30분 정도 재워 둔다.
3. 2의 쇠고기에 양념장을 넣어 버무린다.
4. 가열된 석쇠에 물에 묻힌 한지를 얹고 그 위에 양념한 쇠고기를 올려 한지에 물을 묻혀가며 굽는다.
5. 물을 묻힌 한지를 4의 쇠고기 위에 올려 뒤집어 구워 통깨를 뿌린다.

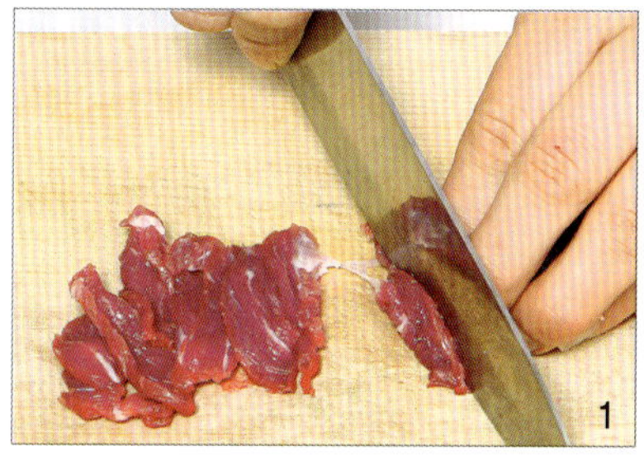

1

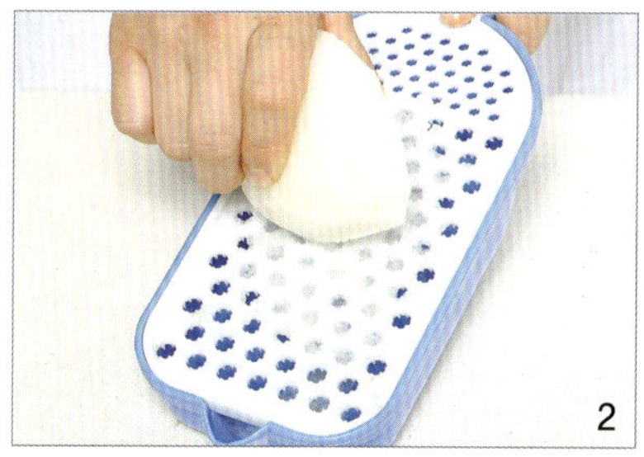

2

3

4

조리시연자
정계임, 경상남도 진주시 대안동

구이

유곽

재료

대합 3개 • 두부 250g(½모) • 방아잎 40g • 붉은 고추 15g(1개) • 풋고추 15g(1개)

양념 다진 파 1큰술 • 다진 마늘 1작은술 • 고추장 1큰술 • 고춧가루 1큰술 • 참기름 1작은술 • 깨소금 약간

만드는 법

1. 대합은 속살을 꺼내어 내장을 빼고 깨끗이 씻어 굵게 다지고, 껍질은 깨끗이 씻어 준비한다.
2. 두부는 물기를 빼고 으깬다.
3. 붉은 고추, 풋고추는 반을 갈라 씨를 빼고 다진다.
4. 방아잎을 곱게 다진다.
5. 준비된 대합, 두부, 붉은 고추, 풋고추, 방아잎에 분량의 양념을 넣고 잘 섞는다(대합살이 짠맛이 나므로 소금간을 하지 않는다).
6. 대합 껍질의 안쪽에 참기름을 바르고 5의 속을 채운 후 석쇠에서 굽는다.

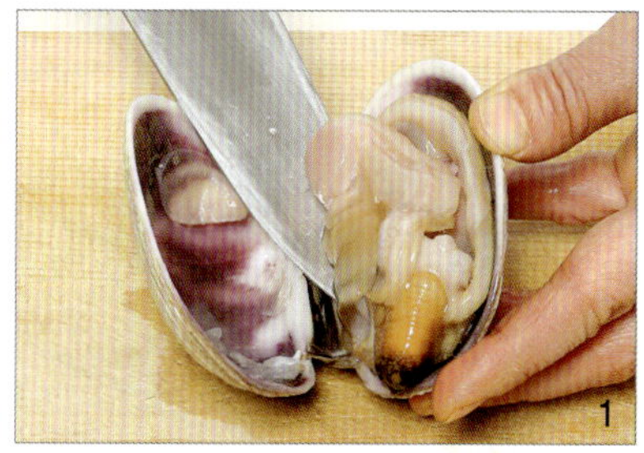

1

5

6

6

조리시연자
정계임, 경상남도 진주시 대안동

도라지구이(도라지양념구이)

재 료

도라지 100g(5뿌리) • 소금 약간

유장 참기름 1큰술 • 간장 1작은술

양념장 고추장 1큰술 • 설탕 ½큰술 • 다진 파 1큰술 • 다진 마늘 ½작은술 • 간장 ½작은술 • 깨소금 · 참기름 약간

만드는 법

1. 도라지는 껍질을 벗기고 소금물에 담가 쓴맛을 우려 낸 후 물기를 뺀다.
2. 도라지를 반으로 갈라서 칼등이나 방망이로 두들겨 얇고 넓적하게 만든다.
3. 도라지에 유장을 발라 석쇠에 굽는다.
4. 구워진 도라지에 양념장을 발라 약한 불에서 양념이 고루 배도록 천천히 굽는다.

2

3

출 처
농촌진흥청, 향토음식, www2.rda.go.kr/food/, 2006

조리시연자
홍금순, 경상남도 창원시 신월동

구이

장어구이

재료

장어 2마리 • 물 적량

양념장 고추장 4큰술 • 물엿 1½큰술 • 정종 1큰술 • 다진 마늘 1큰술 • 다진 생강 1큰술 • 참기름 1작은술 • 국간장 약간

만드는 법

1. 장어는 머리와 등뼈를 발라 내고 깨끗이 씻어 물기를 뺀다.
2. 장어머리와 뼈는 깨끗이 씻어 냄비에 참기름을 두르고 볶다가 물을 부어 끓여 육수를 만든다.
3. 냄비에 육수(½컵)를 붓고 고추장, 다진 생강, 다진 마늘, 정종, 참기름, 물엿을 넣어 끓인 후 국간장으로 간을 하여 양념장을 만든다.
4. 장어를 팬에서 초벌구이를 한 후 양념장을 발라 다시 굽는다.

3

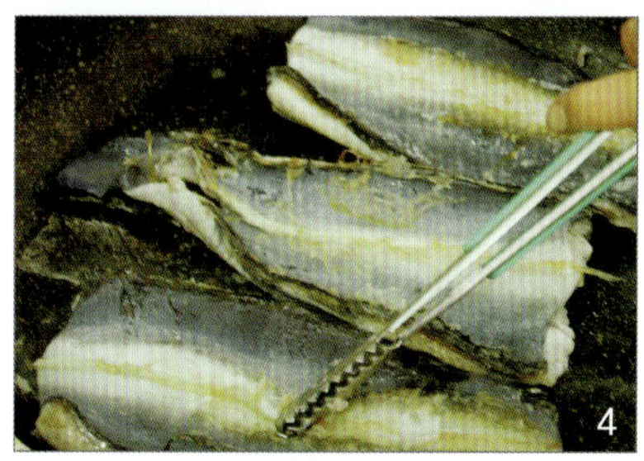

4

참고사항

장어구이는 뱀장어, 붕장어 또는 민물장어, 바다장어를 포함한다. 그 중 바다장어는 부산(기장), 남해의 향토음식이다. 장어를 초벌구이하는 대신에 장어를 살짝 찐 후 양념을 발라 굽기도 한다.

출처

문화공보부 문화재관리국, 한국민속종합조사보고서(경상남도 편), 1972
경상남도 농촌진흥원, 경남향토음식, 1994
통영시농업기술센터, 통영음식, 1999
울산광역시농업기술센터, 울산향토음식, 2001
남해군농업기술센터, 보물섬 남해 향토 먹거리 맛과 멋, 2005
신애숙, 부산의 전통, 향토음식의 현황 고찰, 한국조리학회지, 6(2), 2000
이연정, 향토음식에 대한 인식이 향토음식전문점 방문빈도에 미치는 영향 연구, 한국조리과학회지, 22(6), 2006

정보제공자

이윤임, 경상남도 하동군 적량면 동산리
이희선, 경상남도 김해시 칠산동

조리시연자

박말순, 경상남도 김해시

가례불고기

재 료

돼지고기(목살) 600g • 양파 160g(1개) • 풋고추 45g(3개) • 굵은 소금 약간

양념장 간장 4큰술 • 설탕 2큰술 • 다진 마늘 ½큰술 • 다진 파 1큰술 • 고춧가루 1큰술 • 깨소금 1큰술 • 참기름 1작은술 • 후춧가루 약간

만드는 법

1. 돼지고기는 5×5×0.3cm 크기로 썬 후 굵은 소금을 조금씩 뿌려 가며 숯불에서 살짝 익혀 기름을 뺀다.
2. 양파는 굵게 채 썰고(5×0.3×0.3cm), 풋고추는 0.3cm 두께로 어슷썰기 한다.
3. 준비된 돼지고기, 양파, 풋고추에 양념장을 넣어 재운다.
4. 3을 숯불에서 타지 않도록 한 번 더 굽는다.

✽ 참고사항

돼지고기는 쉽게 상하므로 가례마을에서는 숯불에 살짝 익혀서 저장하였다가 먹을 때 양념하여 다시 구워 먹었던 것에서 유래되었다.

출 처

의령군농업기술센터, 의령의 맛, 2002

구이

갈치구이

재료

갈치 320g(1마리) • 소금 1큰술 • 식용유 1작은술

만드는 법

1. 신선하고 밝은 은빛의 중간 크기의 갈치를 준비하여 내장을 뺀 다음 손질하여 7~8cm 길이로 토막을 낸 후 깨끗이 씻어 물기를 뺀다.
2. 손질한 갈치에 소금을 뿌려 간이 배도록 30분 정도 채반에 밭쳐 두었다가 소금을 털어 낸다.
3. 가열한 팬에 식용유를 두르고 갈치를 바삭하게 굽는다.

참고사항

석쇠에 굽기도 한다.

출처

문화공보부 문화재관리국, 한국민속종합조사보고서(향토음식 편), 1984
거제시농업기술센터, 거제향토음식, 1998
울산광역시농업기술센터, 울산향토음식, 2001
남해군농업기술센터, 보물섬 남해 향토 먹거리 맛과 멋, 2005

정보제공자

강수길, 경상남도 진해시 북부동
김이자, 경상남도 거제시 남부면 다대리

고문헌

조선무쌍신식요리제법(태도구 : 太刀炙)

개조개유곽(개조개유락)

재료

개조개 4개 • 방아잎 40g • 달걀 50g(1개) • 밀가루 2큰술 • 식용유 적량

양념장 된장 1큰술 • 고추장 1큰술 • 다진 파 1큰술 • 다진 마늘 1작은술 • 참기름 1작은술

만드는 법

1. 개조개는 조갯살을 발라 내어 잘게 다지고, 껍질은 깨끗이 씻는다.
2. 방아잎은 깨끗이 씻어 잘게 다진다.
3. 가열된 팬에 식용유를 두르고 조갯살을 살짝 볶아 물기를 뺀다.
4. 볶은 조갯살, 방아잎, 달걀, 밀가루, 양념장을 넣고 고루 섞는다.
5. 개조개 껍질 안쪽에 4의 속을 채워 넣고 껍질 한쪽을 덮어 석쇠에 굽는다.

참고사항

1~2월 살이 차고 맛이 든 개조개로 만든 이 절기의 대표적 시절식으로 겨울철의 특미를 가진 고급음식이다. 개조개 대신 소라를 이용하기도 한다.

출처
문화공보부 문화재관리국, 한국민속종합조사보고서(향토음식 편), 1984
통영시농업기술센터, 통영음식, 1999

정보제공자
김경순, 경상남도 통영시 광도면 죽림리

구이

곰장어솔잎구이(곰장어짚불구이)

재 료

곰장어 500g • 풋고추 45g(3개) • 마늘 20g(5쪽) • 짚 · 솔잎 적량

양념 참기름 1큰술 • 소금 약간

만드는 법

1. 짚과 솔잎에 불을 붙여 곰장어를 굽는다.
2. 마늘은 편 썰기 하고, 풋고추는 0.3cm 두께로 어슷썰기 한다.
3. 구워진 곰장어의 껍질과 내장을 제거한 후 준비된 마늘, 풋고추, 양념을 곁들인다.

참고사항

곰장어는 눈이 없으며 더듬이로 먹이를 찾아 흡입하고 점액으로 자기를 보호하는 어류이다. 일반적으로 흉물이라고 하여 먹지 않았지만 고기가 귀했던 시절에 단백질을 보충할 수 있는 식품이었다. 동의보감에 의하면 해만, 갯장어, 먹장어라 하였으나 죽은 듯이 가만히 있다가 손으로 잡으면 곰짝곰짝 한다고 곰(꼼)장어라고 부르게 되었다고 한다. 짚 또는 솔잎으로 구운 것을 각각 짚불구이, 솔잎구이라 한다. 솔잎 및 짚구이의 곰장어는 50~70년 전 해안 지역인 어촌에서 곰장어를 먹어 오던 관습이다. 즉, 보리수확 후에는 보릿짚, 벼수확 후에는 볏짚과 또 사철 내내 솔잎을 이용하여 직화구이를 한 것에서 유래된 것이다.

출 처

울산광역시농업기술센터, 울산향토음식, 2001
기장군농업기술센터, 기장의 향토음식, 2003
김상애, 부산향토음식 곰장어요리에 관한 연구, 부산광역시, 2000
신애숙, 부산의 전통, 향토음식의 현황 고찰, 한국조리학회지, 6(2), 2000

정보제공자

김진술, 울산광역시 울주군 서생면 신암리
임경옥, 부산광역시 기장군 기장읍 연화리
최영희, 부산광역시 기장군 일광면 문중리

굴꼬치구이

재료

굴 300g(1 ½컵) • 전분 80g(½컵) • 실파 20g • 통깨 ½큰술 • 소금 1작은술 • 식용유 1작은술 • 흰 후춧가루 · 실고추 약간

만드는 법

1. 실파는 송송 썰고(0.3cm), 실고추는 3cm 길이로 자른다.
2. 굴은 소금물에 살살 흔들어 씻은 후 물기를 빼고 꼬치에 가지런히 끼운다.
3. 굴꼬치에 소금, 흰 후춧가루를 뿌려 밑간을 한 후 전분을 묻혀 김이 오른 찜통에 2분 정도 찐다.
4. 팬에 식용유를 두르고 3의 꼬치를 센 불로 지진 후 그 위에 실파, 실고추, 통깨를 얹는다.

출처
남해군농업기술센터, 보물섬 남해 향토 먹거리 맛과 멋, 2005

대합구이

재료

대합 4개 • 조갯살 70g(⅓컵) • 다진 쇠고기 35g • 두부 35g • 달걀 50g(1개) • 밀가루 2큰술 • 식용유 적량

양념 다진 파 1큰술 • 다진 마늘 ½큰술 • 깨소금 2작은술 • 참기름 1작은술 • 후춧가루 약간 • 소금 1작은술

초간장 간장 1큰술 • 식초 ½큰술

만드는 법

1. 냄비에 물을 조금 붓고 대합을 넣어 입이 벌어질 때까지만 익혀 살을 발라 내고 껍질은 깨끗이 씻는다.
2. 조갯살은 깨끗이 씻어 끓는 물에 넣고 살짝 익혀 물기를 뺀다.
3. 대합살과 조갯살은 곱게 다지고, 두부는 물기를 빼고 곱게 으깬다.
4. 다진 대합살과 조갯살, 으깬 두부, 다진 쇠고기, 양념을 넣어 잘 섞는다.
5. 대합 껍질 안쪽에 식용유를 얇게 바르고 밀가루를 살짝 뿌려 4를 채워 넣고 윗면은 고르게 하여 밀가루, 달걀순으로 바른다.
6. 석쇠에 구워 초간장을 곁들인다.

출처
문화공보부 문화재관리국, 한국민속종합조사보고서(경상남도 편), 1972
경상남도 농촌진흥원, 경남향토음식, 1994

정보제공자
길영숙, 경상남도 진양군 내동면
전윤숙, 경상남도 진주시 상대동

고문헌
음식디미방(대합구이)

더덕구이(더덕양념구이)

재 료

더덕(소) 100g(4뿌리) • 소금 약간

유장 참기름 1큰술 • 간장 ½큰술

양념장 고추장 1큰술 • 설탕 ½큰술 • 다진 파 1큰술 • 다진 마늘 1작은술 • 깨소금 ½큰술

만드는 법

1. 더덕은 껍질을 벗기고 소금물에 담가 쓴맛을 우려 낸 후 물기를 뺀다.
2. 더덕을 반으로 갈라서 4~5cm 길이로 잘라 칼등이나 방망이로 두들겨 얇고 넓적하게 만든다.
3. 더덕에 유장을 발라 석쇠에 굽는다.
4. 구워진 더덕에 양념장을 발라 약한 불에서 양념이 고루 배도록 천천히 굽는다.

참고사항

유장을 바르지 않고 굽기도 한다.

출 처

경상남도 농촌진흥원, 경남향토음식, 1994
최수근 · 이연정 · 박성수, 향토음식 인지도에 관한 실증적 연구, 한국식생활문화학회지, 19(3), 2004
이연정, 향토음식에 대한 인식이 향토음식전문점 방문빈도에 미치는 영향 연구, 한국조리과학회지, 22(6), 2006
농촌진흥청, 향토음식, www2.rda.go.kr/food/, 2006

정보제공자

김순희, 경상남도 하동군 화개면
정시점, 경상남도 하동군 적량면 동산리

고문헌

시의전서(사삼구 : 沙蔘炙)

구이

마늘된장구이

재 료

마늘 90g(3통) • 통깨 ½작은술 • 검은깨 ½작은술 • 식용유 1작은술

양념장 된장 1큰술 • 참기름 1작은술 • 설탕 1작은술 • 후춧가루 약간

만드는 법

1. 마늘은 끓는 물에 살짝 데쳐 물기를 뺀다.
2. 마늘을 꼬치에 끼워 가열된 팬에 식용유를 두르고 앞뒤를 노릇하게 굽는다.
3. 구워진 마늘에 양념장을 바르고 통깨와 검은깨를 뿌린다.

참고사항

마늘에 식용유를 발라 석쇠나 팬에 굽기도 한다.

출 처

남해군농업기술센터, 보물섬 남해 향토 먹거리 맛과 멋, 2005

메기구이

재료

메기 1마리 • 느타리버섯 200g(10개) • 양파 150g(1개) • 쑥갓 100g • 미나리 100g • 식용유 1작은술

양념장 고추장 2큰술 • 고춧가루 ½큰술 • 다진 마늘 1큰술 • 생강즙 ½큰술 • 설탕 또는 물엿 1작은술 • 간장 ½작은술 • 참기름 ½작은술 • 깨소금 ½작은술

만드는 법

1. 메기는 내장을 꺼내고 깨끗이 씻어 6~7cm 크기로 토막을 내어 채반에서 꾸덕꾸덕하게 말린다.
2. 말린 메기를 석쇠에 노릇하게 굽는다.
3. 양파는 굵게 채 썰고(5×0.3×0.3cm), 느타리버섯은 길이대로 찢는다.
4. 쑥갓은 씻어 두고, 미나리는 씻어서 물기를 빼고 5cm 길이로 썬다.
5. 준비된 메기, 양파, 느타리버섯, 쑥갓, 미나리에 양념장을 넣고 버무려 가열한 팬에 식용유를 두르고 굽는다.

출처
농촌진흥청, 향토음식, www2.rda.go.kr/food/, 2006

정보제공자
조금주, 경상남도 마산시 월영동

구이

산성흑염소불고기

재 료

염소고기 600g • 배 180g(½개) • 상추 100g(17장) • 깻잎 50g

양념장 간장 3큰술 • 설탕 2큰술 • 다진 파 1큰술 • 다진 마늘 ½큰술 • 다진 생강 1작은술 • 참기름 1큰술 • 깨소금 1큰술 • 후춧가루 약간

만드는 법

1. 배는 껍질을 벗기고 갈아서 즙을 낸다.
2. 염소고기는 알맞게 저며서 잔칼집을 넣은 후 배즙을 넣고 주물러 약 10분간 재운다.
3. 2의 염소고기에 양념장을 넣고 주물러 간이 배게 한다.
4. 석쇠에 구워서 상추, 깻잎을 곁들인다.

참고사항

- 1960년대부터 부산의 금정산 산성마을에서 흑염소를 방사하여 기르기 시작한 이후부터 지금에 이르기까지 야산의 약초를 먹은 흑염소불고기는 부산의 산성마을 고유의 토속화된 부산의 향토음식이다.
- 양념장에 고추장, 술, 꿀 등을 넣기도 한다.

출 처

김상애, 부산의 향토음식 흑염소불고기에 관한 연구, 부산광역시, 1999
신애숙, 부산의 전통, 향토음식의 현황 고찰, 한국조리학회지, 6(2), 2000
김상애, 흑염소불고기 조리법의 표준화에 관한 연구, 한국식생활문화학회지, 16(4), 2001

구이

아귀불고기

재료

아귀 1마리 • 양파 160g(1개) • 표고버섯 50g(3개) • 당근 50g(1/3개)

양념장 간장 3큰술 • 고춧가루 2큰술 • 배즙 1큰술 • 설탕 1큰술 • 물엿 1큰술 • 다진 마늘 1큰술 • 다진 생강 1작은술 • 후춧가루 약간

만드는 법

1. 아귀는 깨끗이 씻어 내장과 살코기는 5×5cm 크기로 자른다.
2. 당근은 5cm 길이로 채 썰고, 표고버섯과 양파는 0.5cm 두께로 채 썬다.
3. 준비된 재료에 양념장을 넣고 버무려 석쇠나 팬에 굽는다.

출처
마산시농업기술센터, 지역 특산물을 이용한 마산의 새로운 맛, 2004

구이

진영갈비

재 료

소갈비 1kg(뼈 포함) • 열무물김치 또는 백김치 적량

양념장 간장 5큰술 • 설탕 4큰술 • 다진 마늘 1큰술 • 참기름 ½큰술 • 후춧가루 약간 • 물 2큰술

만드는 법

1. 소갈비는 5cm 크기로 토막 낸 후 포를 떠서 돌돌 말아 놓는다.
2. 소갈비를 양념장에 24시간 재운 뒤 달군 철판에 갈비를 올려 굽는다.
4. 열무물김치나 백김치를 곁들인다.

출 처
농촌진흥청, 향토음식, www2.rda.go.kr/food/, 2006

정보제공자
이말람, 경상남도 김해시 내동

가자미조림(납세미조림)

재 료

가자미(납세미) 700g(2마리) • 물 200mL(1컵)

조림장 간장 2큰술 • 고추장 1큰술 • 다진 마늘 1큰술 • 물엿 ½큰술

만드는 법

1. 가자미는 씻어 물기를 빼고 2토막으로 자른다.
2. 냄비에 준비된 가자미를 넣고 조림장을 얹은 후 물을 부어 중불에서 조린다.

참고사항

비린내가 없기 때문에 가자미로 미역국을 끓여서 먹기도 한다.

출 처
울산광역시농업기술센터, 울산향토음식, 2001

정보제공자
김금숙, 경상남도 통영시 도산면 관덕리
박석순, 울산광역시 울주군 청량면 상남리
손성희, 경상남도 고성군 마암면 보전리

조리시연자
이미애, 경상남도 고성군 상리면 자은리

고추장물(고추다지개)

재 료

풋고추 140g(10개) • 멸치 10g(5마리) • 물 200mL(1컵) • 국간장 2큰술 • 다진 마늘 5큰술 • 참기름 ½작은술 • 통깨 약간

만드는 법

1. 멸치는 머리와 내장을 제거하여 잘게 다진다.
2. 풋고추는 반으로 갈라 씨를 빼고 다진다.
3. 냄비에 참기름을 두르고 멸치를 볶다가 물, 국간장을 넣고 끓인다.
4. 3에 풋고추, 다진 마늘을 넣고 국물이 조금 남을 때까지 조려 통깨를 뿌린다.

✻ 참고사항

호박쌈, 우엉쌈과 같이 먹으면 입맛을 돋우며, 국수의 양념장으로 먹어도 좋다.

정보제공자
조해숙, 경상남도 진주시 상대동

조리시연자
이재숙, 경상남도 거창군 거창읍 정장리

생멸치조림

재 료

생멸치 300g • 양파 40g(¼개) • 쑥갓 30g • 붉은고추 15g(1개) • 풋고추 15g(1개) • 대파 10g(¼뿌리) • 물 400mL(2컵)

양념장 국간장 2큰술 • 고춧가루 1큰술 • 다진 마늘 1큰술 • 후춧가루 약간

만드는 법

1. 생멸치는 내장을 빼고 깨끗이 씻어 물기를 뺀다.
2. 양파는 0.3cm 너비로 썰고 붉은 고추, 풋고추, 대파는 어슷썬다(0.3cm).
3. 뚝배기에 물을 넣고 끓으면 생멸치와 양파를 넣어 끓인다.
4. 한소끔 끓으면 양념장을 풀어 넣고 붉은 고추, 풋고추, 대파, 쑥갓을 넣고 한 번 더 끓인다.

참고사항

- 부산, 경남 해안 지역에서는 상추쌈 밑반찬으로 생멸치조림을 많이 이용한다.
- 뚜껑을 열고 끓이면 비린내가 나지 않는다.

정보제공자
강경임, 부산광역시 강서구 대저1동
권소숙, 부산광역시 금정구 남산동
심미애, 경상남도 남해군 이동면 난음리
임정심, 경상남도 남해군 남해읍 북변리

조리시연자
진한주, 경상남도 거제시 마전동

조림 · 지짐이

갯가재조림(속조림)

재 료

갯가재(속) 500g • 물 100mL(½컵) • 국간장 1½큰술 • 다진 마늘 ½큰술

만드는 법

1. 갯가재는 다듬어 깨끗하게 씻는다.
2. 냄비에 다진 마늘, 국간장, 물을 넣어 끓으면 준비된 갯가재를 넣어 재빨리 볶아 살짝 조린다.

정보제공자
이희자, 경상남도 남해군 남해읍 유림1리

조림 · 지짐이

더덕조림

재 료

더덕 100g(소 4뿌리) • 참기름 1작은술 • 통깨 ½큰술 • 소금 약간

조림장 간장 1½큰술 • 고춧가루 1큰술 • 물엿 ½큰술 • 설탕 1작은술 • 물 100mL(½컵)

만드는 법

1. 더덕은 껍질을 벗기고 소금물에 담가 쓴맛을 제거하고, 작은 것은 그대로 쓰고, 큰 것은 반으로 자른다.
2. 냄비에 조림장을 넣어 끓인다.
3. 조림장에 더덕을 넣고 서서히 윤기가 나도록 조린 후 참기름과 통깨를 넣는다.

출 처
하숙정, 우리의 맛 한국요리전집, 수도출판문화사, 1995

정보제공자
정현숙, 경상남도 거창군 중앙리

군소조림(군수조림)

재 료

군소(군수) 8마리 • 물 200mL(1컵) • 소금 약간

조림장 간장 2⅔큰술 • 물엿 2큰술 • 참기름 1작은술 • 정종 1작은술 • 후춧가루 약간

만드는 법

1. 군소는 세로로 2등분하여 손질한 후 끓는 물에 소금을 넣고 데친다.
2. 냄비에 조림장과 물을 넣어 끓인 후 데친 군소를 넣고 조린다.

참고사항

군소는 바다에 사는 연체동물로서 향이 독특하며 특히 남해안 바닷가 사람들이 즐겨 먹는 음식이다. 배를 갈라 내장과 색소를 빼내고 물에 삶아 주로 초장을 곁들여 먹는다. 경상도 해안 지방에서는 제사상에도 올린다.

출 처

울산광역시농업기술센터, 울산향토음식, 2001

네이버사전(두산백과), 100.naver.com/, 2007

조림 · 지짐이

땅콩조림

재 료

땅콩 50g(⅓컵) • 물 200mL(1컵) • 통깨 · 참기름 약간

조림장 멸치장국국물(멸치 · 다시마 · 물) 2큰술 • 간장 1큰술 • 물엿 2작은술 • 설탕 1작은술 • 다진 마늘 1작은술 • 다진 생강 약간

만드는 법

1. 땅콩은 깨끗이 씻어 냄비에 담아 물을 부어 끓인다.
2. 땅콩이 반쯤 익으면 조림장을 넣어 고루 섞은 후 약한 불에서 조린다.
3. 국물이 거의 조려지면 참기름과 통깨를 뿌린다.

출 처

농촌진흥청 농촌영양개선연수원(현 농촌자원개발연구소), 한국의 향토음식, 1994

정보제공자

박영실, 경상남도 거창군 거창읍 김천리

이현숙, 경상남도 창원시 북면 화천리

조림 · 지짐이

마른갈치조림

재 료

마른 갈치 200g • 매운 풋고추 20g(2개) • 마늘 10g(2쪽) • 물엿 ½큰술

조림장 간장 1½큰술 • 고춧가루 1큰술 • 식용유 ½큰술 • 설탕 1작은술 • 소금 · 후춧가루 약간 • 물 70mL(⅓컵)

만드는 법

1. 마른 갈치는 지느러미, 꼬리 등을 다듬어 4cm 크기로 자른 후 씻어 물기를 뺀다.
2. 마늘은 편으로 썰고, 매운 고추는 0.3cm 두께로 어슷썰기 한다.
3. 냄비에 조림장을 넣어 끓으면 마른 갈치를 넣고 조리다가 거의 익으면 물엿, 마늘편, 매운 고추를 넣어 살짝 더 조린다.

출 처
기장군농업기술센터, 기장의 향토음식, 2003

정보제공자
김미영 · 이순자, 부산광역시 기장군 정관면 용수리

조림 · 지짐이

망둥어조림(꼬시락조림)

재 료

망둥어 500g

조림장 간장 1큰술 • 국간장 1큰술 • 고춧가루 1큰술 • 다진 마늘 1큰술 • 설탕 ½큰술 • 물 200mL(1컵)

만드는 법

1. 망둥어는 내장을 빼고 깨끗하게 손질하고 냄비에 조림장을 넣어 끓으면 손질한 망둥어를 넣고 약한 불에서 조린다.
2. 국물이 반쯤 줄어들 때까지 국물을 끼얹으면서 살짝 더 조린다.

출 처
밀양시, 밀양의 맛, 2001

정보제공자
김치명, 경상남도 남해군 남해읍 북변리

조림 · 지짐이

무갑오징어장조림

재 료

갑오징어 260g(1마리) • 무 100g • 두부 170g(⅓모) • 쇠고기 100g • 물 400mL(2컵) • 국간장 3큰술

만드는 법

1. 무와 두부는 3×3×1cm 크기, 갑오징어는 3×3cm 크기, 쇠고기는 2×2×1cm 크기로 자른다.
2. 냄비에 국간장과 물을 넣고 끓이다가 쇠고기와 무를 넣고 한소끔 끓으면 두부와 갑오징어를 넣어 조린다.

정보제공자
정영선, 경상남도 진주시 진주군 신안동

조림 · 지짐이

무왁저지(무왁자)

재 료

무 300g(⅓개) • 실고추 20g

조림장 간장 1½큰술 • 다진 마늘 2큰술 • 참기름 1큰술 • 버섯 삶은 물 150mL(¾컵)

만드는 법

1. 무는 4×5×1cm 크기로 납작하게 썬다.
2. 냄비에 무를 넣고 조림장을 끼얹어 조리다가 조림장이 반쯤 조려지면 실고추를 얹어 조린다.

참고사항
- 사찰음식으로 맛이 깔끔하다.
- 버섯 삶은 물에 감자, 무, 다시마를 넣고 푹 고아서 각종 요리에 사용한다.

출 처
농촌진흥청 농촌영양개선연수원(현 농촌자원개발연구소), 한국의 향토음식, 1994

정보제공자
현공스님, 경상남도 산청군 시천면

조림 · 지짐이

생선조림

재 료

생선(병어, 고등어, 삼치 등) 400g(1마리) • 대파 20g(½뿌리) • 마늘 10g(2쪽) • 생강 10g(2½쪽)

조림장 고추장 2큰술 • 간장 1큰술 • 설탕 1큰술 • 물 200mL(1컵)

만드는 법

1. 생선은 내장을 제거하고 깨끗이 씻어 물기를 빼고 5cm 크기로 토막 낸다.
2. 대파, 마늘, 생강은 곱게 채 썬다.
3. 냄비에 조림장을 넣어 끓으면 준비된 생선을 넣어 끓인다.
4. 3에 대파, 마늘, 생강을 넣고 국물을 끼얹으면서 부서지지 않게 조린다.

참고사항

- 흰살생선(조기, 가자미, 갈치, 연어 등), 등푸른생선(고등어, 꽁치, 삼치, 전갱이 등)을 이용한 조림류가 많다.
- 마른생선조림도 있다.
- 간장, 다진 마늘, 파, 생강, 고추, 고춧가루 양념을 이용하기도 한다.

출 처

윤서석, 한국의 음식용어, 민음사, 1991
울산광역시농업기술센터, 울산향토음식, 2001

정보제공자

박석순, 울산광역시 울주군 청량면 상남리

소라조림

재 료

소라 10마리 • 참기름 · 소금 약간

조림장 간장 3큰술 • 설탕 2큰술 • 다진 마늘 1큰술 • 생강즙 1작은술 • 후춧가루 약간

전분액 전분 ½큰술 • 물 1½큰술

만드는 법

1. 소라는 깨끗이 씻어 끓는 물에 소금을 넣고 삶아 껍질과 내장을 제거하고 어슷썰기 한다.
2. 냄비에 조림장을 넣어 끓으면 소라를 넣는다.
3. 약한 불에서 조림장을 끼얹어 가면서 조리다가 국물이 거의 조려지면 전분액을 넣어 고루 섞고 참기름을 넣는다.

출 처

경상남도 농촌진흥원, 경남향토음식, 1994

문화공보부 문화재관리국, 한국민속종합조사보고서(경상남도 편), 1999

정보제공자

김은실, 경상남도 진해시 서중동

김정숙, 울산광역시 중구 교동

장어조림

재 료

장어 2마리

조림장 고추장 1큰술 • 간장 1큰술 • 물엿 1½큰술 • 다진 마늘 1큰술 • 참기름 1작은술 • 고춧가루 약간 • 물 100mL(½컵)

만드는 법

1. 장어는 머리와 등뼈를 제거하고 깨끗이 씻어 5cm 길이로 자른다.
2. 손질한 장어를 끓는 물에 살짝 데쳐 물기를 뺀다.
3. 냄비에 조림장을 넣어 끓으면 2의 장어를 넣고 약한 불에서 조림장을 끼얹어 가면서 조린다.

출 처
문화공보부 문화재관리국, 한국민속종합조사보고서(향토음식 편), 1984

정보제공자
김선이, 경상남도 창녕군 고암면 억만리

조림 · 지짐이

콩나물장조림

재 료

콩나물 300g • 붉은 고추 15g(1개) • 물 50mL(¼컵)

조림장 간장 2큰술 • 설탕 1큰술 • 다진 파 1큰술 • 다진 마늘 ½큰술

만드는 법

1. 콩나물은 뿌리가 있는 그대로 깨끗이 씻어 건진다.
2. 붉은 고추는 송송 썰어(0.3cm) 씨를 제거한다.
3. 냄비에 물을 붓고 콩나물을 넣어 삶은 후에 조림장과 붉은 고추를 넣어 저으면서 조린다.

참고사항

생선 부스러기를 넣어 조리기도 한다.

출 처

경상남도 농촌진흥원, 경남향토음식, 1994
농촌진흥청 농촌생활연구소(현 농촌자원개발연구소), 전통지식 모음집(생활문화 편), 1997
울산광역시농업기술센터, 울산향토음식, 2001
기장군농업기술센터, 기장의 향토음식, 2003
이연정 · 하미옥 · 최수근, 울산 지역 향토음식에 대한 식행동과 기호도에 관한 연구, 한국식생활문화학회지, 21(5), 2006

정보제공자

강경임, 부산광역시 강서구 대저1동
김말희, 경상남도 김해시 생림면 사촌리
김흥자, 부산광역시 기장군 장안읍 길천리
손영희, 울산광역시 북구 신천동

피라미조림(피리조림)

재 료

피라미 20마리 • 식용유 3큰술

조림장 고추장 3큰술 • 마늘 1½큰술 • 물엿 · 소금 약간 • 물 100mL(½컵)

만드는 법

1. 피라미는 내장을 빼낸 후 깨끗이 씻는다.
2. 달군 팬에 식용유를 두르고 피라미를 가지런히 놓고 튀긴다.
3. 냄비에 튀긴 피라미를 넣고 조림장을 넣어 조린다.

참고사항

피라미는 밀가루를 묻혀 튀기기도 하고, 튀기지 않고 바로 조리기도 한다.

출 처

밀양시, 밀양의 맛, 2001

정보제공자

민경희, 경상남도 밀양시 삼문동
하명화, 경상남도 산청군 산청읍 병정리

동태고명지짐이

재료

동태살 200g • 무 200g(¼개) • 다진 쇠고기 100g(½컵) • 달걀 50g(1개) • 밀가루 2큰술 • 물 200mL(1컵) • 소금 · 참기름 · 국간장 · 실고추 · 후춧가루 약간 • 식용유 적량

쇠고기 양념 다진 파 1큰술 • 다진 마늘 ½큰술 • 참기름 2작은술 • 간장 2작은술 • 소금 · 후춧가루 약간

만드는 법

1. 무는 굵게 채 썰어(5×0.3×0.3cm) 소금에 절였다가 꼭 짜서 참기름에 살짝 볶는다.
2. 동태살은 포를 떠서 소금과 후춧가루를 뿌린 후 밀가루, 달걀순으로 묻혀 지진 다음 적당한 크기로 썬다.
3. 쇠고기는 양념하여 덩어리지지 않게 볶는다.
4. 냄비의 바닥에 볶은 무채를 깔고 2를 가지런히 얹은 다음 3을 뿌려 여러 켜 안친 후 물을 붓고 국간장으로 간을 맞추어 끓인 다음 실고추를 얹는다.

참고사항

동태 이외의 다른 흰살생선을 이용할 수 있다.

출 처

문화공보부 문화재관리국, 한국민속종합조사보고서(향토음식 편), 1984

경상남도 농촌진흥원, 경남향토음식, 1994

농촌진흥청 농촌생활연구소(현 농촌자원개발연구소), 전통지식 모음집(생활문화 편), 1997

정보제공자

신미현, 경상남도 삼천포시 동금동

낙지볶음(낙지전골)

재 료

낙지 1kg(5마리) • 양파 160g(1개) • 대파 50g(1½뿌리) • 풋고추 75g(5개) • 붉은 고추 30g(2개) • 소금 약간

양념 고춧가루 2큰술 • 고추장 1큰술 • 간장 1큰술 • 참기름 1큰술 • 설탕 2큰술 • 다진 파 2큰술 • 다진 마늘 2작은술 • 다진 생강 1작은술

만드는 법

1. 낙지는 먹통과 내장을 떼어 내고 소금을 뿌려 주물러 씻어 5cm 길이로 썬다.
2. 대파는 다듬어 길게 반으로 갈라 4cm 길이로 썰고, 양파는 굵게 채 썬다(5×0.3×0.3cm).
3. 풋고추, 붉은 고추는 0.3cm 두께로 어슷썰기 하여 씨를 뺀다.
4. 준비된 대파, 양파, 풋고추, 붉은 고추에 양념의 ⅓을 넣어 버무리고, 낙지에는 나머지 양념을 넣어 버무린다.
5. 팬에 준비된 채소를 깔고 그 위에 낙지를 얹어 센 불에서 볶는다.

참고사항

양념장에 해물육수를 조금 부어 만들기도 한다.

출 처

농촌진흥청 농촌생활연구소(현 농촌자원개발연구소), 전통지식 모음집(생활문화 편), 1997
류은순, 부산향토전통음식 낙지볶음에 관한 연구, 부산광역시, 2001

정보제공자

김문심, 경상남도 통영시 항남동

볶음 · 초

메뚜기볶음

재 료

메뚜기 200g • 참기름 1작은술 • 소금 약간

만드는 법

1. 메뚜기는 잘 다듬어 하루 정도 햇볕에 말린다.
2. 가열한 팬에 참기름을 두르고 말린 메뚜기를 볶은 후 소금으로 간을 한다.

출 처

문화공보부 문화재관리국, 한국민속종합조사보고서(향토음식 편), 1984

울산광역시농업기술센터, 울산향토음식, 2001

정보제공자

강귀자, 울산광역시 울주군 두서면 구량리

강순달, 울산광역시 울주군 상북면 길천리

볶음 · 초

죽순돼지고기볶음

재 료

죽순 400g(2개) • 돼지고기 300g • 식용유 약간

고기 양념 간장 2큰술 • 다진 파 1큰술 • 다진 마늘 ½큰술 • 참기름 1작은술 • 깨소금 · 후춧가루 약간

만드는 법

1. 죽순을 삶아 물에 담가 아린 맛을 우려 낸 후 빗살무늬를 살려 0.3cm 두께로 썬다.
2. 돼지고기는 채 썰어 고기 양념을 넣어 30분 정도 재운다.
3. 달군 팬에 식용유를 두르고 준비된 죽순과 돼지고기를 넣어 볶는다.

출 처

농촌진흥청 농촌영양개선연수원(현 농촌자원개발연구소), 한국의 향토음식, 1994

정보제공자

주종악, 경상남도 거제시 하청면 사환리

홍합초

재 료

홍합 300g(1½컵) • 참기름 1작은술

전분액 물 1½큰술 • 전분 ½큰술

양념장 간장 5큰술 • 설탕 2큰술 • 다진 마늘 1작은술 • 생강즙 · 후춧가루 약간 • 물 200mL(1컵)

만드는 법

1. 홍합은 내장 및 모래를 깨끗이 씻어 내고 물기를 뺀 후 가위로 잔털을 말끔히 손질한 다음 끓는 물에 살짝 데친다.
2. 냄비에 양념장을 넣어 끓이다가 손질한 홍합을 넣고 약한 불에서 장물을 끼얹어 가면서 서서히 조려 고루 간이 배도록 한다.
3. 2의 국물이 3큰술 정도 남으면 전분액을 넣어 고루 섞고 참기름을 넣는다.

참고사항

통영 지방에서는 원재료의 맛을 살리기 위해 데친 홍합에 양념장을 무쳐 이용하기도 한다.

출 처

경상남도 농촌진흥원, 경남향토음식, 1994
농촌진흥청 농촌생활연구소(현 농촌자원개발연구소), 전통지식 모음집(생활문화 편), 1997
통영시농업기술센터, 통영음식, 1999

정보제공자

김정숙, 울산광역시 중구 교동
전윤숙, 경상남도 진주시 상대동

고문헌

시의전서(홍합초 : 紅蛤炒), 조선요리제법(홍합초 : 紅蛤炒)

전 · 적

고추장떡

재 료

밀가루 110g(1컵) • 방아잎 50g • 부추 50g • 풋고추 45g(3개) • 붉은 고추 45g(3개) • 깻잎 20g(13장) • 된장 3큰술 • 물 100mL(½컵)

만드는 법

1. 부추와 방아잎은 1cm 길이로 썰고, 풋고추는 반을 갈라 씨를 빼고 곱게 다진다.
2. 붉은 고추는 0.3cm 두께로 어슷썰고, 깻잎은 씻어 물기를 뺀다.
3. 준비된 부추, 방아잎, 풋고추에 된장을 넣어 버무린 후 밀가루와 물을 넣어 반죽한다.
4. 김이 오른 찜통에 면포를 깔고 깻잎을 올린 후 4의 반죽을 얹고 붉은 고추를 올려 15분 정도 찐다.

1

3

4

조리시연자
정계임, 경상남도 진주시 대안동

미나리전

재 료

미나리 200g • 달걀 100g(2개) • 다진 쇠고기 70g(⅔컵) • 쌀가루 75g(½컵) • 밀가루 55g(½컵) • 풋고추 30g(2개) • 붉은 고추 30g(2개) • 소금 1작은술 • 물 100mL(½컵) • 식용유 적량

양념 다진 파 ½큰술 • 다진 마늘 1작은술 • 소금 1작은술 • 깨소금 · 후춧가루 · 참기름 약간

만드는 법

1. 미나리는 20cm 길이로 자른다.
2. 풋고추, 붉은 고추는 0.2cm 두께로 어슷썰기 한다.
3. 달걀에 물을 넣어 푼다.
4. 밀가루와 쌀가루를 체에 내린 후 소금으로 간을 하여 달걀물과 함께 섞어 반죽한다.
5. 다진 쇠고기는 양념하여 팬에서 반 정도만 익힌다.
6. 달군 팬에 식용유를 두르고 미나리를 올린 후 4의 반죽을 골고루 끼얹는다.
7. 6에 쇠고기와 풋고추, 붉은 고추를 올려 지진다.

1

4

6

7

참고사항

채소가 너무 익으면 맛이 없으므로 전에 올라가는 해물이나 쇠고기는 양념을 하여 팬에 따로 반 정도만 익힌 후 전이 완성되기 전에 얹어 완전히 익혀 지진다.

출 처
울산광역시농업기술센터, 울산향토음식, 2001

정보제공자
강옥례, 경상남도 김해시 생림면 생철리
문정미, 울산광역시 울주군 언양읍 다개리
서영애, 울산광역시 울주군 범서읍 두산리

조리시연자
정계임, 경상남도 진주시 대안동

초피장떡(제피장떡)

재 료

초피(제피) 50g • 밀가루 110g(1컵) • 된장 1큰술 • 고추장 3큰술 • 풋고추 15g(1개) • 붉은 고추 15g(1개) • 식용유 ½큰술 • 물 100mL(½컵)

만드는 법

1. 초피를 다듬고 길이가 길면 적당한 크기로 썬다.
2. 풋고추와 붉은 고추는 어슷썰기 한다.
3. 된장, 고추장, 물, 밀가루를 넣어 반죽하고, 풋고추, 붉은 고추, 초피를 넣어 고루 섞는다.
4. 달군 팬에 식용유를 두르고 3의 반죽을 한 숟가락씩 떠 넣어 앞뒤로 노릇하게 지진다.

1

3

4

조리시연자
정계임, 경상남도 진주시 대안동

해삼통지짐

재 료

해삼 400g(2마리) • 조갯살 50g(1/4컵) • 쇠고기 50g • 두부 80g • 달걀 50g(1개) • 밀가루 3큰술 • 다진 파 1큰술 • 다진 마늘 1큰술 • 소금 1/2작은술 • 식용유 1작은술 • 후춧가루 · 통깨 약간

만드는 법

1. 해삼은 세로로 칼집을 넣어 내장을 빼고 통째로 끓는 물에 삶는다.
2. 조갯살은 씻어 물기를 뺀 후 다지고, 쇠고기도 다진다.
3. 두부는 면포에 싸서 물기를 뺀 후 으깬다.
4. 다진 조갯살, 다진 쇠고기, 으깬 두부에 다진 파, 다진 마늘, 소금, 후춧가루, 통깨를 넣고 함께 치대어 소를 만든다.
5. 해삼의 속에 밀가루를 약간 뿌리고 4의 소를 채워서 해삼 모양으로 만들어 밀가루를 묻히고, 달걀물을 입힌다.
6. 달군 팬에 식용유를 두르고 5의 해삼을 지져 내어 어슷하게 썬다.

1

3

5

6

✽ 참고사항

마른 해삼일 경우 물에 1주일 정도 불려서 사용한다.

출 처

경상남도 농촌진흥원, 경남향토음식, 1994
통영시농업기술센터, 통영음식, 1999

정보제공자

김경순, 경상남도 통영시 광도면 죽림리
김금숙, 경상남도 통영시 도산면 관덕리
제옥례, 경상남도 통영시 무전동

조리시연자

정계임, 경상남도 진주시 대안동

전 · 적

무전

재 료

무 300g(⅓개) • 밀가루 5큰술 • 식용유 ½큰술 • 소금 1작은술

반죽물 밀가루 110g(1컵) • 소금 약간 • 물 150mL(¾컵)

만드는 법

1. 무는 납작하게 썬다(5×5×0.5cm).
2. 김이 오른 찜통에 무를 넣고 소금을 뿌려 살짝 찐다.
3. 무에 밀가루를 묻힌 후 반죽물을 입혀 달군 팬에 식용유를 두르고 노릇하게 굽는다.

✻ 참고사항

무를 찌지 않고 채 썰어 반죽물과 섞어 식용유에 지지기도 한다.

출 처
울산광역시농업기술센터, 울산향토음식, 2001

정보제공자
정현숙, 경상남도 거창군 중앙리

조리시연자
전필순, 경상남도 함양군 안위면 신안리

배추전

재 료

배추 300g(¼포기) • 식용유 ½큰술 • 소금 약간

반죽물 밀가루 220g(2컵) • 간장 1작은술 • 소금 약간 • 물 300mL(1½컵)

만드는 법

1. 배추는 깨끗이 씻어 모양 그대로 끓는 물에 소금을 넣고 살짝 데친다.
2. 데친 배추에 반죽물을 묻혀 달군 팬에 식용유를 두르고 노릇하게 지진다.

출 처
문화공보부 문화재관리국, 한국민속종합조사보고서(향토음식 편), 1984

정보제공자
한판임, 경상남도 거창군 거창읍 대평리

조리시연자
전필순, 경상남도 함양군 안위면 신안리

전 · 적

호박잎전

재 료

밀가루 110g(1컵) • 호박잎 50g • 물 150mL($\frac{3}{4}$컵) • 국간장 $\frac{1}{2}$큰술 • 식용유 $\frac{1}{2}$큰술

만드는 법

1. 호박잎은 껍질을 벗겨 내고 씻어 물기를 뺀다.
2. 밀가루에 국간장, 물을 넣어 반죽한다.
3. 호박잎을 밀가루 반죽을 묻혀 달군 팬에 식용유를 두르고 지진다.

3

3

✻ 참고사항

호박잎을 반으로 접어 반죽물을 입혀 이용하기도 한다.

정보제공자
한판임, 경상남도 거창군 거창읍 대평리

전 · 적

가죽잎전

재 료

밀가루 220g(2컵) • 가죽잎 200g • 달걀 50g(1개) • 물 250mL(1¼컵) • 소금 1작은술 • 식용유 1큰술

만드는 법

1. 가죽잎은 씻어 물기를 빼고 잘게 자른다.
2. 밀가루에 소금, 물, 달걀을 넣고 반죽한 후 가죽잎을 넣고 섞는다.
3. 달군 팬에 식용유를 두르고 2를 한 국자씩 떠 넣어 앞뒤로 노릇하게 지진다.

출 처
농촌진흥청, 향토음식, www2.rda.go.kr/food/, 2006

정보제공자
김희석, 경상남도 거창군 원상동

전 · 적

고추산적(고추꼬치)

재 료

풋고추 220g(16개) • 밀가루 55g(½컵) • 물 100mL(½컵) • 소금 약간

만드는 법

1. 풋고추는 씻어 물기를 빼고 꼬치에 4개씩 꽂는다.
2. 밀가루에 소금, 물을 넣어 반죽을 한다.
3. 풋고추 꼬치에 밀가루 반죽을 발라 석쇠에 굽는다.

출 처
이순자, 경상남도 거창군 거창읍 송정리

고구마전

재 료

고구마 500g(2개) • 밀가루 70g(⅔컵) • 식용유 ½큰술 • 소금 약간

치자물 치자 3개 • 물 100mL(½컵)

만드는 법

1. 고구마는 깨끗이 씻어 껍질을 벗긴 후 0.5cm 두께로 납작하게 썬다.
2. 치자는 반으로 쪼개어 물에 풀어 노란물을 만든다.
3. 치자물에 밀가루(⅓컵)와 소금을 넣어 걸쭉하게 반죽을 한다.
4. 준비된 고구마에 밀가루를 살짝 묻힌다.
5. 달군 팬에 식용유를 두르고 4를 밀가루 반죽물에 묻혀 지진다.

출 처

울산광역시농업기술센터, 울산향토음식, 2001

정보제공자

김원자, 울산광역시 울주군 삼동면 금곡리

고사리전

재 료

삶은 고사리 200g(1컵) • 달걀 100g(2개) • 밀가루 110g(1컵) • 실파 20g • 소금 1작은술 • 참기름 1작은술 • 식용유 ½큰술 • 후춧가루 약간

만드는 법

1. 고사리는 억센 줄기를 잘라 내고 깨끗이 씻어 건져 물기를 뺀다.
2. 실파는 씻어 물기를 빼고 흰 부분을 칼로 가른다.
3. 고사리에 소금, 참기름, 후춧가루를 넣고 무친다.
4. 실파와 양념한 고사리를 중간 중간 섞어 가지런히 하여 밀가루를 묻힌다.
5. 4에 달갈물을 씌워 달군 팬에 식용유를 두르고 노릇노릇하게 지진다.

출 처
산청군농촌지도소, 산청향토요리, 1994

정보제공자
김선희, 경상남도 진주시 문산읍 삼곡리

곤달비전

재 료

곤달비 20장 • 두부 250g(½모) • 다진 돼지고기 200g(1컵) • 양파 50g(⅓개) • 달걀 100g(2개) • 밀가루 55g(½컵) • 식용유 ½큰술

양념 간장 1큰술 • 설탕 2작은술 • 다진 파 2작은술 • 다진 마늘 1작은술 • 참기름 · 소금 · 깨소금 · 후춧가루 약간

만드는 법

1. 곤달비잎은 씻어 물기를 빼고 큰 잎은 반으로 썬다.
2. 양파는 곱게 다지고, 두부는 물기를 제거하고 으깬다.
3. 돼지고기와 다진 양파에 양념을 넣어 버무린 후 팬에 볶고 으깬 두부를 넣어 소를 만든다.
4. 곤달비잎 한 면에 밀가루를 고루 묻힌 후 3의 소를 넣고 반을 접어 반달 모양을 만든다.
5. 4에 밀가루를 묻히고 달걀물을 입혀 달군 팬에 식용유를 두르고 지진다.

참고사항

곤달비는 자생하는 식용식물의 독특한 향취가 있어 생채, 숙채, 쌈, 전 등으로 조리한다. 육류나 생선회와도 잘 어울린다.

출 처

거제시농업기술센터, 거제향토음식, 1998

정보제공자

강미용, 경상남도 양산시 동면 석산리
정미자, 경상남도 거제시 남부면 다대리

전 · 적

김전(김부치개)

재 료

김 4g(2장) • 숙주 150g • 다진 쇠고기 100g(½컵) • 밀가루 30g(5큰술) • 물 50mL(¼컵) • 소금 약간 • 식용유 ½큰술

쇠고기 양념 간장 2작은술 • 다진 파 2작은술 • 다진 마늘 1작은술

만드는 법

1. 다진 쇠고기는 양념하여 볶고, 숙주는 살짝 데쳐서 물기를 빼고 잘게 다진다.
2. 밀가루에 소금, 물을 넣고 묽게 반죽하여 볶은 쇠고기와 다진 숙주를 넣어 섞는다.
3. 김을 밑에 깔고 그 위에 3의 반죽을 얇게 얹고 다시 김을 덮어 달군 팬에 식용유를 두르고 지진다.

출 처
문화공보부 문화재관리국, 한국민속종합조사보고서(향토음식 편), 1984

정보제공자
김성숙, 경상남도 진해시 두동

전 · 적

녹두감자전

재 료

불린 녹두 1컵 • 전분 160g(1컵) • 감자 750g(5개) • 양파 160g(1개) • 소금 2작은술 • 식용유 ½큰술

만드는 법

1. 양파와 감자는 강판에 갈고, 불린 녹두도 분쇄기에 간다.
2. 1에 전분을 넣고 고루 섞어 소금으로 간을 한 후 달군 팬에 식용유를 두르고 지진다.

출 처
의령군농업기술센터, 의령의 맛, 2002

전 · 적

동래파전

재 료

쪽파 240g • 새우살 90g(½컵) • 쇠고기 70g • 대합 70g(1½마리) • 홍합 70g(⅓컵) • 미나리 60g • 조갯살 25g • 굴 25g • 식용유 ½큰술 • 소금 약간

반죽 멥쌀가루 150g(1컵) • 찹쌀가루 50g(½컵) • 밀가루 50g(½컵) • 달걀 50g(1개) • 소금 ½작은술 • 고춧가루 1큰술 • 멸치장국 국물(멸치 · 다시마 · 물) 125mL(⅔컵)

쇠고기 양념 간장 ½큰술 • 설탕 ½큰술 • 술 1작은술 • 다진 파 1작은술 • 다진 마늘 ½작은술 • 참기름 ⅓작은술 • 후춧가루 약간

초고추장 고추장 3큰술 • 식초 3큰술 • 설탕 1큰술 • 다진 마늘 1작은술 • 깨소금 1작은술

만드는 법

1. 쪽파는 15cm 길이로 썰어 뿌리 쪽은 칼등으로 두드리고, 미나리는 4~5cm 길이로 썬다.
2. 멸치장국국물에 달걀을 풀고 고춧가루, 소금을 넣은 후 쌀가루, 밀가루를 섞어 반죽을 만든다.
3. 쇠고기는 채 썰어 양념을 넣고 고루 무친다.
4. 새우살, 대합, 홍합, 굴, 조갯살은 소금물에 씻어 반은 다져 2의 반죽에 넣고 고루 섞는다.
5. 달군 팬에 식용유를 두르고 4를 한 국자씩 떠 놓고 둥글게 편 후 쪽파를 올리고 그 위에 미나리, 채 썬 쇠고기, 나머지 해산물을 얹고 4를 조금 떠서 위에 바르듯이 얇게 덮는다.
6. 밑 부분이 다 익으면 불을 약하게 줄이고 뒤집어서 지진다.
7. 초고추장을 곁들인다.

참고사항

- 1910년의 동래부 지역, 지금의 부산 기장 지역의 특산물인 조선 쪽파를 주재료로 하여 다양한 해산물과 찹쌀 및 멥쌀가루를 육수에 반죽하여 팬에 구운 부산의 전통향토음식이다.
- 쌀가루(멥쌀, 찹쌀)를 이용한 것이 전통 동래파전이며 지금은 밀가루와 멥쌀가루를 이용하는 것이 보편적이다.
- 파전이 익으면 풀어 놓은 달걀물을 위에 얹어 뚜껑을 덮어 살짝 익히기도 한다.

출 처

문화공보부 문화재관리국, 한국민속종합조사보고서(향토음식 편), 1984
한국관광공사, 한국전통음식, 2006
김상애, 부산향토전통음식 동래파전에 관한 연구, 부산광역시, 1999
신애숙, 부산의 전통, 향토음식의 현황 고찰, 한국조리학회지, 6(2), 2000

정보제공자

주경실, 부산광역시 북구 화명동

전 · 적

멍게전(우렁쉥이전)

재 료

멍게(우렁쉥이) 800g(4마리) • 밀가루 110g(1컵) • 달걀 50g(1개) • 붉은 고추 30g(2개) • 식용유 ½큰술

만드는 법

1. 멍게는 껍질을 벗기고 깨끗이 손질하여 4등분한 후 물기를 뺀다.
2. 붉은 고추는 씨를 빼고 곱게 다진다.
3. 준비된 멍게를 밀가루, 달걀물을 차례로 묻힌 후 다진 붉은 고추를 위에 얹어 달군 팬에 식용유를 두르고 굽는다.

출 처

울산광역시농업기술센터, 울산향토음식, 2001

이연정 · 하미옥 · 최수근, 울산 지역 향토음식에 대한 식행동과 기호도에 관한 연구, 한국식생활문화학회지, 21(5), 2006

정보제공자

양정현, 울산광역시 남구 무거2동

이희자, 경상남도 남해군 남해읍 유림1리

전 · 적

뱅어전(병아리전)

재 료

뱅어 240g • 실파 100g • 달걀 128g(2개) • 밀가루 1큰술 • 소금 1작은술 • 식용유 약간

만드는 법

1. 뱅어는 소쿠리에 담아 깨끗이 씻는다.
2. 실파는 3cm 길이로 썰고 달걀을 잘 풀어 둔다.
3. 그릇에 준비된 뱅어, 실파, 달걀물을 담고 밀가루는 재료가 엉길 정도로 조금만 넣어 소금으로 간을 한다.
4. 달군 팬에 식용유를 두르고 3의 반죽을 한 숟가락씩 떠 넣어 앞뒤로 노릇하게 지진다.

출 처

거제시농업기술센터, 거제향토음식, 1998

정보제공자

김진희, 경상남도 거제시 신현읍 고현리
문연선, 경상남도 거제시 동부면 산촌리

부추전(정구지전, 전구지전)

재료

부추 300g • 풋고추 75g(5개) • 붉은 고추 75g(5개) • 방아잎 30g • 들기름 ½큰술

반죽물 밀가루 220g(2컵) • 치자물 300mL(1½컵) • 소금 1작은술

만드는 법

1. 부추는 5cm 길이로 썰고, 방아잎도 3cm 길이로 썬다.
2. 풋고추, 붉은 고추는 송송 썬다(0.5cm).
3. 준비된 부추, 방아잎, 풋고추, 붉은 고추에 반죽물을 부어 잘 섞는다.
4. 달군 팬에 들기름을 두르고 3의 반죽을 올려 앞뒤로 노릇하게 지진다.

참고사항

- 국간장으로 간하기도 하고, 해물(홍합, 조개, 오징어, 새우 등), 달걀을 넣기도 한다.
- 부추에 섞는 재료에 따라 부추고추전, 부추방아전, 부추조개전, 부추홍합전 등 여러 음식명이 있다.

출 처

울산광역시농업기술센터, 울산향토음식, 2001
최수근 · 이연정 · 박성수, 향토음식 인지도에 관한 실증적 연구, 한국식생활문화학회지, 19(3), 2004

정보제공자

정효순, 울산광역시 울주군 언양읍 반연리

전 · 적

생멸치전(생멸치부침, 멸치전)

재 료

밀가루 220g(2컵) • 생멸치 200g • 달걀 50g(1개) • 풋고추 30g(2개) • 붉은 고추 30g(2개) • 물 250mL(1¼컵) • 다진 마늘 1큰술 • 식용유 ½큰술 • 소금 1작은술

만드는 법

1. 생멸치는 머리와 내장을 빼내고 씻어 물기를 뺀 후 반으로 썬다.
2. 풋고추, 붉은 고추는 씨를 털어 내고 굵게 다진다.
3. 밀가루에 다진 풋고추, 다진 붉은 고추, 달걀, 다진 마늘, 소금, 물을 넣고 반죽한다.
4. 달군 팬에 식용유를 두르고 생멸치에 3의 반죽을 묻혀 지진다.

참고사항

반죽에 실파를 넣어 멸치와 함께 버무려 지지기도 한다.

출 처

거제시농업기술센터, 거제향토음식, 1998

통영시농업기술센터, 통영음식, 1999

정보제공자

김진희, 경상남도 거제시 신현읍 고현리

최기자, 경상남도 창녕군 창녕읍 하리

전단자

재 료

다진 쇠고기 200g(1컵) • 두부 130g(¼모) • 달걀 100g(2개) • 전분 1큰술 • 식용유 ½큰술 • 다진 마늘 2작은술 • 소금 1작은술 • 생강가루 · 후춧가루 약간

만드는 법

1. 두부는 물기를 빼고 곱게 으깬다.
2. 달걀은 흰자와 노른자를 분리하고 흰자에는 전분을 섞는다.
3. 으깬 두부, 다진 쇠고기, 다진 마늘, 생강가루, 후춧가루, 소금을 섞어 충분히 치대어 3~4cm 크기로 새알을 빚는다.
4. 3의 새알을 둥글고 최대한 얇고 납작하게 눌러 달군 팬에 식용유를 두르고 지진다.
5. 4에 달걀 흰자와 노른자로 각각 옷을 입혀 다시 지진다.

출 처
울산광역시농업기술센터, 울산향토음식, 2001

전 · 적

더덕장떡

재료

더덕 100g(소 4뿌리) • 밀가루 110g(1컵) • 물 150mL(¾컵) • 고추장 3큰술 • 식용유 ½큰술

만드는 법

1. 더덕은 껍질을 벗겨 소금물에 담가 쓴맛을 제거하고 길게 반으로 갈라 칼등으로 두드려 납작하게 편다.
2. 밀가루에 고추장, 물을 넣고 고루 섞어 반죽을 한다.
3. 달군 팬에 식용유를 두르고 더덕에 2의 반죽을 묻혀 지진다.

정보제공자
신희자, 경상남도 창녕군 대지면 효정리

전 · 적

된장떡

재료

밀가루 110g(1컵) • 실파 100g • 다진 돼지고기 100g(½컵) • 풋고추 75g(5개) • 된장 3큰술 • 물 150mL(¾컵) • 다진 마늘 1큰술

만드는 법

1. 실파, 풋고추는 씻어 물기를 빼고 송송 썬다(0.5cm).
2. 된장, 밀가루, 다진 마늘에 물을 넣고 반죽한 다음 실파, 풋고추, 다진 돼지고기를 넣어 골고루 섞는다.
3. 먹기 좋은 크기로 만들어 솥에 찐다.

참고사항
팬에 지지기도 하며, 된장, 밀가루, 고추만 넣고 지지기도 한다.

정보제공자
이영자, 부산광역시 기장군 기장면 마화리

방아장떡(방아잎장떡)

재 료

방아잎 200g • 식용유 약간

반죽물 밀가루 110g(1컵) • 고추장 2작은술 • 된장 2작은술 • 물 150mL(3/4컵)

만드는 법

1. 방아잎은 깨끗이 씻어 물기를 뺀다.
2. 밀가루에 고추장, 된장, 물을 넣고 반죽한 다음 방아잎을 넣고 고루 섞는다.
3. 달군 팬에 식용유를 두르고 2를 얇게 지진다.

참고사항

방아잎, 대파, 고추를 잘게 썰어 국간장으로 간을 하고 밀가루 반죽을 하여 쪄서 먹기도 한다.

출 처

울산광역시농업기술센터, 울산향토음식, 2001

이연정 · 하미옥 · 최수근, 울산 지역 향토음식에 대한 식행동과 기호도에 관한 연구, 한국식생활문화학회지, 21(5), 2006

정보제공자

배재순, 경상남도 함안군 대산면 평림리

전 · 적

부추장떡

재 료

쌀가루 150g(1컵) • 부추 300g • 방아잎 20g • 밀가루 110g(1컵) • 물 200mL(1컵) • 된장 1큰술

만드는 법

1. 부추는 씻어 5cm 길이로 썰고, 방아잎도 잘게 썬다.
2. 밀가루, 쌀가루에 물을 넣고 되직하게 반죽하여 된장으로 간을 한다.
3. 준비된 재료를 잘 섞어 밥 뜸 들일 때 면포를 깔고 찌거나 찜통에 면포를 깔고 찐다.

참고사항

- 팬에 식용유를 두르고 지지기도 한다.
- 부추전의 간은 된장, 국간장, 고추장으로 하고 쇠고기, 달걀, 고춧가루를 이용하기도 한다.
- 찐 것을 바로 먹기도 하고 꾸들꾸들하게 말려 먹기도 한다.

출 처
기장군농업기술센터, 기장의 향토음식, 2003

정보제공자
이노순, 경상남도 김해시 불암동
최영희, 부산광역시 기장군 일광면 문중리

전 · 적

북어장떡

재 료

북어 140g(1마리)

반죽물 밀가루 55g(½컵) • 국간장 1½큰술 • 고춧가루 1큰술 • 물 100mL(½컵)

만드는 법

1. 북어를 부드럽게 두드려 4~5cm 길이로 자른 다음 반죽물을 앞뒤로 바른다.
2. 석쇠에 1의 북어를 올려 굽는다.

정보제공자
류응주, 경상남도 합천군 적중면 황정리

장떡(짱땡이)

재 료

된장 10큰술 • 찹쌀가루 10큰술 • 고춧가루 10큰술 • 다진 파 5큰술 • 다진 마늘 5큰술 • 통깨 1½작은술 • 식용유 1작은술

만드는 법

1. 된장, 찹쌀가루, 고춧가루, 다진 파, 다진 마늘, 통깨를 잘 섞어 반죽한다.
2. 1의 반죽을 둥글게 빚어서 겉 표면만 살짝 햇볕에 말린다.
3. 말린 장떡을 찜통에 넣고 30분간 찐다.
4. 찐 장떡을 손으로 형태를 다듬어 다시 햇볕에 완전히 말린다.
5. 말린 장떡은 0.2~0.3cm 두께로 썰어 달군 팬에 식용유를 두르고 지진다.

참고사항

- 채소류는 주로 깻잎, 방아잎, 부추, 김치 등을 이용하고, 반죽에는 쌀가루 대신 밀가루를 이용하기도 한다.
- 굽거나 찐 것을 먹기도 하고, 찔 때 밥 위에 호박잎을 깔고 찌기도 한다.

출 처
농촌진흥청, 향토음식, www2.rda.go.kr/food/, 2006

정보제공자
박영자, 경상남도 마산시 구산면 신촌리
한영숙, 경상남도 거창군 거창읍 장팔리

고문헌
증보산림경제(장병법 : 醬餠法), 조선요리제법(장떡), 조선무쌍신식요리제법(장병 : 醬餠)

주식류 부식류 떡류 과정류 음청류 주류

전 · 적

청포묵전

재 료

청포묵 400g(1⅓모) • 달걀 100g(2개) • 쑥갓 30g • 밀가루 5큰술 • 참기름 2작은술 • 식용유 ½큰술 • 소금 1작은술

양념장 간장 1큰술 • 식초 ½큰술 • 설탕 약간

만드는 법

1. 청포묵을 옆으로 한 번 저며 썰어(5×7×0.5cm) 참기름과 소금을 뿌려서 잠시 둔다.
2. 1의 청포묵에 밀가루를 묻힌다.
3. 달걀은 잘 풀어 두고, 쑥갓은 깨끗이 씻어서 연하고 고운 잎으로 따 놓는다.
4. 달군 팬에 식용유를 두르고 2의 청포묵에 달걀물을 입혀 굽는다.
5. 달걀물이 마르기 전에 쑥갓을 얹어서 부치고, 양념장을 곁들인다.

출 처
의령군농업기술센터, 의령의 맛, 2002

전 · 적

파래전

재 료

생파래 300g • 찹쌀가루 100g(1컵) • 국간장 1½큰술 • 식용유 ½큰술

만드는 법

1. 파래는 깨끗이 씻어 물기를 뺀다.
2. 파래에 찹쌀가루를 섞고 국간장으로 간을 하여 반죽을 한다.
3. 달군 팬에 식용유를 두르고 2의 반죽을 지진다.

정보제공자
김선옥, 경상남도 하동군 하동읍 광평리

초피잎전(제피잎전)

재 료

밀가루 220g(2컵) • 초피잎(제피잎) 200g • 부추 100g • 달걀 50g(1개) • 물 250mL(1¼컵) • 소금 1작은술 • 식용유 ½큰술

만드는 법

1. 초피잎은 잘게 다지고 부추는 4~5cm 길이로 썬다.
2. 밀가루, 달걀, 물에 소금을 넣고 반죽을 하여 초피잎과 부추를 넣어 고루 섞는다.
3. 달군 팬에 식용유를 두르고 2의 반죽을 한 국자씩 떠 넣어 지진다.

✻ 참고사항

산초, 초피, 제피는 혼용되어 불리고 있으나 산초는 열매만 식용하고 제피는 열매와 잎을 모두 식용으로 한다.

정보제공자
오선자, 경상남도 거창군 거창읍 대평리

호박전(호박부침)

재 료

늙은 호박 400g • 밀가루 55g(½컵) • 물 150mL(¾컵) • 설탕 · 소금 · 식용유 약간

만드는 법

1. 잘 익은 늙은 호박은 껍질을 벗기고 씨를 뺀 후 속살을 긁어 놓는다.
2. 밀가루는 물을 넣어 걸쭉하게 반죽한 후 준비된 늙은 호박을 넣고 잘 섞어 소금, 설탕으로 간을 한다.
3. 달군 팬에 식용유를 두르고 2의 반죽을 지진다.

출 처
울산광역시농업기술센터, 울산향토음식, 2001

정보제공자
김영자, 울산광역시 남구 신정4동
이금자, 경상남도 하동군 적량면 동산리

고문헌
시의전서(호박전), 조선요리제법(호박전유어), 조선무쌍신식요리제법(남과전 : 南瓜煎)

멍게산적(우렁쉥이산적)

재 료

멍게 1kg(5마리) • 식용유 1작은술 • 통깨 약간

양념장 간장 1½큰술 • 물엿 3큰술 • 다진 마늘 ½큰술 • 생강즙 ½큰술 • 소금 1큰술 • 참기름 ½큰술 • 후춧가루 약간

만드는 법

1. 멍게는 껍질을 벗기고 깨끗이 손질하여 살짝 데친 후 물기를 뺀다.
2. 달군 팬에 식용유를 두르고 손질한 멍게를 살짝 지져 내어 꼬치에 끼운다.
3. 냄비에 양념장을 넣어 끓인 후 멍게 꼬치를 넣어 조리고 통깨를 뿌린다.

출 처
울산광역시농업기술센터, 울산향토음식, 2001

정보제공자
김영출, 울산광역시 울주군 온산읍 덕신리

상어산적(두투산적)

재 료

흰 상어 토막(흰 두투) 200g • 검은 상어 토막(검은 두투) 200g • 식용유 1작은술 • 통깨 · 검은깨 약간

흰 상어 토막 양념장 다진 마늘 1작은술 • 소금 1작은술 • 참기름 1작은술 • 생강가루 · 후춧가루 약간 • 물 2큰술

검은 상어 토막 양념장 간장 2큰술 • 참기름 · 다진 마늘 1작은술 • 생강가루 · 후춧가루 약간

만드는 법

1. 흰 상어 토막과 검은 상어 토막은 15×8×1cm 크기로 납작하게 포를 떠 힘줄을 떼고 칼집을 사선으로 넣는다.
2. 흰 상어 토막은 양념장에 20~30분 재웠다가 건져서 꾸들꾸들하게 말린 다음 달군 팬에 식용유를 두르고 구운 후 검은깨를 뿌린다.
3. 검은 상어 토막은 양념장에 잠시 담갔다가 바로 건져 꾸들꾸들하게 말려 달군 팬에 식용유를 조금 두르고 구운 후 통깨를 뿌린다.

참고사항

두투는 두툽상어를 말하며, 특히 상어의 두터운 살 부분을 상어돔배기라 하여 산적을 만들어 제사음식으로 이용한다.

출 처
울산광역시농업기술센터, 울산향토음식, 2001

쇠고기산적

재 료

쇠고기 150g • 식용유 1작은술

양념장 간장 4큰술 • 설탕 2큰술 • 다진 마늘½큰술 • 생강즙 1작은술 • 후춧가루 약간

만드는 법

1. 쇠고기는 20×5cm로 얇게 저며 칼등으로 두드린 후 양념장에 1~2시간 정도 재운다.
2. 쇠고기를 채반에 널어 뒤집어 주면서 그늘에서 5시간 정도 말린다.
3. 팬에 식용유를 두르고 말린 쇠고기를 지져 적당한 크기로 자른다.

출 처

농촌진흥청 농촌영양개선연수원(현 농촌자원개발연구소), 한국의 향토음식, 1994
농촌진흥청, 농촌생활연구소(현 농촌자원개발연구소), 전통지식 모음집(생활문화 편), 1997

정보제공자

김정숙, 울산광역시 중구 교동

전 · 적

죽순전(죽순적)

재 료

쇠고기 200g • 죽순 100g • 당근 100g(⅔개) • 오이 100g(⅔개) • 표고버섯 50g(3개) • 달걀 100g(2개) • 밀가루 55g(½컵) • 식용유 ½큰술 • 소금 1작은술 • 쌀뜨물 1L(5컵)

양념장 간장 1큰술 • 설탕 ½큰술 • 다진 파 2작은술 • 다진 마늘 1작은술 • 참기름 · 통깨 · 후춧가루 약간

만드는 법

1. 죽순은 쌀뜨물에 삶은 후 물에 담가 아린 맛을 제거한 다음 6cm 길이로 썰어 소금으로 간을 약하게 한다.
2. 쇠고기는 죽순의 길이보다 약간 길게 썰어(7×1×1cm) 잔칼집을 넣은 후 양념장에 3분 정도 재운다.
3. 표고버섯, 오이는 직사각형 모양(6×1×1cm)으로 썰고 소금으로 간을 한다.
4. 당근도 같은 크기로 썰어 뜨거운 물에 소금을 넣고 살짝 데친다.
5. 꼬치에 준비된 죽순, 쇠고기, 표고버섯, 오이, 당근을 색을 맞추어 끼운다.
6. 달군 팬에 식용유를 두르고 5의 꼬치를 밀가루, 달걀물순으로 묻혀 약한 불에서 지진다.

출 처

거제시농업기술센터, 거제향토음식, 1998

정보제공자

김금숙, 경상남도 거제시 하청면 하청리

김영미, 경상남도 거제시 신현읍 고현리

전 · 적

해물산적

재 료

문어 1마리 • 상어 토막(두투, 돔배기) 2장 • 홍합 100g(5개) • 갑오징어 260g(1마리) • 군소 5마리 • 소라 2마리 • 전복 85g(1마리) • 밀가루 1큰술 • 소금 1작은술 • 식용유 1작은술

양념장 간장 2컵 • 다진 마늘 $\frac{1}{3}$컵 • 물엿 $1\frac{1}{2}$컵 • 정종 $\frac{1}{2}$컵 • 생강가루 $2\frac{1}{2}$큰술 • 소금 $2\frac{1}{2}$큰술 • 참기름 $1\frac{1}{2}$큰술 • 후춧가루 $\frac{1}{2}$큰술 • 통깨 · 검은깨 약간

만드는 법

1. 상어 토막은 15×8×1cm 크기로 납작하게 포를 떠 힘줄을 떼고 칼집을 양사선으로 넣는다.
2. 상어 토막은 양념장에 20~30분 정도 재워 두었다가 채반에 말린 후 달군 팬에 식용유를 두르고 굽는다.
3. 문어는 밀가루로 주물러 씻은 후 삶는다.
4. 문어다리에 사선으로 칼집을 넣어 모양을 낸 후 양념장을 넣어 조린다.
5. 갑오징어는 안쪽에 어슷하게 칼집을 양쪽 사선으로 넣고 끓는 물에 소금을 넣고 데쳐 낸 후 양념장에 조린다.
6. 전복, 소라는 내장을 제거하고 양쪽 사선으로 칼집을 넣은 후 끓는 물에 소금을 넣고 데친 후 양념장에 조린다.
7. 군소는 끓는 물에 소금을 넣고 데친 후 손질하여 양념장에 조린다.
8. 홍합은 털과 내장을 떼어 내고 끓는 물에 소금을 넣고 데쳐 꾸들꾸들하게 말린 후 양념장에 조린다.
9. 조리한 상어, 문어, 갑오징어, 전복, 소라, 군소, 홍합을 그릇에 담는다.

❋ 참고사항

해안 지방의 필수적인 제수용 음식이다.

출 처

농촌진흥청, 농촌생활연구소(현 농촌자원개발연구소), 전통지식 모음집(생활문화 편), 1997
울산광역시농업기술센터, 울산향토음식, 2001
이연정 · 하미옥 · 최수근, 울산 지역 향토음식에 대한 식행동과 기호도에 관한 연구, 한국식생활문화학회지, 21(5), 2006

정보제공자

김정숙, 울산광역시 중구 교동
김현숙, 부산광역시 기장군 기장읍 신천리
한영자, 부산광역시 남구 남천동

가오리된장찜

재료

가오리 500g • 방아잎 300g • 풋고추 15g(1개) • 붉은 고추 15g(1개) • 통깨 ½큰술 • 실고추 약간

양념장 된장 2큰술 • 다진 파 1큰술 • 다진 마늘 ½큰술

만드는 법

1. 가오리는 껍질과 내장을 제거하고 깨끗이 씻는다.
2. 방아잎은 듬성듬성 다지고, 풋고추, 붉은 고추는 반을 갈라 씨를 빼고 다진다.
3. 준비된 방아잎, 풋고추, 붉은 고추에 양념장을 넣고 잘 섞는다.
4. 김이 오른 찜통에 면포를 깔고 가오리를 올린 후 3의 양념장을 발라 20분 정도 찐다.
5. 실고추와 통깨를 올린다.

3

4

4

조리시연자
정계임, 경상남도 진주시 대안동

찜 · 선

미더덕찜

재 료

미더덕 200g(20마리) • 조갯살 50g(¼컵) • 콩나물 80g • 방아잎 50g • 미나리 100g • 당근 20g • 대파 10g(¼뿌리) • 소금 1작은술 • 해물육수 200mL(1컵)

양념장 고춧가루 3큰술 • 찹쌀가루 2큰술 • 고추장 1큰술 • 된장 1큰술 • 다진 마늘 1큰술

만드는 법

1. 미더덕은 깨끗이 손질하여 크기가 큰 것은 반 갈라 둔다.
2. 대파는 0.3cm 두께로 어슷썰기 하고, 미나리는 4cm 크기로 썬다.
3. 당근은 채 썰고(4×0.2×0.2cm), 방아잎은 듬성듬성 썬다.
4. 미나리는 잎을 제거하고 줄기만 골라 4cm 길이로 썬다.
5. 콩나물은 머리와 꼬리를 제거한다.
6. 손질한 콩나물을 솥에 담고 해물육수, 소금을 약간 넣고 뚜껑을 덮어 한소끔 찐다.
7. 콩나물이 익으면 미더덕을 올려 조금 더 찐 후 준비해 놓은 양념장을 넣는다.
8. 걸쭉해지면 미나리, 대파, 당근을 넣고 김만 살짝 올리고 방아잎을 넣고 불을 끈다.
9. 소금간을 하여 접시에 담아 낸다. 이때 물이 생기지 않도록 빨리 접시에 담아 내고 통깨를 뿌려 낸다.

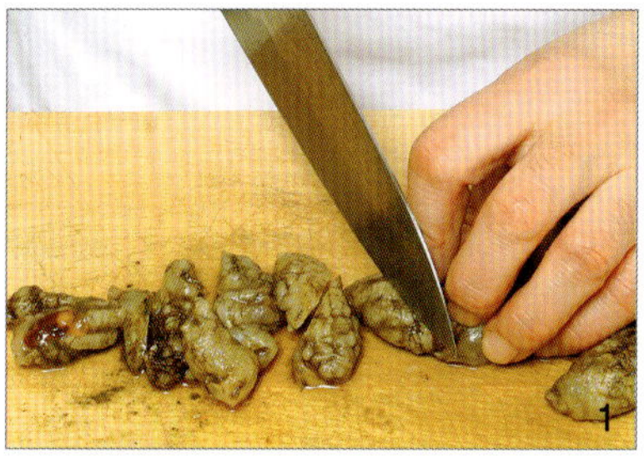

1

7

7

8

참고사항

풋고추, 붉은 고추를 넣기도 한다.

출 처

문화공보부 문화재관리국, 한국민속종합조사보고서(향토음식 편), 1984
경상남도 농촌진흥원, 경남향토음식, 1994
거제시농업기술센터, 거제향토음식, 1998
울산광역시농업기술센터, 울산향토음식, 2001

정보제공자

구외순, 경상남도 충무시 미수2동
박금선, 경상남도 거제시 신현읍 고현리
이형숙, 경상남도 고성군 고성읍 교사리
천수남, 경상남도 마산시 회원1동

조리시연자

정계임, 경상남도 진주시 대안동

우렁이찜국(논고둥찜국)

재 료

우렁이(논고둥) 500g • 콩나물 200g • 삶은 고사리 100g • 미나리 50g • 실파 30g • 방아잎 20g • 찹쌀가루 50g(⅓컵) • 물 1.2L(6컵) • 들깻가루 30g(5큰술) • 고춧가루 3큰술 • 다진 마늘 1큰술 • 소금 1작은술 • 식용유 1작은술

만드는 법

1. 우렁이는 소금을 넣어 씻은 후 삶아 속만 빼고 국물은 따로 준비한다.
2. 콩나물은 머리와 뿌리를 제거한 후 살짝 삶는다.
3. 고사리는 깨끗이 씻어 5cm 길이로 썬다.
4. 미나리, 실파는 씻어 5cm 길이로 썰고, 방아잎은 씻어 뜯어 놓는다.
5. 팬에 식용유를 두르고 1의 우렁이살, 콩나물, 고사리를 소금으로 간하여 볶는다.
6. 냄비에 우렁이 삶은 물을 붓고 찹쌀가루, 들깻가루, 고춧가루를 넣어 걸쭉하게 될 때까지 끓인다.
7. 6에 5의 볶은 재료를 넣어 소금으로 간을 하고, 다진 마늘, 4의 미나리, 실파, 방아잎을 넣어 한소끔 더 끓인다.

1

4

6

참고사항

- 우렁이찜(논고둥찜국)과 다슬기국(다슬기찜국)은 민물고둥을 이용한 음식이며 형태가 조금 다르나 지역에 따라 그 명칭을 혼동하여 사용하고 있다. 우렁이(논고둥)는 6~7월경에 절기이므로 고둥찜은 일상식으로 또 농번기의 새참으로도 많이 이용하였다. 고둥 대신에 대합, 조개, 재첩을 이용하여 조개찜국, 재첩찜국을 만들기도 한다.
- 으깬 호박잎, 숙주, 고사리, 감자, 머위줄기 등의 채소와 다진 풋고추, 붉은 고추를 넣기도 한다. 또는 도라지, 콩나물, 토란줄기, 미나리, 실파, 조개, 미더덕을 넣고 국간장, 파, 마늘, 후춧가루로 양념을 하기도 한다.
- 재료를 볶다가 양념하기도 하고, 재료와 양념을 섞어서 조리하기도 한다.

출 처

문화공보부 문화재관리국, 한국민속종합조사보고서(향토음식 편), 1984
경상남도 농촌진흥원, 경남향토음식, 1994

정보제공자

강옥례, 경상남도 김해시 생림면 생철리
김정숙, 경상남도 고성군 회화면 삼덕리
배연화, 경상남도 김해시 동상동
정용주, 경상남도 고성군 고성읍 서외리
최남미, 경상남도 거창군 거창읍 상금리
허순자, 경상남도 양산시 상북면 석계리

조리시연자

정계임, 경상남도 진주시 대안동

고사리미나리찜

재 료

삶은 고사리 300g(1½컵) • 백합 200g • 홍합 100g • 새송이버섯 50g • 부추 40g • 미나리 40g • 대파 35g(1뿌리) • 죽순 30g • 방아잎 30g • 콩나물 20g • 들깻가루 30g • 찹쌀가루 40g(⅓컵) • 멥쌀가루 20g • 물 1.2L(6컵) • 소금 ½큰술

만드는 법

1. 고사리, 미나리, 부추는 7~8cm 길이로 썰고, 방아잎은 큼직하게 썬다.
2. 죽순은 길이대로 자르고, 대파는 파란 부분은 7~8cm 길이로 채 썰고, 흰 부분은 어슷썰기 한다.
3. 콩나물은 머리와 뿌리를 떼어 씻고, 홍합도 깨끗이 씻는다.
4. 백합은 깨끗이 문질러 씻고, 새송이버섯은 5cm 길이로 굵게 채 썬다.
5. 냄비에 물 5컵을 붓고 준비된 백합, 새송이버섯을 넣고 끓인 후 콩나물과 홍합을 넣는다.
6. 찹쌀가루, 멥쌀가루에 물 1컵을 부어 잘 풀어 붓고 한소끔 끓인다.
7. 들깻가루와 준비된 고사리, 미나리, 부추, 방아잎, 죽순, 대파를 넣어 끓인 후 소금으로 간을 한다.

6

조리시연자
박상진, 경상남도 양산시 상북면 대성리

찜 · 선

다슬기찜

재 료

다슬기 110g • 바지락 200g • 새우살 100g(½컵) • 머윗대 90g • 죽순 80g(½개) • 표고버섯 50g(4개) • 미나리 40g • 부추 40g • 방아잎 40g • 찹쌀가루 40g • 들깻가루 40g • 물 1.2L(6컵) • 소금 ½큰술

만드는 법

1. 다슬기와 바지락은 깨끗이 씻어 물(3컵)을 부어 끓인 후 껍질은 벗겨 낸다.
2. 새우살은 깨끗이 씻는다.
3. 머윗대는 7~8cm 길이로 썰고, 표고버섯은 0.5cm 두께로 채 썬다.
4. 죽순은 길이대로 썬다.
5. 미나리와 부추는 7~8cm 길이로 썬다.
6. 방아잎은 듬성듬성 썬다.
7. 다슬기와 바지락 삶은 국물에 준비된 새우살, 머윗대, 표고버섯, 죽순을 넣어 끓이다가 찹쌀가루와 들깻가루를 물에 풀어 넣고 끓인다.
8. 미나리, 부추, 방아잎을 넣고 소금으로 간을 하여 한소끔 더 끓인다.

출 처

경상남도 농촌진흥원, 경남향토음식, 1994
울산광역시농업기술센터, 울산향토음식, 2001

정보제공자

강옥례, 경상남도 김해시 생림면 생철리
박정희, 울산광역시 울주군 웅촌면 초천리
신상우, 경상남도 밀양시 산내면
이외자, 울산광역시 울주군 범서읍 입암리
이정주, 울산광역시 울주군 청량면 상남리

조리시연자

김복자, 경상남도 양산시

도미찜

재 료

도미 1kg(1마리) • 조갯살 100g(½컵) • 콩나물 50g • 미나리 30g • 부추 30g • 삶은 고사리 30g • 방아잎 30g • 참기름 1작은술 • 소금 1큰술

양념장 달걀 50g(1개) • 된장 2큰술 • 고추장 1큰술 • 다진 파 ½작은술 • 다진 마늘 ½작은술 • 참기름 · 깨소금 약간

만드는 법

1. 도미는 내장과 비늘을 제거하고 소금을 뿌려 간을 한 후 씻어 물기를 뺀다.
2. 미나리는 잎을 떼고, 부추는 길이로 반을 잘라 각각 끓는 물에 소금을 넣고 살짝 데친다.
3. 방아잎은 살짝 데쳐 손으로 잘게 찢고, 콩나물은 머리를 떼고 삶아 건진다.
4. 고사리도 7~8cm 길이로 자른다.
5. 조갯살은 씻어 물기를 빼고 다진 후 팬에 참기름을 두르고 볶는다.
6. 도미 배 부분의 살을 조금 떼 내어 곱게 다진 후 볶은 조갯살과 양념장을 넣어 버무려서 도미 뱃속에 넣고 김이 오른 찜통에 올려 찐다.
7. 미나리, 부추, 방아잎, 콩나물, 고사리를 얹어 장식한다.

6

6

6

정보제공자
이순자, 경상남도 거창군 거창읍 송정리

조리시연자
김금숙, 경상남도 통영시 도산면 관덕리

찜 · 선

마른물메기찜(메기찜, 물곰찜, 미거지찜)

재 료

말린 물메기 1마리

양념장 간장 1큰술 • 고춧가루 1큰술 • 다진 파 · 다진 마늘 · 통깨 · 참기름 약간(또는 쌈장2큰술)

2

만드는 법

1. 말린 물메기는 물에 1시간 정도 담가 불린 후 마른 면포로 물기를 닦아 두세 토막을 낸다.
2. 준비된 물메기에 양념장이나 쌈장을 발라 30분~1시간 정도 재운다.
3. 김이 오른 찜통에서 10~20분간 찐다.

참고사항

- 찐 메기에 양념장을 발라 다시 찌기도 한다.
- 양념장에 된장을 넣기도 한다.

출 처
경상남도 농촌진흥원, 경남향토음식, 1994
남해군농업기술센터, 보물섬 남해 향토 먹거리 맛과 멋, 2005

정보제공자
강수길, 경상남도 진해시 북부동
유인덕, 경상남도 남해군 상주면
정현정, 경상남도 남해군 남해읍 아산리

조리시연자
하정선, 경상남도 남해군

찜 · 선

마산아귀찜(건아귀찜, 아구찜)

재 료

말린 아귀 100g • 콩나물 300g • 미나리 50g • 대파 50g(1½뿌리) • 된장 3큰술 • 물 70mL(⅓컵)

양념장 고춧가루 3큰술 • 들깻가루 2큰술 • 찹쌀가루 2큰술 • 다진 마늘 1큰술 • 소금 약간

만드는 법

1. 말린 아귀를 3cm 크기로 토막 내어 5시간 정도 물에 불린다.
2. 콩나물은 머리와 뿌리를 다듬고, 대파는 큼직하게 어슷썰기 한다.
3. 미나리는 5cm 길이로 자른다.
4. 물에 된장을 풀어 잘 저은 후 체에 거른다.
5. 된장물에 불린 아귀를 넣고 콩나물, 대파를 순서대로 얹은 후 뚜껑을 닫고 김이 오르면 3~5분 더 익힌다.
6. 양념장을 넣어 끓인 후 소금으로 간을 하고 뜨거울 때 미나리를 고명으로 얹는다.

참고사항

아귀는 경상도 사투리로서 음식 이름으로는 아귀찜이 일반화되어 쓰여지고 있다. 아귀찜의 유래는 북어찜에 이용한 된장과 고추장, 마늘, 파 등을 아귀에 적용한 것에서 시작되어(1960년대) 지금은 콩나물, 미나리 등의 채소를 첨가한 찜을 만들고 있다. 마산아귀찜의 특징은 바람이 잘 통하는 그늘에서 적당히 말려 꼬들꼬들한 상태의 아귀를 사용하는 것이다.

출 처

문화공보부 문화재관리국, 한국민속종합조사보고서(향토음식 편), 1984
경상남도 농촌진흥원, 경남향토음식, 1994
농촌진흥청 농촌영양개선연수원(현 농촌자원개발연구소), 한국의 향토음식, 1994
마산시농업기술센터, 지역 특산물을 이용한 마산의 새로운 맛, 2004
이연정, 향토음식에 대한 인식이 향토음식전문점 방문빈도에 미치는 영향 연구, 한국조리과학회지, 22(6), 2006

정보제공자

김삼련, 경상남도 마산시 합포구 동성동
최경희, 경상남도 마산시 진동면 보장리

조리시연자

천수남, 경상남도 마산시 회원1동

찜 · 선

미더덕들깨찜

재 료

미더덕 500g • 새우살 150g(¾컵) • 소라 150g • 조갯살 150g(¾컵) • 콩나물 100g • 표고버섯 50g (4개) • 미나리 50g • 붉은 고추 15g(1개) • 들깻가루 1컵 • 물 800mL(4컵) • 소금 ½큰술

만드는 법

1. 미더덕과 새우살, 소라, 조갯살은 씻어 물기를 뺀다.
2. 콩나물은 머리를 떼어 씻어 두고, 표고버섯은 0.5cm 두께로 채 썬다.
3. 미나리는 5~6cm 길이로 썰고, 붉은 고추는 어슷썰기 한다.
4. 들깻가루는 물 2컵을 넣어 푼다.
5. 냄비에 미더덕 300g과 물 2컵을 부어 끓인다.
6. 5에 나머지 미더덕 200g, 새우살, 소라, 조갯살, 콩나물, 표고버섯을 넣어 끓이다가 미나리, 붉은 고추, 들깻가루물을 넣고 걸쭉하게 되면 소금으로 간을 한다.

6

6

6

출 처
마산시농업기술센터, 지역 특산물을 이용한 마산의 새로운 맛, 2004

조리시연자
천수남, 경상남도 마산시 회원1동

부산아귀찜(생아귀찜, 아구찜, 해물생아귀찜)

재 료

아귀 550g • 아귀내장 50g • 삶은 아귀간 50g • 미더덕 100g(10개) • 콩나물 500g • 새우살 50g(¼컵) • 홍합 50g • 미나리 50g • 대파 50g(1½뿌리) • 고춧가루 4큰술 • 감자 전분 4큰술 • 육수 200mL(1컵) • 다진 마늘 2큰술 • 간장 2큰술 • 들깻가루 1작은술 • 설탕 1작은술 • 후춧가루 · 참기름 · 깨소금 · 소금 약간 • 식용유 ½작은술

만드는 법

1. 아귀의 살과 내장은 잘 씻어 물기를 빼고 5cm 크기로 토막을 낸다.
2. 미더덕과 새우살, 홍합은 씻어 물기를 빼고 콩나물은 머리와 뿌리를 다듬는다.
3. 미나리는 5cm 길이로 자르고, 대파는 큼직하게 어슷썰기 한다.
4. 삶은 아귀간을 잘 으깨고, 새우살, 홍합은 잘게 다져 해물조미료를 만든다.
5. 큰 냄비에 식용유를 두르고 육수와 5의 해물조미료를 반만 넣어 끓인다.
6. 준비된 아귀살, 내장, 미더덕, 콩나물을 끓는 육수에 넣고 10분 정도 뚜껑을 덮고 센 불에서 익힌다.
7. 중간 불로 하여 미나리, 대파, 다진 마늘, 후춧가루, 설탕, 남은 해물조미료 반, 고춧가루를 넣고 잘 섞은 후 간장, 소금으로 간을 한다.
8. 7에 감자 전분을 뿌리듯 넣어 찜의 모든 재료가 엉겨 붙도록 30초 정도 뚜껑을 덮고 뜸을 들인다.
9. 참기름, 깨소금을 넣고 들깻가루를 뿌린다.

❁ 참고사항

마산의 아귀찜이 건아귀찜이라면 부산은 생아귀를 이용한 해물생아귀찜, 찹쌀아귀찜이 유명하다. 1970년대부터 부산에서는 신선한 생아귀에 다양한 해물을 첨가하여 만든 해물생아귀찜이 알려지게 되었다.

출 처

문화공보부 문화재관리국, 한국민속종합조사보고서(향토음식 편), 1984
기장군농업기술센터, 기장의 향토음식, 2003
신애숙, 부산의 전통, 향토음식의 현황 고찰, 한국조리학회지, 6(2), 2000
김상애, 부산향토전통음식 부산아귀찜에 관한 연구, 부산광역시, 2001
김상애, 부산향토음식 아귀찜의 표준조리방법 및 영양성분에 관한 연구, 한국식품과학영양과학회지, 31(6), 2002

정보제공자

임경숙, 부산광역시 기장군 기장읍 청강리

조리시연자

김성숙, 경상남도 진해시 두동

잉어찜

재 료

잉어 1마리 • 감자 450g(3개) • 양파 160g(1개) • 콩나물 200g • 삶은 고사리 100g(½컵) • 미나리 100g • 느타리버섯 50g(3개) • 달걀 50g(1개) • 풋고추 15g(1개) • 붉은 고추 15g(1개) • 물 200mL(1컵) • 식용유 적량

양념장 고추장 1컵 • 고운 고춧가루 1컵 • 물엿 2큰술 • 다진 마늘 2큰술 • 초피가루(제피가루) 1큰술 • 된장 1큰술

만드는 법

1. 잉어는 잘 씻어 비늘을 제거하고 물기를 닦아 칼집을 넣는다.
2. 감자는 껍질을 벗겨 1cm 두께로 자른다.
3. 콩나물은 머리를 떼고, 고사리는 4~5cm 길이로 자른다.
4. 양파는 1cm 두께로 채 썰고, 느타리버섯은 데친 후 길이대로 찢는다.
5. 미나리는 4~5cm 길이로 자른다.
6. 풋고추, 붉은 고추는 씨를 빼고 4~5cm 길이로 곱게 채 썬다.
7. 달걀은 황백지단을 부친다.
8. 냄비에 감자를 깔고 잉어를 올려 물을 부어 익힌다.
9. 잉어 주위에 콩나물, 고사리, 양파, 느타리버섯을 놓고 양념장을 끼얹어 끓인다.
10. 미나리, 풋고추, 붉은 고추, 황백지단을 고명으로 얹는다.

참고사항

잉어를 기름에 지지기도 하고, 쪄서 이용하기도 한다.

출 처

경상남도 농촌진흥원, 경남향토음식, 1994
농촌진흥청 농촌생활연구소(현 농촌자원개발연구소), 전통지식 모음집(생활문화 편), 1997
밀양시, 밀양의 맛, 2001
신애숙, 부산의 전통, 향토음식의 현황 고찰, 한국조리학회지, 6(2), 2000

정보제공자

박동하, 경상남도 창원시
이경희, 경상남도 함안군 가야읍 도함리
이순자, 경상남도 사천시 사천읍 두량 5동

조리시연자

염재섭, 경상남도 창원시

피라미찜(피리찜)

재 료

삶은 피라미(피리) 320g • 감자 130g(1개) • 무 100g • 양파 70g($\frac{1}{2}$개) • 팽이버섯 35g • 미나리 30g • 쪽파 20g • 깻잎 10g(6장) • 부추 10g • 풋고추 15g(1개) • 붉은 고추 15g(1개) • 방아잎 5g • 콩가루 2$\frac{1}{2}$큰술 • 육수 600mL(3컵) • 참기름 2작은술

양념장 간장 2큰술 • 고춧가루 1큰술 • 다진 파 1큰술 • 다진 마늘 $\frac{1}{2}$큰술 • 다진 양파 1큰술 • 물엿 $\frac{1}{2}$큰술 • 다진 생강 1작은술 • 초피가루(제피가루) 약간 • 멸치장국국물(멸치 · 다시마 · 물) 1큰술

만드는 법

1. 양파는 1cm 굵기로 채 썰고, 무와 감자는 0.5cm 두께로 큼직하게 자른다.
2. 풋고추와 붉은 고추는 0.3cm 두께로 어슷썰기 하고, 팽이버섯은 밑둥을 자른다.
3. 쪽파는 5cm 길이로 자르고, 방아잎은 듬성듬성하게 썬다.
4. 깻잎은 1cm 두께로 채 썰고, 미나리와 부추는 5~6cm 길이로 자른다.
5. 냄비에 육수를 붓고 준비된 양파, 무, 감자를 넣어 끓인 후 삶은 피라미를 넣는다.
6. 양념장을 넣고 국물을 끼얹으면서 끓인다.
7. 준비된 풋고추, 붉은 고추, 팽이버섯, 쪽파, 방아잎, 깻잎, 미나리, 부추, 참기름, 콩가루를 넣어 한소끔 더 끓인다.

5

6

7

✻ 참고사항

양념장은 냉장고에서 숙성시킨 후 사용한다.

정보제공자
임연옥, 경상남도 산청군 금서면 매촌리

조리시연자
권일정, 경상남도 산청군 금서면 매촌리

가오리찜

재 료

가오리 1마리 • 통깨 약간

초고추장 고추장 3큰술 • 식초 3큰술 • 설탕 1큰술 • 다진 마늘 1작은술 • 통깨 1작은술

만드는 법

1. 가오리는 내장을 빼고 소금물에 씻은 다음 물기를 빼고 햇볕에서 1~2일간 꾸덕꾸덕하게 말려 찜통에 넣고 찐다.
2. 통깨를 뿌리고 초고추장을 곁들인다.

참고사항

- 5가지 색으로 고명을 하기도 한다.
- 양념장(간장, 청주, 설탕, 다진 파, 다진 마늘)에 재워 쪄 내기도 한다.
- 큰상차림에 이용할 때는 통째로 양념장에 재워 그대로 쪄 낸다.

출 처

경상남도 농촌진흥원, 경남향토음식, 1994
농촌진흥청 농촌영양개선연수원(현 농촌자원개발연구소), 한국의 향토음식, 1994

정보제공자

정경숙, 경상남도 고성군 상리면 무선리
조동희, 경상남도 김해시 동상동
홍정수, 경상남도 양산시 양산읍 신기리

갯가재찜(속찜)

재 료

갯가재 500g • 마늘종(또는 풋마늘) 100g • 대파 100g(3뿌리) • 양파 80g(½개) • 방아잎 50g • 밀가루 55g(½컵) • 된장 2큰술 • 소금 약간

만드는 법

1. 갯가재는 다리, 꼬리를 떼어 내고 깨끗이 씻는다(큰 갯가재는 길이로 반을 자른다).
2. 마늘종(풋마늘)을 3~4cm 길이로 자르고, 대파는 어슷썰기 하며, 양파는 채 썬다.
3. 준비된 갯가재, 마늘종, 대파, 양파에 된장을 넣어 간이 배게 한 후 방아잎, 밀가루를 넣고 섞어서 소금으로 간을 하여 김이 오른 찜통에 찐다.

참고사항

갯가재찜(속찜)은 부재료를 많이 넣지 않으며 껍질째 먹는다.

출 처

거제시농업기술센터, 거제향토음식, 1998

정보제공자

김영미, 경상남도 거제시 신현읍 고현리
이순희, 경상남도 거제시 거제면 외간리

찜 · 선

게찜(꽃게찜)

재 료

꽃게 1kg(4마리) • 방아잎 50g • 양파 80g(½개) • 대파 70g(2뿌리) • 풋고추 70g(5개)

전분액 전분 2큰술 • 물 3큰술

양념장 간장 3큰술 • 고춧가루 2큰술 • 다진 파 1큰술 • 다진 마늘 1작은술 • 후춧가루 약간 • 물 200mL(1컵)

만드는 법

1. 꽃게는 솔로 깨끗이 씻어서 게딱지를 열고 아가미는 떼어 낸다.
2. 양파는 채 썰고(5×0.2×0.2cm), 대파, 풋고추는 0.3cm 두께로 어슷썰고, 방아잎은 씻어 뜯어 둔다.
3. 냄비에 손질한 꽃게를 넣고 양념장을 끼얹어가며 익힌다.
4. 꽃게가 거의 익어 갈 때 양파, 대파, 풋고추를 넣고 한소끔 더 끓인다.
5. 방아잎을 넣고 전분액을 풀어 끼얹어 걸쭉하게 농도를 맞춘다.

출 처

경상남도 농촌진흥원, 경남향토음식, 1994

정보제공자

민경희, 경상남도 밀양시 삼문동

하도희, 경상남도 사천군 서포면 조도리

고문헌

규합총서(게찜), 음식법(게찜), 시의전서(해찜 : 蟹찜), 부인필지(게찜), 조선요리제법(게찜), 조선무쌍신식요리제법(해증 : 蟹蒸)

굴찜

재 료

굴 600g(3컵) • 콩나물 300g • 미나리 300g • 대파 35g(1뿌리) • 풋고추 15g(1개) • 붉은 고추 15g(1개) • 찹쌀가루 2큰술 • 소금 1작은술 • 물 6큰술

양념 고춧가루 3큰술 • 다진 파 1큰술 • 다진 마늘 ½큰술 • 깨소금 1작은술 • 참기름 1작은술 • 소금 약간 • 육수 ⅓컵

만드는 법

1. 굴은 소금물에 헹궈 물기를 빼고, 콩나물은 다듬어 깨끗하게 씻는다.
2. 미나리는 잎을 떼어 5cm 길이로 썰고, 풋고추, 붉은 고추, 대파는 어슷하게 썬다.
3. 찹쌀가루는 물에 넣고 풀어 둔다.
4. 냄비에 굴, 콩나물, 소금을 넣어 콩나물이 비린내가 나지 않도록 익힌다.
5. 콩나물이 익으면 준비된 미나리, 풋고추, 붉은 고추, 대파, 양념을 넣어 섞은 후 3의 찹쌀가루물을 부어 한소끔 더 끓인다.

출 처
통영시농업기술센터, 통영음식, 1999

정보제공자
신윤화, 경상남도 밀양시 청도면 인산리

까막발이찜

재 료

까막발이 300g • 밀가루 110g(1컵)

초고추장 고추장 3큰술 • 식초 3큰술 • 설탕 1큰술 • 다진 마늘 1작은술 • 통깨 1작은술

만드는 법

1. 까막발이는 깨끗하게 다듬어 씻어 물기를 뺀다.
2. 채반에 까막발이를 담고 밀가루를 고루 묻힌 후 찜통에 찐다.
3. 초고추장을 곁들인다.

참고사항

까막발이는 해조류의 일종으로 여름철 별식이며 해안 지역에서 주로 먹는 음식이다.

출 처

기장군농업기술센터, 기장의 향토음식, 2003

정보제공자

성필금, 부산광역시 기장군 장안읍 암랑리
손성숙, 부산광역시 기장군 기장읍 내리

대구볼찜(대구뽈찜, 대구뽈대기찜)

재 료

대구 2마리(머리만 이용) • 콩나물 300g • 미나리 200g • 대파 35g(1뿌리) • 찹쌀가루 4큰술 • 고운 고춧가루 4큰술 • 물 100mL(½컵) • 다진 마늘 2큰술 • 소금 약간

양념장 생강즙 1큰술 • 국간장 1큰술 • 참기름 1큰술 • 깨소금 1큰술 • 후춧가루 · 청주 약간 • 육수 4큰술

만드는 법

1. 대구 머리는 다듬어 깨끗이 씻어 두고, 콩나물은 머리와 뿌리를 떼서 준비한다.
2. 미나리는 다듬어 깨끗이 씻어 5cm 길이로 자르고, 대파는 0.3cm 두께로 어슷썰기 한다.
3. 솥에 대구 머리와 콩나물을 넣고 고운 고춧가루, 다진 마늘, 소금, 물을 넣어 한소끔 끓이다가 찹쌀가루에 나머지 양념장을 섞어 넣고 걸쭉하게 익힌다.
4. 준비된 미나리와 대파를 넣고 한소끔 더 끓여 잘 버무린다.

출 처
울산광역시농업기술센터, 울산향토음식, 2001

정보제공자
허상선, 경상남도 고성군 거류면 가려리

대합찜

재 료

대합 3개 • 조갯살 50g(1/4컵) • 다진 쇠고기 30g • 두부 50g • 달걀 100g(2개) • 밀가루 2큰술 • 소금 약간 • 식용유 적량

양념 다진 파 2작은술 • 다진 마늘 1작은술 • 참기름 1작은술 • 소금 1작은술 • 설탕 1/2작은술 • 깨소금 1작은술 • 후춧가루 약간

초간장 간장 3큰술 • 식초 2큰술 • 물 1큰술 • 잣가루 1작은술

만드는 법

1. 대합은 솔로 깨끗이 씻고, 소금물에 해감을 한다.
2. 대합은 살짝 데쳐 살만 발라 내어 곱게 다져 놓고, 껍질은 깨끗이 씻는다.
3. 따로 준비한 조갯살은 뜨겁게 달군 냄비에 살짝 볶아 물기를 빼고 식혀서 곱게 다진다.
4. 두부는 눌러서 물기를 빼고 곱게 으깬다.
5. 다진 대합살, 으깬 두부, 다진 쇠고기에 양념을 넣어 고루 섞는다.
6. 달걀 1개는 황백지단을 부쳐서 잘게 다져 놓고, 나머지 1개는 잘 푼다.
7. 대합 껍질의 안쪽에 식용유를 펴 발라 밀가루를 살짝 뿌리고 5의 속을 고르게 채운다.
8. 속을 채운 대합 윗면에 밀가루를 얇게 묻힌 후 풀어 놓은 달걀을 발라서 김이 오른 찜통에 넣고 찐다.
9. 황백지단을 얹어 초간장을 곁들인다.

출 처
울산광역시농업기술센터, 울산향토음식, 2001

정보제공자
전윤숙, 경상남도 진주시 상대동

들깨머윗대찜(머윗대들깨찜, 머윗대찜)

재 료

머윗대 300g • 조갯살 120g(⅔컵) • 쌀가루 3큰술 • 들깻가루 3큰술 • 물 200mL(1컵) • 다진 마늘 1큰술 • 소금 1작은술 • 참기름 약간

만드는 법

1. 머윗대는 껍질을 벗겨서 끓는 물에 삶아 물기를 뺀다.
2. 조갯살은 깨끗이 씻어 물기를 뺀다.
3. 냄비에 참기름을 두르고 조갯살을 볶다가 1을 넣고 살짝 익힌다.
4. 들깻가루와 쌀가루를 물에 풀어 넣고 한소끔 끓인 후 다진 마늘, 소금으로 간을 한다.

참고사항

- 대합조개, 미더덕, 새우 등을 넣기도 한다.
- 당근, 감자, 고추, 양파, 죽순, 고사리, 우엉, 미나리, 콩나물을 넣기도 한다.
- 멸치액젓으로 간을 하기도 한다.
- 멸치장국국물을 쓰기도 하고, 다슬기와 우렁이(논고둥) 삶은 물을 육수로 이용하기도 한다.

출 처

경상남도 농촌진흥원, 경남향토음식, 1994

정보제공자

강명자, 경상남도 함안군 군부면 유현리
김선이, 경상남도 창녕군 고암면 억만리
라미연, 경상남도 의령군 의령읍 동동리
이미애, 경상남도 고성군 상리면 자은리
이영미, 경상남도 의령군 의령읍 동동리

들깨호박오가리찜(들깨호박우리찜)

재 료

들깨 40g($\frac{1}{3}$컵) • 호박오가리 50g • 삶은 고사리 200g(1컵) • 삶은 토란대 200g • 홍합살 150g($\frac{3}{4}$컵) • 우엉 100g($\frac{1}{4}$개) • 쌀 60g($\frac{1}{3}$컵) • 멸치장국국물(멸치 · 다시마 · 물) 300mL • 소금 1$\frac{1}{2}$작은술

만드는 법

1. 호박오가리는 물에 불린 후 고사리, 토란대와 함께 7~8cm 길이로 자른다.
2. 홍합은 깨끗이 씻어 물기를 빼고 다진다.
3. 우엉은 7~8cm 길이로 곱게 채 썬다.
4. 들깨는 껍질을 벗기고, 쌀은 깨끗이 씻어 30분 정도 불린다.
5. 냄비에 멸치장국국물 1컵을 붓고 호박오가리, 고사리, 토란대, 홍합을 넣어 끓인 후 채 썬 우엉을 넣어 끓인다.
6. 들깨와 불린 쌀을 멸치장국국물 반 컵에 갈아 넣어서 걸쭉하게 농도를 맞추고 소금으로 간을 하여 한소끔 더 끓인다.

정보제공자
임연옥, 경상남도 산청군 금서면 매촌리

마른생선찜

재 료

생선(붉은 메기, 참서대, 양태 등) 3마리 • 소금 1큰술

만드는 법

1. 생선은 내장과 비늘을 제거하고 소금으로 간을 하여 30분 정도 두었다가 깨끗이 씻어 2~3일간 꾸덕꾸덕하게 말린다.
2. 찜통에 물을 적당히 붓고 김이 오르면 말린 생선을 가지런히 놓고 서로 달라붙지 않게 사이사이에 나무젓가락을 놓고 찐다.

✽ 참고사항

붉은 메기는 살이 희고 맛이 좋으며, 비타민 E와 단백질 함량이 높다. 회를 만들거나 찌개를 끓여 먹기도 하며, 특히 배를 가르고 펴서 말려 가공하기도 한다. 이렇게 말린 붉은 메기는 술안주로 이용되기도 한다.

출 처

남해군농업기술센터, 보물섬 남해 향토 먹거리 맛과 멋, 2005
네이버사전(두산백과), 100.naver.com/100.nhn?docid=704106, 2006

멍게찜

재 료

멍게 900g(5개) • 콩나물 100g • 미더덕 50g(5개) • 실파 30g • 붉은 고추 30g(2개) • 찹쌀가루 3큰술 • 물 100mL(½컵) • 참기름 · 소금 약간

양념장 고춧가루 4큰술 • 다진 파 1큰술 • 다진 마늘 ½큰술 • 다진 생강 1작은술 • 국간장 1작은술 • 소금 약간

만드는 법

1. 멍게는 손질하여 적당한 크기로 잘라 양념장을 넣고 버무린다.
2. 미더덕은 연한 소금물에 여러 번 헹구어 꼬치로 구멍을 낸다.
3. 콩나물은 머리, 뿌리를 떼 내고 씻어 삶는다.
4. 붉은 고추는 어슷썰기 한다.
5. 실파는 3~4cm 길이로 썬다.
6. 냄비에 준비된 멍게, 미더덕, 콩나물, 붉은 고추와 물을 넣고 끓인다.
7. 찹쌀가루는 물에 잘 풀어 천천히 붓고 버무리면서 끓인다.
8. 걸쭉해지면 실파를 넣고 불을 끄고 마지막에 참기름을 넣는다.

출 처
남해군농업기술센터, 보물섬 남해 향토 먹거리 맛과 멋, 2005

보름찜국

재 료

콩나물 150g • 조갯살 100g(½컵) • 미더덕 100g(10개) • 삶은 고사리 100g(½컵) • 우엉 80g(⅕개) • 당근 80g(½개) • 쌀가루 3큰술 • 멸치장국국물(멸치 · 다시마 · 물) 1.4L(7컵) • 들깻가루 3큰술 • 물 200mL(1컵) • 참기름 1작은술 • 소금 1작은술

만드는 법

1. 콩나물은 머리, 뿌리를 떼고 깨끗하게 씻는다.
2. 우엉, 당근은 채 썰고, 고사리는 5~6cm로 자른다.
3. 조갯살, 미더덕은 깨끗하게 씻어 물기를 뺀다.
4. 쌀가루와 들깻가루는 물에 넣어 푼다.
5. 냄비에 조갯살을 넣어 볶다가 멸치장국국물을 부어 끓인다.
6. 콩나물, 우엉, 당근, 고사리, 미더덕을 넣고 더 끓인다.
7. 끓으면 쌀가루와 들깻가루, 물을 넣어 한소끔 더 끓인 후 참기름을 넣고 소금으로 간을 한다.

✲ 참고사항

정월 대보름에 먹는 나물류를 이용한 찜국으로 경상남도 지방의 대표적인 음식이다.

정보제공자
민경희, 경상남도 밀양시 삼문동

붕어찜

재 료

붕어 1kg • 미나리 100g • 무 50g • 삶은 시래기 50g • 대파 35g(1뿌리) • 깻잎 20g(13장) • 콩가루(생것) 1큰술 • 통깨 ½큰술 • 물 400mL(2컵)

양념장 고춧가루 4큰술 • 간장 2큰술 • 고추장 ½큰술 • 청주 1큰술 • 다진 마늘 1큰술 • 다진 생강 1작은술 • 물엿 ½큰술 • 식초 ½작은술 • 후춧가루 약간

만드는 법

1. 붕어는 내장을 빼고 비늘을 제거하여 깨끗이 손질한 후 양쪽으로 칼집을 낸다.
2. 깻잎은 굵게 채 썰고, 대파는 어슷썰기, 미나리는 4~5cm 길이로 자른다.
3. 무는 나박썰기(사방 2cm) 하고, 시래기는 4~5cm 길이로 자른다.
4. 두꺼운 냄비에 무와 시래기를 깔고 손질한 붕어를 올린 후 양념장을 얹어 물을 자작하게 부어 끓인다.
5. 붕어가 익으면 생콩가루를 뿌리고 깻잎, 대파, 미나리를 넣어 한소끔 더 끓여 조린 후 통깨를 뿌린다.

출 처

최수근 · 이연정 · 박성수, 향토음식 인지도에 관한 실증적 연구, 한국식생활문화학회지, 19(3), 2004

정보제공자

신경자, 경상남도 양산시 동면 사송리

고문헌

수운잡방(붕어찜), 음식디미방(붕어찜), 주방문(붕어찜), 규합총서(붕어찜), 시의전서(부어찜 : 魚찜), 부인필지(붕어찜), 조선요리제법(붕어찜), 조선무쌍신식요리제법(붕어찜)

산나물찜

재 료

산나물(고사리, 다래, 취나물, 초피잎, 두릅, 밤나물) 300g • 생멸치 300g • 쌀가루 100g(⅔컵) • 밀가루 4큰술 • 된장 2큰술 • 고추장 ⅔큰술

만드는 법

1. 모든 산나물은 데쳐서 물기를 꼭 짜고 7~8cm 길이로 썬다.
2. 생멸치는 내장과 뼈를 발라 내고 깨끗이 씻는다.
3. 준비된 산나물과 생멸치에 쌀가루, 밀가루를 넣고 버무려 된장, 고추장을 넣어 골고루 잘 섞는다.
4. 김이 오른 찜통에 넣어 찐다.

참고사항

- 된장, 고추장으로 간을 하는 것이 특징이며, 고추장을 너무 많이 넣어 찜 색깔이 빨갛게 되지 않게 한다.
- 건찜이라고도 한다.

출 처

거제시농업기술센터, 거제향토음식, 1998

정보제공자

김명숙, 경상남도 거제시 동부면 산촌리
이은주, 경상남도 거제시 신현읍 고현리

찜 · 선

생멸치메즙찜

재 료

생멸치 500g • 부추 50g • 쌀가루(밀가루) 75g(½컵) • 물 300mL(1½컵) • 다진 마늘 1큰술 • 소금 ½작은술

만드는 법

1. 싱싱한 생멸치의 비늘은 긁어 내고 뼈를 제거한 다음 살만 발라 낸다.
2. 부추는 3cm 길이로 자른다.
3. 쌀가루(밀가루)는 물(½컵)에 푼다.
4. 냄비에 물 1컵을 부어 끓이다가 생멸치를 넣어 한소끔 더 끓인다.
5. 쌀가루(밀가루)에 물(½컵)을 붓고 잘 풀어 넣어 끓이면서 농도를 걸쭉하게 조절한다.
6. 부추와 다진 마늘을 넣고 한소끔 더 끓여 소금으로 간을 한다.

참고사항

방풍잎, 콩나물을 넣기도 한다.

출 처

거제시농업기술센터, 거제향토음식, 1998

정보제공자

권경선, 경상남도 거제시 신현읍 수월리
김영미, 경상남도 거제시 신현읍 고현리
이정악, 경상남도 거제시 신현읍 수월리

생선찜

재 료

생선(도미 · 조기 · 민어 등) 1마리 • 실고추 · 통깨 약간 • 소금 1큰술

만드는 법

1. 생선은 내장과 비늘을 제거하고 소금으로 간을 하여 30분 정도 두었다가 깨끗이 씻어 2~3일간 꾸덕꾸덕하게 말린다.
2. 찜통에 물을 적당히 붓고 김이 오르면 생선을 올려 찐 후 실고추와 통깨를 얹는다.
3. 2을 채반에 널어 식힌다.

참고사항

• 흰살생선이면 생선찜을 할 수 있으며 생선의 명칭에 따라 찜 명칭이 붙는다.
• 계절채소를 곱게 다진 다음 다진 생선에 넣어 달걀, 밀가루의 순서로 입혀서 형태를 잡아 찌기도 한다.

출 처
남해군농업기술센터, 보물섬 남해 향토 먹거리 맛과 멋, 2003

고문헌
시의전서(생선찜), 조선무쌍신식요리제법(생선증 : 生鮮蒸)

성게달걀찜(앙장구달걀찜)

재 료

성게(앙장구) 100g • 달걀 150g(3개) • 실파 10g • 붉은 고추 15g(1개) • 소금 ⅔작은술 • 후춧가루 약간 • 물 300mL(1½컵)

만드는 법

1. 성게는 잘 다듬어 헹궈 놓는다.
2. 실파는 송송 썰고(0.3cm), 붉은 고추는 잘게 다진다.
3. 달걀을 풀어 물을 넣고 잘 섞은 후 성게 속과 실파, 붉은 고추를 넣고 고루 섞어 소금, 후춧가루로 간을 한다.
4. 찜통에 넣어 2~3분 간격으로 저어가면서 15분간 찐다.

참고사항

- 물 대신 장국국물을 이용하면 맛이 좋다.
- 성게의 독특한 향미와 부드러운 맛이 달걀과 조화된 별미음식이다.

출 처
기장군농업기술센터, 기장의 향토음식, 2003

정보제공자
손성숙, 부산광역시 기장군 기장읍 내리

찜 · 선

쇠미역찜(곰피찜)

재료

마른 쇠미역(곰피) 50g • 쌀가루 2큰술 • 들깻가루 1큰술 • 멸치장국국물(멸치 · 다시마 · 물) 200mL(1컵) • 소금 약간

만드는 법

1. 쇠미역은 20분간 삶아서 찬물에 1시간 정도 담근 후 건져 물기를 제거하고 1×6cm 크기로 썰어서 준비한다.
2. 냄비에 멸치장국국물을 붓고 쇠미역을 넣어 끓인다.
3. 들깻가루, 쌀가루를 넣고 끓으면 소금으로 간을 한 후 한소끔 더 끓인다.

✽ 참고사항
채 썬 우엉을 넣기도 하고, 국간장으로 간을 하기도 한다.

정보제공자
정경자, 경상남도 창녕군 창녕읍 옥천리

찜 · 선

자라찜

재료

자라 2마리 • 물 400mL(2컵)

양념장 고춧가루 2큰술 • 다진 파 1큰술 • 다진 마늘 ½큰술 • 소금 2작은술 • 참기름 1작은술 • 통깨 1작은술

만드는 법

1. 자라는 목을 잘라 피를 빼고 배에다 십자 모양을 낸 후 뱃속에 양념장을 넣는다.
2. 찜통 바닥에 자라 등이 닿게 넣고 물을 부어 찐다.
3. 물이 거의 없어지고 자라가 충분히 익으면 건져 낸다.

✽ 참고사항
바닥에 남은 자라의 기름으로 밥을 비벼 먹거나 자라기름에 밥을 볶아 먹기도 한다.

정보제공자
김을숙, 경상남도 창녕군 창녕읍 심리

숭어국찜

재료

숭어 1마리 • 쌀 90g(½컵) • 배추김치 100g • 시금치 50g • 실파 50g • 초피잎(제피잎) 50g • 물 600mL(3컵) • 다진 마늘 1큰술 • 소금 1작은술

만드는 법

1. 싱싱한 숭어를 깨끗이 다듬어 반으로 갈라 4~5cm 크기로 토막을 낸다.
2. 배추김치(김장김치)는 물기를 꼭 짜고 송송 썬다(1×1cm).
3. 시금치, 초피잎, 실파(분량의 반)는 깨끗이 씻어 물기를 빼고 2cm 길이로 썬다.
4. 쌀은 씻어 물에 불린 후 알갱이가 있도록 갈아 놓는다.
5. 실파의 반은 끓는 물에 살짝 데친다.
6. 준비된 배추김치, 시금치, 초피잎, 실파, 갈아 놓은 쌀에 소금을 넣고 버무린다.
7. 숭어 속에 6을 채워 속이 밖으로 나오지 못하도록 실파로 묶는다.
8. 냄비에 물을 붓고 끓으면 7의 숭어와 다진 마늘을 넣고 한소끔 더 끓여 소금으로 간을 한다.

참고사항

고사리, 취나물, 쑥을 이용할 수도 있고, 된장으로 간을 하기도 한다.

출처

경상남도 농촌진흥원, 경남향토음식, 1994
거제시농업기술센터, 거제향토음식, 1998
농촌진흥청, 향토음식, www2.rda.go.kr/food/, 2006

정보제공자

노들래, 경상남도 거제시 일운면 구조라리
이유선, 경상남도 거제시 일운면 망치리
제경용, 경상남도 거제시 일운면 망치리

재첩찜

재 료

재첩 2kg • 미더덕 100g(10개) • 삶은 고사리 100g(½컵) • 미나리 50g • 부추 50g • 방아잎 30g • 쌀가루 75g(½컵) • 찹쌀가루 3큰술 • 들깻가루 3큰술 • 물 1L(5컵) • 국간장 2작은술 • 소금 약간

만드는 법

1. 재첩을 하루 정도 소금물에 담가 해감을 한 후 깨끗이 씻어 소금과 물을 넣고 푹 삶는다.
2. 재첩을 체에 밭쳐 국물은 따로 두고 재첩살을 발라 낸다.
3. 미더덕은 잘게 자르고, 고사리는 5cm 길이로 자른다.
4. 부추와 미나리는 5cm 길이로 자르고, 방아잎은 씻어 뜯어 둔다.
5. 냄비에 재첩국물 1컵을 붓고 재첩살, 미더덕, 고사리를 넣고 끓인다.
6. 쌀가루, 찹쌀가루, 들깻가루를 한 군데 섞어 재첩국물 1컵을 넣고 잘 풀어서 5의 냄비에 골고루 끼얹으면서 끓인다.
7. 걸쭉하게 되면 부추, 미나리, 방아잎을 넣고 국간장으로 간을 하여 한소끔 더 끓인다.

✻ 참고사항

멥쌀가루를 이용하기도 하고, 쇠고기를 넣기도 한다.

출 처

경상남도 농촌진흥원, 경남향토음식, 1994
농촌진흥청 농촌생활연구소(현 농촌자원개발연구소), 전통지식 모음집(생활문화 편), 1997

정보제공자

박경임, 부산광역시 강서구 강동동
홍정수, 경상남도 양산시 양산읍 신기리
허귀진, 경상남도 김해시 삼안동

청각찜(애지찜)

재 료

마른 청각 20g • 콩나물 300g • 삶은 고사리 100g(½컵) • 늙은 호박 100g • 조갯살 100g(½컵) • 미더덕 100g(10개) • 대파 35g(1뿌리) • 방아잎 20g • 밀가루 5큰술 • 들깻가루 3큰술 • 멸치장국국물(멸치 · 다시마 · 물) 600mL(3컵) • 다진 마늘 2큰술 • 된장 1큰술 • 소금 1½작은술

만드는 법

1. 마른 청각은 삶아서 찬물에 헹군 후 깨끗이 다듬는다.
2. 콩나물은 머리를 떼고 씻어 물기를 뺀다.
3. 고사리는 씻어 물기를 빼고 2cm 길이로 썬다.
4. 늙은 호박은 껍질을 벗기고 3cm 길이로 약간 도톰하게 썰어 밀가루에 버무린다.
5. 조갯살과 미더덕은 깨끗이 씻어 물기를 빼고 잘게 자른다.
6. 대파는 0.3cm 두께로 어슷하게 썰고, 방아잎은 씻어 물기를 뺀다.
7. 냄비에 멸치장국국물과 된장을 풀어 넣고 준비된 삶은 청각, 콩나물, 고사리, 늙은 호박을 넣어 끓인다.
8. 조갯살과 미더덕을 넣고 한소끔 더 끓인 후 다진 마늘, 대파, 방아잎을 넣어 살짝 버무린다.

출 처

기장군 농업기술센터, 기장의 향토음식, 2003

김상애 · 권순정, 경상남도 일부 지역 향토음식의 조리표준화 및 영양분석, 한국식품영양과학회지, 33(2), 2004

정보제공자

김현숙, 부산광역시 기장군 기장읍 신천리

박옥련, 부산광역시 기장군 일광면 삼성리

박태일, 부산광역시 기장군 장안읍 좌동리

윤임옥, 부산광역시 기장군 일광면 이천리

해물찜

방법 1

재 료

오징어 350g(1마리) • 홍합 220g(10개) • 새우 110g(10마리) • 대합 3개 • 고둥 3마리 • 콩나물 200g • 미나리 100g • 방아잎 30g • 멸치장국국물(멸치 · 다시마 · 물) 400mL(2컵)

전분액 전분 2큰술 • 물 3큰술

양념 고춧가루 3큰술 • 다진 파 1큰술 • 다진 마늘 ½큰술 • 소금 1½작은술 • 통깨 약간

만드는 법

1. 오징어는 깨끗이 다듬어 칼집을 넣고 3×5cm 크기로 썬다.
2. 홍합, 대합은 깨끗이 다듬고 새우는 껍질을 벗긴다.
3. 고둥은 삶아 껍질을 까고 속을 꺼내 깨끗이 씻는다.
4. 콩나물은 씻어 물기를 뺀다.
5. 미나리는 4cm 길이로 자르고, 방아잎은 씻어 뜯어 둔다.
6. 냄비에 멸치장국국물을 붓고 준비된 오징어, 홍합, 대합, 새우, 고둥, 콩나물을 넣어 한소끔 끓인 후 전분액과 양념을 넣어 잘 섞으면서 끓인다.
7. 김이 오르면 미나리와 방아잎을 넣어 버무린다.

참고사항

꽃게 등의 해물과 쇠고기를 이용하기도 하고 죽순, 버섯, 토란 등을 이용하기도 한다.

출 처

농촌진흥청 농촌영양개선연수원(현 농촌자원개발연구소), 한국의 향토음식, 1994
기장군농업기술센터, 기장의 향토음식, 2003

정보제공자

문두순, 부산광역시 강서구 강동동
박금선, 경상남도 거제시 신현읍 고현리
임경숙, 부산광역시 기장군 기장읍 청강리
한정옥, 경상남도 창원시 진북면 부평리

방법 2

재 료

조갯살 100g(½컵) • 양송이버섯 100g(6개) • 삶은 고사리 100g(½컵) • 삶은 토란대 70g • 미더덕 70g(7개) • 찹쌀가루 5큰술 • 멥쌀가루 5큰술 • 들깻가루 5큰술 • 방아잎 20g • 물 1.2L(6컵) • 다진 마늘 2큰술 • 소금 1작은술

만드는 법

1. 고사리, 토란대는 씻어 5cm 길이로 자른다.
2. 양송이버섯은 껍질을 벗겨 끓는 물에 데친 후 찬물에 헹궈 0.2cm 두께로 얇게 썬다.
3. 조갯살은 잘게 다져서 볶는다.
4. 미더덕은 깨끗이 씻고 자른다.
5. 방아잎은 씻어 뜯어 둔다.
6. 냄비에 물을 붓고 미더덕을 넣어 끓인 후 고사리와 토란대를 멥쌀가루, 찹쌀가루, 들깻가루에 버무려 넣고 저으면서 끓인다.
7. 양송이버섯과 조갯살을 넣고 한소끔 더 끓인 후 다진 마늘과 방아잎을 넣고 소금으로 간을 한다.

정보제공자
김진희, 경상남도 거제시 신현읍 고현리
박말순, 부산광역시 강서구 강동동

회

전어회무침(전어회)

재 료

전어 4마리 • 배 180g(½개) • 오이 100g(⅔개) • 도라지 50g(3뿌리) • 당근 50g(⅓개) • 무 50g • 대파 20g(½뿌리) • 풋고추 15g(1개) • 붉은 고추 15g(1개) • 깻잎 10g(6장) • 통깨 ½큰술

설탕물 설탕 1큰술 • 물 200mL(1컵)

양념 고추장 2큰술 • 설탕 2큰술 • 식초 2큰술 • 고춧가루 1큰술 • 다진 마늘 2작은술 • 다진 생강 1작은술

만드는 법

1. 전어는 비늘을 긁고 내장을 제거하여 깨끗이 씻은 후 포를 떠 살만 발라 내어 물기를 제거하여 어슷하게 썬다.
2. 도라지는 가늘게 찢어 소금에 문질러 씻고, 무, 당근은 가늘게 채 썬다(5×0.2×0.2cm).
3. 오이는 길게 반으로 갈라 0.3cm 두께로 어슷썰기 하고, 대파도 어슷썰기 한다.
4. 깻잎은 반으로 썰어 1cm 너비로 채 썰고, 풋고추와 붉은 고추는 씨를 빼고 어슷썰기 한다.
5. 배는 껍질을 벗기고 채 썰어 설탕물에 담갔다 건져 물기를 뺀다.
6. 준비된 모든 재료에 양념을 넣어 버무린 다음 통깨를 뿌린다.

1

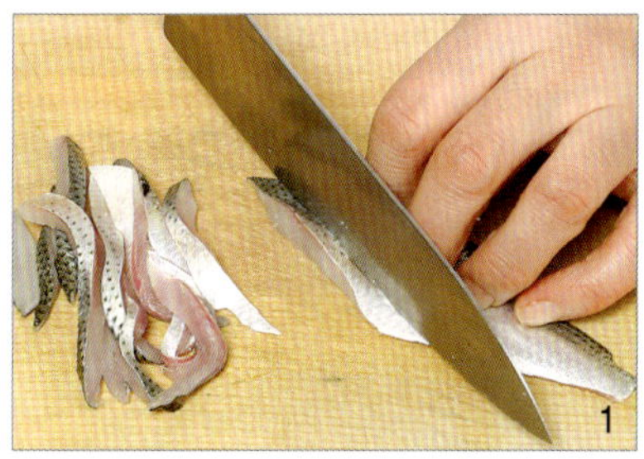
1

2~5

6

❁ 참고사항

전어를 써는 방법에 따라 씹는 질감과 맛이 달라지므로 취향에 따라 뼈째 세로로 굵게 채 썰기도 하고 가로로 어슷썰기 하기도 한다. 전어회는 초고추장에 버무리지 않고 된장에 여러 향신료를 넣은 양념장을 곁들여 찍어 먹기도 한다.

출 처
통영시농업기술센터, 통영음식, 1999
울산광역시농업기술센터, 울산향토음식, 2001
남해군농업기술센터, 보물섬 남해 향토 먹거리 맛과 멋, 2005

정보제공자
이명숙, 경상남도 진해시 죽곡동

조리시연자
정계임, 경상남도 진주시 대안동

다슬기회무침

재 료

다슬기 50g • 오이 100g(⅔개) • 미나리 30g • 부추 30g • 양파 30g • 방아잎 20g • 깻잎 15g(10장)

양념 고추장 2큰술 • 식초 2큰술 • 설탕 ½큰술 • 통깨 ½큰술 • 참기름 1작은술 • 다진 생강 약간

만드는 법

1. 다슬기는 씻어 물을 부어 삶은 후 살만 발라 낸다.
2. 부추, 미나리는 5cm 길이로 썰고, 깻잎, 양파, 방아잎, 오이는 굵게 채 썬다(5×0.5×0.5cm).
3. 준비된 모든 재료에 양념을 넣어 무친다.

출 처
울산광역시농업기술센터, 울산향토음식, 2001

정보제공자
김봉호, 울산광역시 울주군 두서면 인보리

조리시연자
권일점, 경상남도 산청군 금서면 매촌리

회

멸치회

재 료

생멸치 500g • 쑥갓 50g • 미나리 50g • 부추 50g • 양파 50g(⅓개) • 막걸리(술지게미) 2컵

초고추장 고추장 3큰술 • 식초 3큰술 • 설탕 1큰술 • 다진 파 1큰술 • 다진 마늘 1작은술 • 통깨 1작은술

만드는 법

1. 크고 싱싱한 생멸치를 왕모래가 담긴 소쿠리에 넣어 물에 담갔다 건졌다 하면서 멸치의 비늘을 벗겨 살이 빨갛게 나오도록 한다.
2. 막걸리나 술지게미를 푼 물에 준비된 멸치를 담가 기름기가 위에 뜨면 멸치를 건져 멸치 머리와 뼈를 발라 낸다.
3. 쑥갓, 미나리, 부추는 5cm 길이로 썰고, 양파는 0.3cm 너비로 채 썬다.
4. 2의 멸치와 3의 채소에 초고추장을 넣고 무친다.

참고사항

- 생멸치는 음력 7~8월에 잡은 가을 멸치의 맛이 제일이며 길이는 10cm 정도의 멸치가 적당하다. 멸치회는 재료를 모두 준비해 두었다가 먹기 직전에 버무려야 물이 생기지 않고 맛이 있다.
- 술지게미를 푼 물이나 막걸리에 담그지 않고 먹기도 한다.

출 처
문화공보부 문화재관리국, 한국민속종합조사보고서(향토음식 편), 1984
경상남도 농촌진흥원, 경남향토음식, 1994
농촌진흥청 농촌생활연구소(현 농촌자원개발연구소), 전통지식 모음집(생활문화 편), 1997
거제시농업기술센터, 거제향토음식, 1998
통영시농업기술센터, 통영음식, 1999
울산광역시농업기술센터, 울산향토음식, 2001
기장군농업기술센터, 기장의 향토음식, 2003
남해군농업기술센터, 보물섬 남해 향토 먹거리 맛과 멋, 2005
신애숙, 부산의 전통, 향토음식의 현황 고찰, 한국조리학회지, 6(2), 2000

정보제공자
김순남, 경상남도 거제시 장목면 외포리
김옥경, 부산광역시 기장군 기장읍 대변리
김홍자, 경상남도 양산군 장안읍 길천리
임경옥, 부산광역시 기장군 기장읍 연화리
전영숙, 경상남도 거제시 일운면

조리시연자
진한주, 경상남도 거제시 마전동

회

재첩회

재 료

재첩 2kg • 배 120g(⅓개) • 미나리 60g • 당근 50g(⅓개) • 오이 50g(⅓개) • 양배추 50g

초고추장 고추장 3큰술 • 식초 3큰술 • 설탕 1큰술 • 다진 파 1큰술 • 다진 마늘 1작은술 • 통깨 1작은술

만드는 법

1. 배, 당근, 오이, 양배추는 곱게 채 썰고(4×0.2×0.2cm) 미나리는 4cm 길이로 썬다.
2. 재첩을 삶아 살만 발라 낸다.
3. 준비된 모든 재료에 초고추장을 넣고 버무린다.

출 처
농촌진흥청, 향토음식, www2.rda.go.kr/food/, 2006

정보제공자
김석순, 경상남도 김해시 한림면 장방리

조리시연자
한선임, 경상남도 하동군 하동읍 화심리

회

갈치회(기장갈치회)

재 료

갈치 320g(1마리) • 미나리 100g • 양파 80g(½개) • 쑥갓 50g • 풋고추 30g(2개) • 배 60g

양념 고추장 3큰술 • 식초 3큰술 • 설탕 1큰술 • 다진 마늘 1작은술 • 통깨 1작은술

만드는 법

1. 갈치는 포를 떠서 4~5cm 크기로 썰어 여러 번 헹군다.
2. 미나리는 5cm 길이로 썰고, 양파와 배는 곱게 채 썬다(5×0.2×0.2cm).
3. 풋고추는 어슷썰기 하고, 쑥갓은 잎을 뜯어 놓는다.
4. 준비된 모든 재료에 양념을 넣어 버무린다.

참고사항

- 기장갈치는 통일신라시대부터 유명하여 왕에게 진상되고 귀족에게 상납하는 생선이었다. 가을에 맛이 제일 좋아 가을갈치라 하며, 구이, 자반, 조림, 젓 등의 다양한 음식이 있다. 어묵제조 시에도 갈치살이 들어가면 맛이 있다.
- 잔 갈치는 뼈째 채 썰어 이용한다.
- 갈치비늘은 호박잎을 이용하면 깨끗이 벗겨진다.
- 갈치회는 기름기와 비늘을 씻어 낸 후 막걸리로 헹궈 물기를 마른 면포로 제거하여 이용한다.
- 갈치와 채소를 버무리지 않고 따로 내고 초고추장이나 고추냉이간장을 곁들이기도 한다.

출 처

기장군농업기술센터, 기장의 향토음식, 2003
남해군농업기술센터, 보물섬 남해 향토 먹거리 맛과 멋, 2005
신애숙, 부산의 전통, 향토음식의 현황 고찰, 한국조리학회지, 6(2), 2000

정보제공자

공득선, 부산광역시 기장군 기장읍 동부리

고래고기육회(고래생고기)

재 료

고래고기 400g • 배 250g(⅔개)

양념 다진 마늘 ⅔큰술 • 참기름 1작은술 • 깨소금 · 소금 약간

만드는 법

1. 고래고기와 배는 채 썬다(5×0.5×0.5cm).
2. 양념을 넣어 살짝 버무린다.

❋ 참고사항

• 고래육회는 갈빗살, 가슴살(우내)의 살코기 등을 이용한다.
• 고추장이나 막장을 곁들이기도 한다.

출 처
울산광역시농업기술센터, 울산향토음식, 2001
이연정 · 하미옥 · 최수근, 울산 지역 향토음식에 대한 식행동과 기호도에 관한 연구, 한국식생활문화학회지, 21(5), 2006

회

굴숙회

재 료

굴 400g(2컵) • 미나리 100g • 달걀 50g(1개) • 물 3큰술 • 소금 · 식용유 약간

양념 소금 1작은술 • 참기름 1작은술 • 다진 마늘 1작은술 • 통깨 약간

만드는 법

1. 굴은 소금물에 살살 흔들어 씻어 냄비에 물을 3큰술 정도만 넣고 살짝 찐다.
2. 미나리는 끓는 물에 소금을 넣고 데친 후 찬물에 헹궈 3cm 길이로 썬다.
3. 달걀은 황백지단을 각각 부쳐 곱게 채 썬다(5×0.2×0.2cm).
4. 미나리에 양념을 넣어 버무린 후 익힌 굴을 넣고 고루 섞는다.
5. 황백지단을 고명으로 올린다.

출 처
남해군농업기술센터, 보물섬 남해 향토 먹거리 맛과 멋, 2005

굴회

재 료

굴 400g(2컵) • 소금 약간

초고추장 고추장 3큰술 • 식초 3큰술 • 설탕 1큰술 • 통깨 약간

만드는 법

1. 굴은 껍질을 제거하고 소금물에 흔들어 씻어 물기를 뺀다.
2. 초고추장을 곁들인다.

출 처
남해군농업기술센터, 보물섬 남해 향토 먹거리 맛과 멋, 2005

정보제공자
정용주, 경상남도 고성군 고성읍 서외리

고문헌
시의전서(굴회), 조선요리제법(굴회), 조선무쌍신식요리제법(석화회 : 石花膾)

멍게회

재 료

멍게 1kg(5마리) • 상추 100g • 풋고추 30g(2개) • 붉은 고추 30g(2개)

초고추장 고추장 3큰술 • 식초 3큰술 • 설탕 1큰술 • 다진 마늘 1작은술 • 깨소금 1작은술

만드는 법

1. 멍게는 손질하여 내장을 뺀 후 살을 발라 내어 3~4조각을 낸다.
2. 상추는 깨끗이 씻어 물기를 빼고, 풋고추와 붉은 고추는 0.3cm 두께로 어슷썰기 한다.
3. 준비된 멍게에 상추, 풋고추, 초고추장을 곁들인다.

출 처

문화공보부 문화재관리국, 한국민속종합조사보고서(향토음식 편), 1984
경상남도 농촌진흥원, 경남향토음식, 1994
거제시농업기술센터, 거제향토음식, 1998
통영시농업기술센터, 통영음식, 1999
울산광역시농업기술센터, 울산향토음식, 2001
남해군농업기술센터, 보물섬 남해 향토 먹거리 맛과 멋, 2005

정보제공자

김계남, 경상남도 고성군 고성읍 기월리
신영애, 경상남도 거제시 신현읍 고현리
양정현, 울산광역시 남구 무거동

문어회무침

재 료

문어 1마리 • 무 100g • 소금 1큰술 • 물 400mL(2컵)

양념장 간장 5큰술 • 설탕 2큰술 • 다진 파 1큰술 • 다진 마늘 1작은술 • 참기름 1작은술 • 깨소금 · 생강즙 · 후춧가루 약간

만드는 법

1. 문어는 통째로 준비하여 머리 부분의 내장을 제거하고 소금으로 문질러 씻는다.
2. 무는 나박썰기(2.5×2.5×0.3cm) 한다.
3. 큰 냄비에 준비된 무와 물을 부어 끓으면 문어를 넣고 데친 후 물기를 뺀다.
4. 데친 문어는 다리를 잘라 얇게 편 썰고, 머리는 가로 2cm, 세로 3cm 크기로 썰어 양념장을 넣고 무친다.

참고사항

- 문어의 물기를 뺄 때에는 문어를 거꾸로 세우는 방법을 사용한다.
- 오이, 식초, 고추장을 넣기도 한다.
- 문어를 데칠 때 무를 넣으면 질겨지는 것을 막을 수 있다.

출 처

경상남도 농촌진흥원, 경남향토음식, 1994
통영시농업기술센터, 통영음식, 1999

정보제공자

제옥례, 경상남도 통영시 무전동

회

뱅어회

재 료

뱅어 240g • 실파 50g • 배 180g(½개)

초고추장 고추장 2큰술 • 식초 2큰술 • 설탕 2작은술 • 다진 마늘 1작은술 • 통깨 1작은술

만드는 법

1. 뱅어는 소쿠리에 담아 깨끗이 씻고 실파는 다지고, 배는 곱게 채 썬다(5×0.2×0.2cm).
2. 준비된 모든 재료에 초고추장을 넣어 버무린다.

참고사항

미나리, 풋고추, 양파를 넣기도 한다.

출 처

거제시농업기술센터, 거제향토음식, 1998

남해군농업기술센터, 보물섬 남해 향토 먹거리 맛과 멋, 2005

회

오징어물회

재 료

오징어 700g(2마리) • 배 120g(⅓개) • 양파 80g(½개) • 풋고추 30g(2개) • 물 600mL(3컵)

양념 고추장 2큰술 • 된장 ½큰술 • 식초 2큰술 • 다진 파 1큰술 • 다진 마늘 ½큰술 • 참기름 1작은술

만드는 법

1. 오징어는 내장을 빼고 깨끗하게 씻어 얇게 채 썬 후 물기를 제거한다.
2. 배, 양파는 곱게 채 썰고(5×0.2×0.2cm), 풋고추는 0.3cm 두께로 어슷썰기 한다.
3. 준비된 모든 재료에 양념을 넣고 고루 섞은 후 생수를 붓는다.

정보제공자

김필옥, 경상남도 진주시 수곡면 원계리

상어숙회

재 료

상어(머리, 꼬리 부위) 500g

초고추장 고추장 3큰술 • 식초 3큰술 • 설탕 1큰술 • 다진 마늘 1작은술 • 깨소금 1작은술

만드는 법

1. 상어의 머리, 꼬리 부분을 삶아 적당한 크기(2×3×1cm)로 썬다.
2. 초고추장을 곁들인다.

✻ 참고사항

상어의 두꺼운 살 부분은 상어돔배기라 하여 산적으로 이용한다.

출 처

울산광역시농업기술센터, 울산향토음식, 2001

이연정 · 하미옥 · 최수근, 울산 지역 향토음식에 대한 식행동과 기호도에 관한 연구, 한국식생활문화학회지, 21(5), 2006

정보제공자

정효순, 울산광역시 울주군 언양읍 반연리

회

생선물회

재 료

생선(농어 · 광어 · 놀래미 등의 살코기) 300g • 배 180g(½개) • 상추 30g(5장) • 깻잎 20g(13장) • 양배추 50g • 당근 50g(⅓개) • 오이 50g(⅓개) • 해물육수 600mL(3컵)

초고추장 고추장 3큰술 • 식초 3큰술 • 설탕 1큰술 • 다진 마늘 1작은술 • 통깨 1작은술

만드는 법

1. 생선은 얇게 포를 뜬 다음 굵게 채 썬다(5×0.3×0.3cm)
2. 상추, 깻잎, 양배추, 당근, 오이, 배는 채 썬다(5×0.2×0.2cm).
3. 준비된 모든 재료를 초고추장에 버무리고 해물육수를 붓는다.

참고사항

식성에 따라 식초와 설탕 양을 조절한다.

출 처

남해군농업기술센터, 보물섬 남해 향토 먹거리 맛과 멋, 2005

우렁이무침(논고둥무침)

재 료

우렁이(논고둥) 300g • 무 100g • 미나리 50g

양념 고추장 3큰술 • 식초 3큰술 • 설탕 1큰술 • 다진 마늘 1작은술 • 통깨 1작은술

만드는 법

1. 우렁이는 삶아 속만 발라 내어 깨끗이 주물러 씻어 물기를 뺀다.
2. 미나리는 5cm 길이로 자르고, 무는 곱게 채 썬다(5×0.2×0.2cm).
3. 준비된 모든 재료에 양념을 넣어 무친다.

정보제공자
이명숙, 경상남도 진해시 죽곡동

은어회

재 료

은어(크기가 15cm 이상되는 것) 1kg(1마리)

초고추장 고추장 3큰술 • 식초 3큰술 • 설탕 1큰술 • 다진 파 1큰술 • 다진 마늘 1작은술 • 통깨 1작은술

만드는 법

1. 은어는 내장을 빼내고 깨끗하게 씻는다.
2. 은어는 포를 떠서 물기를 제거한 후 얇게 저민다.
3. 초고추장을 곁들인다.

참고사항

은어의 내장과 알은 된장, 고춧가루, 다진 마늘을 넣고 조려서 먹기도 한다.

출 처
문화공보부 문화재관리국, 한국민속종합조사보고서(향토음식 편), 1984
경상남도 농촌진흥원, 경남향토음식, 1994
최수근 · 이연정 · 박성수, 향토음식 인지도에 관한 실증적 연구, 한국식생활문화학회지, 19(3), 2004
이연정, 향토음식에 대한 인식이 향토음식전문점 방문빈도에 미치는 영향 연구, 한국조리과학회지, 22(6), 2006

정보제공자
김광덕, 경상남도 하동군 화개면 탑리

장어회

재 료

장어 1kg • 소금 약간

초고추장 고추장 3큰술 • 식초 3큰술 • 설탕 1큰술 • 다진 마늘 1큰술 • 생강즙 1작은술 • 통깨 1작은술

만드는 법

1. 크기가 큰 장어는 껍질을 벗겨 뼈를 발라 내고, 작은 것은 껍질을 벗기고 뼈째 가늘게 썬다.
2. 썰어 놓은 장어를 삼베보자기에 싸서 소금물에 여러 번 헹궈 내어 기름기를 완전히 뺀 후 물기를 꼭 짜서 보슬보슬하게 만든다.
3. 초고추장을 곁들인다.

출 처

문화공보부 문화재관리국, 한국민속종합조사보고서(향토음식 편), 1984
경상남도 농촌진흥원, 경남향토음식, 1994
통영시농업기술센터, 통영음식, 1999

정보제공자

김계남, 경상남도 고성군 고성읍 기월리
박용수, 경상남도 밀양시 초동면
최경숙, 경상남도 고성군 고성읍 동외리

회

죽순무침

재 료

죽순 200g(1개) • 오징어 350g(1마리) • 오이 100g(⅔개) • 양파 50g(⅓개) • 당근 50g(⅓개)

양념 고추장 2큰술 • 감식초 1큰술 • 설탕 1큰술 • 다진 마늘 ½큰술 • 깨소금 ½큰술

만드는 법

1. 죽순은 반을 갈라 모양대로 썰어 데친다.
2. 오징어는 적당한 크기(1×5cm)로 썰어 데친다.
3. 오이는 반을 갈라 0.3cm 두께로 어슷썰기 하고, 양파는 굵게 채 썰고(5×0.3×0.3cm), 당근은 편으로 썬다(1×4×0.3cm).
4. 준비된 재료에 양념을 넣어 무친다.

참고사항

고춧가루를 넣기도 하고, 골뱅이를 넣어 무치기도 한다.

정보제공자
김애자, 경상남도 양산시 명곡동

피조개회

재 료

피조개 5마리

초고추장 고추장 3큰술 • 식초 3큰술 • 설탕 1큰술 • 정종 1작은술 • 마늘즙 1작은술 • 생강즙 1작은술

만드는 법

1. 피조개는 내장과 핏물을 제거하고 깨끗이 씻어 물기를 뺀다.
2. 손질한 피조개에 칼집을 넣어 적당한 크기로 썬다.
3. 초고추장을 곁들인다.

참고사항

각종 채소와 함께 버무려 먹기도 한다.

출 처

문화공보부 문화재관리국, 한국민속종합조사보고서(향토음식 편), 1984
거제시농업기술센터, 거제향토음식, 1998
통영시농업기술센터, 통영음식, 1999

정보제공자

문란주, 경상남도 양산시 동면 석산리
이경자, 경상남도 거제시 장목면 구영리

회

학꽁치회

재 료

학꽁치 6마리 • 배 120g(⅓개) • 양배추 50g • 미나리 50g • 오이 50g(⅓개) • 깻잎 20g(13장) • 상추 30g(5장) • 풋고추 30g(2개) • 통깨 1작은술

초고추장 고추장 3큰술 • 식초 3큰술 • 설탕 1큰술 • 다진 마늘 1작은술 • 깨소금 1작은술

만드는 법

1. 학꽁치는 깨끗이 손질하여 포를 떠서 5cm 길이로 썰어 칼등으로 두드린다.
2. 양배추, 배, 오이, 깻잎, 상추는 채 썰고(5×0.2×0.2cm), 풋고추는 0.3cm 두께로 어슷썰기 한다.
3. 미나리는 4cm 길이로 썬다.
4. 준비된 모든 재료를 초고추장에 버무려 통깨를 뿌린다.

정보제공자
송갑숙, 부산광역시 기장군 일광면 삼성리

회

한치회

재 료

한치 200g(1마리) • 배 180g(½개) • 무 50g • 양파 40g(¼개) • 풋고추 15g(1개) • 붉은 고추 15g(1개) • 깻잎 10g(6장)

초고추장 고추장 3큰술 • 식초 3큰술 • 물엿 3큰술 • 다진 마늘 1큰술 • 다진 생강 ½큰술

만드는 법

1. 한치는 내장을 꺼내고 껍질을 벗긴 다음 깨끗이 씻어 물기를 빼고 5cm 길이로 채 썬다.
2. 양파, 무, 깻잎, 배는 곱게 채 썬다(5×0.2×0.2cm).
3. 풋고추, 붉은 고추는 반으로 갈라 씨를 털어 내고 곱게 채 썬다.
4. 준비된 모든 재료에 초고추장을 넣어 버무린다.

출 처

거제시농업기술센터, 거제향토음식, 1998

정보제공자

박필숙, 경상남도 거제시 신현읍 고현리

한숙희, 경상남도 거창군 거창면 중앙리

해삼초무침

재 료

해삼 400g(2마리) • 유자 55g(½개) • 무 50g • 식초 2큰술 • 간장 1큰술 • 소금 약간

단촛물 설탕 1큰술 • 식초 1큰술 • 소금 1작은술 • 물 1큰술

만드는 법

1. 해삼은 배를 가르고 내장을 빼서 잘게 썬 다음 단촛물에 넣어 버무린 후 잠시 재웠다 건져 낸다.
2. 무는 강판에 곱게 갈고, 유자는 즙을 내어 식초, 간장, 소금을 넣어 양념장을 만든다.
3. 건져 낸 해삼을 양념장에 버무린다.

정보제공자
강수길, 경상남도 진해시 북부동

해삼회

재 료

해삼 400g(2마리) • 풋고추 30g(2개) • 식초 ½컵 • 물 적량

초고추장 고추장 3큰술 • 식초 3큰술 • 설탕 1큰술 • 다진 마늘 1작은술 • 통깨 1작은술

만드는 법

1. 해삼은 배를 갈라 내장을 뺀다.
2. 해삼을 적당한 크기로 썰어 식초물에 조물조물 씻어 건져 물기를 뺀다.
3. 풋고추는 씨를 빼고 어슷썰기 한다(0.3cm).
4. 접시에 해삼과 풋고추를 담고 초고추장을 곁들인다.

참고사항

해삼과 풋고추에 초고추장을 넣어 버무려 내기도 한다.

출 처

문화공보부 문화재관리국, 한국민속종합조사보고서(경상남도 편), 1972
남해군농업기술센터, 보물섬 남해 향토 먹거리 맛과 멋, 2005

정보제공자

박은미, 경상남도 남해군 이동면 난음리

회

해파리회

재 료

해파리 300g • 오이 150g(1개) • 소금 약간

초고추장 고추장 4큰술 • 설탕 2큰술 • 다진 파 1큰술 • 다진 마늘 1작은술 • 식초 2작은술 • 깨소금 1큰술

만드는 법

1. 해파리는 20분 정도 물에 담가 두었다가 짠맛이 빠지면 씻어 굵게 채 썬다.
2. 오이는 길게 반으로 갈라 0.3cm 두께로 어슷썰기 하여 소금에 살짝 절였다가 꼭 짠다.
3. 준비된 재료에 초고추장을 넣어 무친다.

출 처
문화공보부 문화재관리국, 한국민속종합조사보고서(향토음식 편), 1984

마른반찬

가죽부각(가죽자반)

재 료

어린 가죽잎 400g • 고춧가루 3큰술 • 통깨 2큰술 • 소금 약간 • 식용유 적량

밀가루풀 밀가루 55g(½컵) • 소금 약간 • 물 150mL(¾컵)

찹쌀풀 찹쌀가루 250g(2½컵) • 소금 1작은술 • 물 750mL(3¾컵)

만드는 법

1. 어린 가죽잎은 끓는 물에 소금을 넣어 살짝 데친 후 꾸덕꾸덕하게 말린다.
2. 냄비에 밀가루, 물, 소금을 넣고 밀가루풀을 끓인다.
3. 말린 가죽잎에 밀가루풀을 발라 햇볕에 말린다.
4. 냄비에 찹쌀가루, 물, 소금을 넣고 찹쌀풀을 끓여 식힌 후 고춧가루, 통깨를 섞는다.
5. 3의 가죽잎에 고춧가루, 통깨를 섞은 찹쌀풀을 골고루 발라 햇볕에 바싹 말린다.
6. 겉면이 윤기 나게 마르면 잘 보관해 두었다가 먹을 때 식용유에 튀긴다.

1

5

6

참고사항

동백잎, 당귀잎, 들깻잎, 방아잎, 가죽, 아주까리잎, 뽕잎, 약초밀 등 여러 종류의 산야초를 부각으로 이용한다.

출 처

문화공보부 문화재관리국, 한국민속종합조사보고서(경상남도 편), 1972
경상남도 농촌진흥원, 경남향토음식, 1994
최수근 · 이연정 · 박성수, 향토음식 인지도에 관한 실증적 연구, 한국식생활문화학회지, 19(3), 2004
농촌진흥청, 향토음식, www2.rda.go.kr/food/, 2006

정보제공자

노광옥, 경상남도 밀양시 상남면 기산리
박순희, 경상남도 창원시 남양동

조리시연자

백영선, 경상남도 김해시

마른반찬

고추부각

재료

풋고추 300g(20개) • 쌀가루 75g(½컵) • 밀가루 55g(½컵) • 소금 1작은술 • 식용유 적량

양념장 간장 2큰술 • 물엿 1큰술 • 설탕 ½큰술 • 다진 마늘 ½큰술

만드는 법

1. 풋고추는 큰 것은 반으로 잘라 씨를 빼고 어린 것은 통째로 물에 씻어 건진다.
2. 밀가루, 쌀가루, 소금을 섞어 풋고추를 넣고 버무린 후 찜통에 쪄서 햇볕에 말린다.
3. 바싹 마르면 밀폐용기에 보관해 둔다.
4. 먹을 때 140~150°C의 식용유에서 튀겨 양념장에 버무린다.

출처

문화공보부 문화재관리국, 한국민속종합조사보고서(향토음식 편), 1984
울산광역시농업기술센터, 울산향토음식, 2001

정보제공자

서영애, 울산광역시 울주군 범서읍 두산리
정영선, 경상남도 진주시 진주군 신안동

마른반찬

김부각

재 료

김 20g(10장) • 고운 고춧가루 1큰술 • 통깨 1큰술 • 식용유 적량

찹쌀풀 찹쌀가루 100g(1컵) • 소금 1작은술 • 물 300mL(1½컵)

만드는 법

1. 마른 김은 티와 돌을 제거한다.
2. 냄비에 물을 붓고 찹쌀가루를 풀어서 소금으로 간을 맞추어 나무주걱으로 저으면서 찹쌀풀을 만든다.
3. 손질한 김에 찹쌀풀을 바르고 그 위에 김을 한 장 덮은 후 다시 찹쌀풀을 바르는 작업을 반복한다.
4. 찹쌀풀을 바른 김에 통깨와 고운 고춧가루를 골고루 뿌려 채반에 널어 말린다.
5. 어느 정도 마르면 손으로 잡아당겨서 편평하게 하여 3등분한 후 다시 더 바싹 말려 밀폐용기에 담아 보관한다.
6. 먹을 때 140~150°C의 식용유에서 튀긴다.

출 처

경상남도 농촌진흥원, 경남향토음식, 1994

정보제공자

김순자, 경상남도 창원시 대원동

양경애, 경상남도 거창군 가북면 우혜리

마른반찬

깻잎부각

재 료

깻잎 50g(30장) • 식용유 적량

찹쌀풀 찹쌀가루 100g(1컵) • 소금 1작은술 • 물 400mL(2컵)

만드는 법

1. 깻잎은 작고 싱싱한 것으로 골라서 깨끗이 씻은 후 물기를 완전히 뺀다.
2. 냄비에 물을 붓고 찹쌀가루를 풀어 소금으로 간을 맞추고 나무주걱으로 저으면서 말갛게 풀을 쑤어 식힌다.
3. 깻잎을 한 장씩 펴고 찹쌀풀을 골고루 발라서 채반에 펴서 말린다.
4. 바싹 마르면 밀폐된 용기에 담아서 보관한다.
5. 먹을 때 140~150°C의 식용유에서 튀긴다.

참고사항

술안주나 간식으로 이용한다.

출 처

경상남도 농촌진흥원, 경남향토음식, 1994

밀양시, 밀양의 맛, 2001

정보제공자

강말선, 경상남도 함안군 칠북면 덕남리

강정숙, 경상남도 거창군 가조면 대초리

마른반찬

들깨송이부각

재 료

들깨송이 100g • 쌀가루 75g(½컵) • 밀가루 55g(½컵) • 소금 1작은술 • 식용유 적량

양념장 간장 2큰술 • 물엿 1큰술 • 설탕 ½큰술 • 다진 마늘 ½큰술

만드는 법

1. 들깨송이를 깨끗이 씻어 물기를 뺀다.
2. 밀가루, 쌀가루, 소금을 섞어 들깨송이를 버무려 찜통에서 찐 후 햇볕에 말린다.
3. 2의 들깨송이가 바싹 마르면 밀폐용기에 보관해 둔다.
4. 먹을 때 140~150℃의 식용유에서 3의 말린 들깨송이를 튀겨 양념장에 버무린다.

참고사항

들깨송이부각에는 대부분 고추부각을 튀겨 진간장, 물엿, 설탕, 다진 마늘에 버무린 것을 곁들인다.

출 처

울산광역시농업기술센터, 울산향토음식, 2001

정보제공자

서영애, 울산광역시 울주군 범서읍 두산리
오선자, 경상남도 거창군 거창읍 대평리

마른반찬

우엉잎·오가피잎부각

재 료

우엉잎 100g • 오가피잎 100g • 찹쌀가루 300g(3컵) • 물 900mL(4½컵) • 고춧가루 ½컵 • 소금 1큰술 • 식용유 적량

만드는 법

1. 우엉잎, 오가피잎은 살짝 쪄서 물기를 뺀다.
2. 냄비에 찹쌀가루, 물, 소금을 넣고 끓여 식힌 후 고춧가루를 넣어 잘 섞는다.
3. 준비된 우엉잎, 오가피잎에 2의 찹쌀풀을 묻혀 바싹 말린다.
4. 먹을 때 140~150°C의 식용유에서 튀긴다.

참고사항

기호에 따라 고추장을 바르기도 한다.

출 처
울산광역시농업기술센터, 울산향토음식, 2001

정보제공자
서성순, 경상남도 밀양시 단장면 태룡리
서영애, 울산광역시 울주군 범서읍 두산리

조리시연자
한영숙, 경상남도 거창군 거창읍 장팔리

마른반찬

노가리부각

재료

노가리 120g(대 10마리) • 식용유 적량

찹쌀풀 찹쌀가루 100g(1컵) • 소금 1작은술 • 물 300mL(1½컵)

만드는 법

1. 노가리는 두드려 편평하게 만든다.
2. 냄비에 물을 붓고 찹쌀가루를 풀고 소금으로 간을 맞춘 다음 나무주걱으로 저으면서 말갛게 풀을 쑤어 식힌다.
3. 준비된 노가리에 2의 찹쌀풀을 골고루 발라 채반에 펴서 말린다.
4. 바싹 말린 노가리는 밀폐용기에 담아 보관한다.
5. 먹을 때 140~150℃의 식용유에서 튀긴다.

정보제공자
한판임, 경상남도 거창군 거창읍 대평리

마른반찬

다시마부각

재 료

다시마 100g • 찹쌀 170g(1컵) • 물 200mL(1컵) • 식용유 적량

만드는 법

1. 다시마는 젖은 면포로 깨끗하게 닦아 3×4cm 크기로 자른다.
2. 찹쌀은 깨끗이 씻어 30분 정도 불린 후 고슬고슬하게 밥을 짓는다.
3. 준비된 다시마에 찹쌀밥을 펴 바른 후 바싹 말려서 밀폐용기에 보관한다.
4. 먹을 때 140~150°C의 식용유에서 튀긴다.

정보제공자
안미숙, 경상남도 사천시

마른반찬

아카시아꽃부각

재 료

아카시아꽃 100g • 식용유 적량

튀김옷 찹쌀가루 100g(1컵) • 설탕 · 소금 약간 • 물 300mL(1½컵)

만드는 법

1. 아카시아꽃은 깨끗이 씻어 물기를 뺀다.
2. 찹쌀가루에 물을 넣어 묽게 반죽을 하고 설탕, 소금으로 간을 하여 튀김옷을 만든다.
3. 튀김냄비에 식용유를 넣고 가열하여 150~160°C가 되면 아카시아꽃에 튀김옷을 묻혀 튀긴다.

정보제공자
정현숙, 경상남도 거창군 중앙리

마른반찬

무말랭이약지

재 료

무말랭이 100g • 말린 고춧잎 50g

양념 고춧가루 5큰술 • 멸치젓 5큰술 • 물엿 3큰술 • 다진 마늘 1큰술 • 다진 생강 1작은술 • 통깨 1작은술

만드는 법

1. 무말랭이, 말린 고춧잎은 물에 불린 후 깨끗이 씻어 물기를 뺀다.
2. 1의 무말랭이와 고춧잎에 양념을 버무려 항아리에 넣은 후 숙성시킨다.

정보제공자
한숙희, 경상남도 거창군 거창면 중앙리

마른반찬

모듬자반

재 료

감자 600g(4개) • 풋고추 300g(20개) • 우엉 100g(¼개) • 찹쌀가루 200g(2컵) • 물 600mL(3컵)

만드는 법

1. 우엉은 어슷썰기 하고, 감자는 0.5cm 두께로 썰어 물에 담가 전분을 제거하고, 풋고추는 반을 갈라 씻어 물기를 뺀다.
2. 준비된 우엉과 풋고추에 찹쌀가루를 묻혀 김이 오른 찜통에 쪄 낸 후 말린다.
3. 먹을 때 140~150°C의 식용유에서 튀긴다.

정보제공자
최남미, 경상남도 거창군 거창읍 상금리

마른반찬

미역튀각(해초튀각)

재 료

마른 미역 100g • 설탕 약간 • 식용유 적량

만드는 법

1. 마른 미역은 깨끗이 닦아 3×4cm 크기로 자른다.
2. 튀김냄비에 식용유를 넣고 140~150°C에서 마른 미역을 튀겨 기름을 뺀 후 식기 전에 설탕을 뿌린다.

참고사항
말린 쇠미역(곰피), 말린 다시마도 위와 같은 방법으로 튀각을 만든다.

출 처
울산광역시농업기술센터, 울산향토음식, 2001

정보제공자
이옥자, 울산광역시 울주군 서생면 위양리
장귀숙, 울산광역시 울주군 서생면 용리

마른반찬

꼴뚜기튀김

재 료

꼴뚜기 300g • 식용유 적량

양념장 고추장 2큰술 • 다진 파 ½큰술 • 다진 마늘 1작은술 • 설탕 1작은술 • 참기름 1작은술 • 통깨 1작은술

만드는 법

1. 크기가 작은 꼴뚜기를 깨끗이 문질러 씻어 물기를 잘 닦는다.
2. 팬에 식용유를 넉넉히 부어 끓으면 꼴뚜기를 넣고 튀겨 기름을 뺀 다음 양념장에 넣어 무친다.

출 처
문화공보부 문화재관리국, 한국민속종합조사보고서(향토음식 편), 1984

마른반찬

멍게튀김

재 료

멍게 1kg(6마리) • 밀가루 5큰술 • 식용유 적량

튀김옷 밀가루 110g(1컵) • 소금 약간 • 물 150mL(¾컵)

초간장 간장 1큰술 • 식초 ½큰술

만드는 법

1. 멍게는 껍질을 벗기고 통째로 씻어 물기를 뺀 후 밀가루를 뿌린다.
2. 밀가루에 물과 소금을 넣고 가볍게 섞어 튀김옷을 만든다.
3. 튀김냄비에 식용유를 넣고 170~180℃가 되면 멍게에 튀김옷을 입혀 튀긴 후 초간장을 곁들인다.

출 처
통영시농업기술센터, 통영음식, 1999

마른반찬

미역튀김

재 료

염장 미역 200g • 홍합 70g • 당근 70g(½개) • 달걀 50g(1개) • 밀가루 40g(⅓컵) • 전분 2큰술 • 물 50mL(¼컵) • 소금 약간 • 식용유 적량

만드는 법

1. 염장 미역은 물에 불려 깨끗이 씻은 후 5cm 길이로 썰어 물기를 뺀다.
2. 홍합은 털과 내장을 제거하고 연한 소금물에 씻어 끓는 물에 데친다.
3. 당근은 4cm 길이로 채 썬다.
4. 준비된 미역, 홍합, 당근에 달걀을 넣고 고루 섞은 후 전분, 밀가루를 넣어 반죽을 한다.
5. 튀김냄비에 식용유를 넣고 170°C에서 4의 반죽을 조금씩 떼어 넣어 바삭하게 튀긴다.

참고사항

염장 미역은 물에 오래 담가 두면 튀길 때 풀어지므로 염분이 빠질 정도로만 담가 두었다가 물기를 꼭 짜서 튀김을 한다.

출 처
통영시농업기술센터, 통영음식, 1999

정보제공자
이은순, 경상남도 고성군 고성읍 송학리

복튀김

재 료

복어(살코기) 300g • 식용유 적량

양념장 간장 1큰술 • 다진 마늘 ½큰술 • 참기름 1작은술 • 소금 · 후춧가루 약간

튀김옷 달걀 50g(1개) • 전분 3큰술 • 밀가루 3큰술 • 소금 약간 • 물 4큰술

만드는 법

1. 복어는 3×5cm 크기로 잘라 양념장으로 양념을 한다.
2. 달걀, 밀가루, 전분에 소금과 물을 넣고 튀김옷을 만든다.
3. 튀김냄비에 식용유를 넣고 170~180℃가 되면 복어에 튀김옷을 묻혀 튀긴다.

출 처
마산시 농업기술센터, 지역 특산물을 이용한 마산의 새로운 맛, 2004

빙어튀김

재 료

빙어 1kg • 전분 160g(1컵) • 식용유 적량

튀김옷 밀가루 220g(2컵) • 소금 1작은술 • 물 600mL(3컵)

만드는 법

1. 빙어는 깨끗하게 씻어 물기를 빼고 꾸덕꾸덕하게 말린다.
2. 밀가루에 물, 소금을 넣고 튀김옷을 만든다.
3. 말린 빙어를 튀김옷, 전분, 튀김옷순으로 묻힌 다음 튀김냄비에 식용유를 넣고 170~180°C에서 노릇하게 튀긴다.

출 처

농촌진흥청 농촌생활연구소(현 농촌자원개발연구소), 전통지식 모음집(생활문화 편), 1997
농촌진흥청, 향토음식, www2.rda.go.kr/food/, 2006

정보제공자

권해영, 경상남도 합천군 대덕면 회양리
진찬숙, 경상남도 산천군 생초면 어서리

마른반찬

은어튀김

재 료

은어 500g • 밀가루 3큰술 • 식용유 적량

튀김옷 밀가루 55g(½컵) • 달걀 50g(1개) • 전분 2큰술 • 소금 약간 • 물 ⅓컵

초간장 간장 3큰술 • 식초 2큰술 • 설탕 1작은술

초고추장 고추장 3큰술 • 식초 3큰술 • 설탕 1큰술 • 다진 마늘 1작은술 • 깨소금 1작은술

만드는 법

1. 은어는 10~15cm의 작은 것을 골라 내장을 빼고 깨끗이 씻어 물기를 뺀다.
2. 달걀, 밀가루, 전분, 소금, 물을 섞어 튀김옷을 만든다.
3. 준비된 은어에 밀가루를 약간 묻힌 후 튀김옷을 입혀 160~170℃의 식용유에 넣어 바삭하게 튀긴다.
4. 초간장이나 초고추장을 곁들인다.

출 처

경상남도 농촌진흥원, 경남향토음식, 1994
농촌진흥청 농촌생활연구소(현 농촌자원개발연구소), 전통지식 모음집(생활문화 편), 1997
거제시농업기술센터, 거제향토음식, 1998
울산광역시농업기술센터, 울산향토음식, 2001

정보제공자

김광덕, 경상남도 하동군 화개면 탑리
노광옥, 경상남도 밀양시 상남면 기산리
이봉우, 울산광역시 중구 옥교동
최귀자, 경상남도 거제시 동부면 산촌리

마른반찬

약대구

재 료

생대구 1마리 • 국간장 3큰술 • 소금 3큰술 • 짚 적량

만드는 법

1. 대구는 입으로 아가미, 내장을 꺼내고 그 속에 국간장, 소금을 넣고 짚으로 채운다.
2. 머리 부분의 벌어진 곳을 봉하여 통풍이 잘 되는 그늘에 매달아 말린다.
3. 1~2개월이 지난 후 적당한 크기로 썰어 먹는다.

출 처

문화공보부 문화재관리국, 한국민속종합조사보고서(경상남도 편), 1972
통영시농업기술센터, 통영음식, 1999

순대 · 편육 · 족편

고래정설

재 료

삭힌 고래정설 300g • 소금 약간

만드는 법

1. 삭힌 고래정설의 잡물을 털어 낸 다음 소금물에 살짝 삶아 꼬들꼬들하게 해서 먹는다.

참고사항

삭힌 고래정설은 약간 노르스름한 색이 된다.

출 처
울산광역시농업기술센터, 울산향토음식, 2001

정보제공자
이봉우, 울산광역시 중구 옥교동

순대 · 편육 · 족편

돼지고기보쌈(돼지고기편육, 돼지고기수육)

재 료

돼지고기 600g • 배추김치 1포기 • 풋고추 45g(3개) • 마늘 20g(5쪽)
쌈장 된장 3큰술 • 고춧가루 1큰술 • 다진 파 1큰술 • 다진 마늘 1작은술

만드는 법

1. 끓는 물에 돼지고기를 넣어 푹 삶아 0.5cm 두께로 썰고, 풋고추는 어슷썰며, 마늘은 편 썰기 한다.
2. 삶은 돼지고기를 접시에 담고 준비된 풋고추, 마늘, 배추김치, 쌈장을 곁들인다.

참고사항

돼지고기를 삶을 때 된장, 생강, 마늘, 소주, 계피, 황기, 당귀를 넣기도 한다.

출 처
울산광역시농업기술센터, 울산향토음식, 2001

정보제공자
서영애, 울산광역시 범서읍 두산리
이금자, 경상남도 합천군

복수육

재 료

복어(살코기) 500g • 콩나물 200g • 두릅 100g(8개) • 미나리 50g • 겨자 1큰술 • 식초 1큰술 • 소금 약간

초고추장 고추장 3큰술 • 식초 3큰술 • 설탕 1큰술 • 다진 마늘 1작은술 • 깨소금 1작은술

만드는 법

1. 복어는 적당한 크기(2×3×1cm)로 잘라 끓는 물에 소금을 넣고 익힌다.
2. 콩나물은 손질하여 삶고, 두릅은 끓는 물에 소금을 넣고 데친다.
3. 미나리는 끓는 물에 소금을 넣고 데친 후 5cm 길이로 자른다.
4. 접시에 복어, 콩나물, 두릅, 미나리를 담고 겨자, 식초, 초고추장을 곁들인다.

참고사항

모든 재료를 초고추장에 넣어 버무리기도 한다.

출 처
마산시농업기술센터, 지역 특산물을 이용한 마산의 새로운 맛, 2004

기장우무(기장우묵, 기장어묵)

재 료

우뭇가사리 100g • 달걀 50g(1개) • 조갯살 30g • 새우살 30g • 당근 20g • 방아잎 10g • 석이버섯 2장 • 된장 1큰술 • 실고추 약간 • 멸치장국국물(멸치 · 다시마 · 물) 1L(5컵)

초고추장 고추장 3큰술 • 식초 3큰술 • 설탕 1큰술 • 다진 마늘 1작은술 • 통깨 1작은술

만드는 법

1. 우뭇가사리는 물에 불리고 조갯살, 새우살은 다진다.
2. 당근은 3cm 길이로 채 썰고, 방아잎은 손으로 뜯어 둔다.
3. 실고추는 3cm 길이로 썰고, 석이버섯은 곱게 채 썬다.
4. 달걀은 황백지단을 부쳐 곱게 채 썬다(5×0.2×0.2cm).
5. 멸치장국국물은 된장으로 간을 하여 우뭇가사리, 조갯살, 새우살을 넣고 중간 불에서 우뭇가사리가 다 풀어질 때까지 저어 주면서 끓인다.
6. 우뭇가사리가 다 풀어지면 당근과 방아잎을 넣고 끓인다.
7. 한소끔 끓으면 틀에 붓고 굳기 전에 실고추, 석이버섯, 황백지단을 고명으로 올리고 굳힌다.
8. 초고추장을 곁들인다.

참고사항

부추, 붉은 고추, 된장을 넣기도 한다.

출 처

농촌진흥청 농촌생활연구소(현 농촌자원개발연구소), 전통지식 모음집(생활문화 편), 1997
기장군농업기술센터, 기장의 향토음식, 2003
권순정, 경상남도 일부 지역의 향토음식의 발굴 및 조리표준화, 신라대학교 석사학위논문, 1999
김상애 · 권순정, 경상남도 일부 지역 향토음식의 조리표준화 및 영양분석, 한국식품영양과학회지, 33(2), 2004

정보제공자

박태일, 부산광역시 기장군 장안읍 좌동리
성현지, 경상남도 진주시 상대1동
순분선, 부산광역시 기장군 기장읍 내리
이영자, 경상남도 양산시 기장읍 청강리

도토리묵

재 료

도토리가루 1.5kg • 물 10L • 소금 2큰술

양념장 간장 5큰술 • 다진 마늘 1큰술 • 다진 파 2큰술 • 고춧가루 1큰술 • 참기름 1큰술 • 깨소금 1큰술

만드는 법

1. 도토리가루에 물을 부어 끓인 후 소금으로 간을 한다.
2. 걸쭉해지면 다른 그릇에 부어 식힌다.
3. 완성된 묵을 1×2×5cm 크기로 잘라 양념장을 곁들인다.

참고사항

미나리, 오이, 당근과 양념장으로 무치기도 한다.

출 처

경상남도 농촌진흥원, 경남향토음식, 1994
농촌진흥청 농촌영양개선연수원(현 농촌자원개발연구소), 한국의 향토음식, 1994
농촌진흥청 농촌생활연구소(현 농촌자원개발연구소), 전통지식 모음집(생활문화 편), 1997
울산광역시농업기술센터, 울산향토음식, 2001

정보제공자

강수길, 경상남도 진해시 북부동
강영순, 울산광역시 청량면 상남리
강창수, 경상남도 마산시 합포구 현동
김원자, 울산광역시 울주군 삼동면 금곡리
임옥남, 경상남도 합천군 야로면 금평리

고문헌

조선요리제법(도토리묵), 조선무쌍신식요리제법(상실유 : 橡實乳)

청포묵

재 료

녹두 1.8kg • 소금 약간 • 치자물 4L(20컵) • 물 2L(10컵)

만드는 법

1. 녹두를 맷돌에 살짝 갈아 키로 까불려 껍질을 벗긴다.
2. 껍질 벗긴 녹두를 물로 여러 번 씻어 껍질을 완전히 제거하고 맷돌이나 분쇄기에 간다.
3. 고운체에 거른 후 물을 부어 6~7시간 정도 불렸다가 윗물은 따라 낸다.
4. 가라앉은 앙금에 진하지 않은 치자물을 붓고 중간 불에서 나무주걱으로 저어 가며 끓인다(너무 되직하면 윗물로 농도를 조절한다).
5. 되직해지면 소금으로 간을 하고 저으면서 끓인다.
6. 네모난 틀에 젖은 면포를 깔고 5를 부어 식힌다.

출 처

의령군농업기술센터, 의령의 맛, 2002

정보제공자

정현숙, 경상남도 거창군 중앙리

고문헌

조선요리제법(녹두묵), 조선무쌍신식요리제법(록두유 : 菉豆乳)

쌈

배추쌈

재 료

얼갈이배추 400g • 멸치젓 3큰술 • 고춧가루 2큰술 • 다진 마늘 2큰술

양념장 붉은 고추 45g(3개) • 풋고추 45g(3개) • 된장 5큰술 • 고춧가루 1큰술 • 다진 마늘 1큰술

만드는 법

1. 얼갈이배추는 깨끗이 씻는다.
2. 잘 삭은 멸치젓에 고춧가루, 다진 마늘을 넣어 잘 섞는다.
3. 붉은 고추와 풋고추는 굵게 다져서 된장, 고춧가루, 다진 마늘을 넣어 잘 섞어 양념장을 만든다.
4. 얼갈이배추를 접시에 담고 멸치젓과 양념장을 곁들인다.

출 처

문화공보부 문화재관리국, 한국민속종합조사보고서(향토음식 편), 1984

경상남도 농촌진흥원, 경남향토음식, 1994

정보제공자

신옥, 경상남도 거제시 다대리

고문헌

조선요리제법(배추쌈), 조선무쌍신식요리제법(배추속대쌈)

당귀가죽장아찌

재 료

당귀잎 100g • 가죽(참죽)잎 100g • 소금 2큰술

양념 고추장 1컵 • 국간장 ⅓컵

만드는 법

1. 당귀잎과 가죽잎은 씻어 소금에 살짝 절인 후 꾸덕꾸덕하게 말린다.
2. 고추장과 국간장으로 양념을 만든다.
3. 1의 당귀잎과 가죽잎에 양념을 넣어 버무린 다음 항아리에 넣어 돌로 누르고 뚜껑을 덮어 익힌다.

1

1

2

3

조리시연자
정계임, 경상남도 진주시 대안동

장아찌

단감장아찌

재 료

단감 3kg(20개) • 고추장 ½컵 • 물엿 1큰술 • 참기름 1작은술 • 깨소금 1큰술

소금물 물 400mL(2컵) • 소금 8컵

만드는 법

1. 단감은 4등분하여 씨를 빼고 소금물에 3~4일 담갔다가 채반에 건져 말린다.
2. 항아리에 고추장과 감을 차곡차곡 담아 놓는다.
3. 3~4개월 후 꺼내어 채 썰어 깨소금, 물엿, 참기름으로 무친다.

출 처

농촌진흥청 농촌생활연구소(현 농촌자원개발연구소), 전통지식 모음집(생활문화 편), 1997

이연정 · 하미옥 · 최수근, 울산 지역 향토음식에 대한 식행동과 기호도에 관한 연구, 한국식생활문화학회지, 21(5), 2006

정보제공자

박봉순, 경상남도 창원시 돈면 석산리

임현수, 경상남도 창원시 명서동

장아찌

단풍콩잎장아찌

재 료

단풍콩잎 100g • 멸치액젓(멸치젓) 3큰술 • 짚 · 대나무잎 적량

양념 고춧가루 2큰술 • 다진 풋고추 1큰술 • 다진 붉은 고추 1큰술 • 다진 파 1큰술 • 다진 마늘 1½큰술 • 깨소금 ⅔큰술

만드는 법

1. 단풍콩잎은 멸치액젓에 담갔다가 짚이나 대나무잎에 싸서 항아리에 담고 돌로 눌러 6개월 정도 삭힌다.
2. 삭힌 단풍콩잎을 물로 씻은 후 양념을 켜켜이 바른다.

출 처
문화공보부 문화재관리국, 한국민속종합조사보고서(경상남도 편), 1972

조리시연자
서영애, 울산광역시 울주군 범서읍 두산리

도라지장아찌

재 료

도라지 300g • 고추장 적량 • 소금 약간

양념장 간장 ½컵 • 설탕 1작은술

양념 다진 파 1큰술 • 다진 마늘 ½큰술 • 깨소금 1작은술 • 참기름 1작은술

만드는 법

1. 도라지는 소금물에 깨끗이 씻어 햇볕에서 말린다.
2. 말린 도라지에 양념장을 넣어 절이고, 면포에 싸서 고추장에 넣어 2~3개월 숙성시킨다.
3. 먹을 때 양념에 무쳐 먹는다.

출 처

경상남도 농촌진흥원, 경남향토음식, 1994
농촌진흥청, 향토음식, www2.rda.go.kr/food/, 2006

정보제공자

정영선, 경상남도 진주시 신안동
홍하선, 경상남도 창원시 사파정동

조리시연자

홍금순, 경상남도 창원시 신월동

모듬장아찌

재 료

방아잎 200g • 곰취 200g • 엄나무잎 200g • 고추장 1컵 • 간장 1컵 • 물 400mL(2컵) • 물엿 ½컵

만드는 법

1. 방아잎, 곰취, 엄나무잎은 깨끗이 씻어 물기를 빼고, 항아리에 담는다.
2. 냄비에 물과 간장을 붓고 끓여 식힌 후 1의 항아리에 붓는다.
3. 3일 후 2의 간장을 따라 내어 끓여서 식힌 후 붓기를 3번 반복한다.
4. 3을 따라 내어 물엿, 고추장을 넣고 끓여 식힌 후 항아리에 붓고 버무려 숙성시킨다.

정보제공자
김경자, 경상남도 양산시 중부동
김복자, 경상남도 양산시

가죽장아찌

재 료

가죽잎 500g • 간장 3컵 • 소금 ½컵

양념 고추장 3큰술 • 물엿 1큰술 • 깨소금 1작은술 • 참기름 1작은술

만드는 법

1. 가죽잎은 소금물에 2~3일 정도 절여 물기를 꼭 짠다.
2. 간장은 끓여서 식힌다.
3. 항아리에 가죽잎을 담고 식힌 간장을 붓는다.
4. 2~3일 간격으로 3의 간장을 따라 내어 끓여 식힌 다음 다시 붓기를 3회 반복한다.
5. 먹을 때 양념으로 무친다.

참고사항

고추장, 물엿에 담그는 장아찌도 있다.

출 처

울산광역시농업기술센터, 울산향토음식, 2001

최수근 · 이연정 · 박성수, 향토음식 인지도에 관한 실증적 연구, 한국식생활문화학회지,19(3), 2004

정보제공자

심무선, 울산광역시 남구 야음1동

이필순, 경상남도 창원시 남양동

장아찌

개암장아찌

재 료

개암 500g • 간장 ½컵 • 짚 적량

만드는 법

1. 개암은 껍질을 벗기고 깨끗이 씻어 물기를 제거한다.
2. 간장은 끓여서 식힌다.
3. 항아리에 개암을 담고 짚으로 덮은 후 돌로 누르고 식힌 간장을 부어 7일 간격으로 간장을 끓여 식힌 다음 다시 붓기를 3회 정도 반복하여 숙성시킨다.

출 처

문화공보부 문화재관리국, 한국민속종합조사보고서(경상남도 편), 1972
윤서석, 한국의 음식용어, 민음사, 1991

고추장아찌(삭힌고추장아찌)

재 료

풋고추 1kg • 소금 1컵 • 물 2L(10컵)

양념 고춧가루 1큰술 • 다진 파 1큰술 • 다진 마늘 1작은술 • 참기름 1작은술 • 설탕 약간

만드는 법

1. 풋고추는 깨끗이 씻어 꼭지를 1cm 정도만 남기고 자른 뒤 구멍을 낸다.
2. 항아리에 풋고추, 소금과 물을 넣고 2주일 정도 삭힌다(고추가 위로 떠오르지 않도록 한다).
3. 먹을 때 양념에 무친다.

참고사항

삭힌 풋고추를 된장에 박아 한 달 정도 숙성시키는 장아찌도 있다.

출 처

거제시농업기술센터, 거제향토음식, 1998

울산광역시농업기술센터, 울산향토음식, 2001

정보제공자

김복덕, 울산광역시 울주군 웅촌면 대복리

심무선, 울산광역시 남구 야음1동

장근숙, 경상남도 거제시 하청면 유계리

장아찌

곤달비장아찌

재 료

곤달비잎 500g • 간장 3컵

양념 고추장 3큰술 • 물엿 1큰술 • 다진 마늘 1작은술 • 참기름 1작은술 • 깨소금 1작은술

만드는 법

1. 곤달비잎은 씻어 물기를 제거하고 차곡차곡 쌓아서 묶는다.
2. 간장은 끓여서 식힌다.
3. 항아리에 곤달비잎을 담고 식힌 간장을 붓는다.
4. 일주일 간격으로 간장을 따라 내어 끓여 식혀 다시 붓기를 3회 반복한다.
5. 먹을 때 곤달비잎을 물에 살짝 헹구어 양념으로 무친다.

참고사항

• 간장 대신 소금물을 이용하기도 한다.
• 양념을 만들 때 된장을 같이 넣기도 한다.

출 처
경상남도 농촌진흥원, 경남향토음식, 1994
농촌진흥청 농촌영양개선연수원(현 농촌자원개발연구소), 한국의 향토음식, 1994
거제시농업기술센터, 거제향토음식, 1998
울산광역시농업기술센터, 울산향토음식, 2001

정보제공자
권정순, 울산광역시 울주군 상북면 명촌리
김분순, 울산광역시 울주군 상북면 길천리
신무선, 울산광역시 남구 야음1동
신옥, 경상남도 거제시 남부면 다대리

장아찌

마늘종장아찌(마늘쫑장아찌)

재료

마늘종 1kg • 식초 1½컵 • 설탕 ⅓컵 • 소금 1컵 • 물 1L(5컵)

양념 고추장 3큰술 • 설탕 1작은술 • 참기름 1작은술 • 깨소금 1작은술

만드는 법

1. 연한 마늘종은 끝의 억센 부분을 잘라 내고 5~7줄기씩 묶어서 항아리에 켜켜로 담는다.
2. 냄비에 물을 붓고 식초, 설탕, 소금을 넣어 팔팔 끓여 식힌 후에 1의 항아리에 붓고 돌로 눌러 둔다.
3. 마늘종이 노랗게 삭으면 꺼내어 물에 담가 짠맛을 우려 내고 4~5cm 길이로 썰어 양념으로 무친다.

출처
남해군농업기술센터, 보물섬 남해 향토 먹거리 맛과 멋, 2005

정보제공자
김막순, 경상남도 남해군 이동면 무림리

장아찌

박쥐나무잎장아찌(남방잎장아찌)

재료

박쥐나무잎(남방잎) 500g • 된장 적량

만드는 법

1. 어린 남방잎은 씻어 물기를 빼고 10장 정도씩 묶은 다음 된장에 넣어 숙성시킨다.

참고사항

된장 대신 고추장에 넣기도 하고 또는 물엿, 간장을 끓여 식힌 간장물을 1주일 간격으로 3번 정도 반복하여 넣고 숙성시키기도 한다.

출처
울산광역시농업기술센터, 울산향토음식, 2001

정보제공자
서영애, 울산광역시 울주군 범서읍 두산리

장아찌

무말랭이장아찌

재 료

무말랭이 200g • 말린 고춧잎 50g • 물 900mL(4½컵) • 물엿 130g(½컵) • 고춧가루 1컵 • 소금 2큰술 • 다진 파 1큰술 • 다진 마늘 1큰술 • 생강즙 1큰술

만드는 법

1. 무말랭이와 말린 고춧잎을 불지 않게 찬물에 살짝 씻어 건진다.
2. 냄비에 물을 붓고 물엿, 소금을 넣어 끓여서 식으면 생강즙, 다진 파, 다진 마늘, 고춧가루를 넣어 양념을 만든다.
3. 무말랭이와 양념을 항아리에 담고 섞어 25일 정도 숙성시킨다.

참고사항

물엿 대신 설탕을 이용하기도 한다.

출 처

경상남도 농촌진흥원, 경남향토음식, 1994

밀양시, 밀양의 맛, 2001

정보제공자

백영선, 경상남도 김해시 지례면 시례리

윤한순, 경상남도 김해시 부원동

고문헌

시의전서(무말랭이장아찌), 조선무쌍신식요리제법(무장아찌(무말랭이장아찌))

무장아찌(무된장장아찌)

재 료

무 4kg(5개) • 소금 1컵 • 된장 · 물 적량

만드는 법

1. 무는 소금물에 삭힌 후 물기를 꼭 짠다.
2. 1의 무를 주머니에 넣어 된장 속 깊이 넣고 10개월 정도 숙성시킨다.

참고사항

- 고추장에서 숙성한 것은 무고추장장아찌라 한다.
- 무를 꾸덕하게 말려 간장 양념에 담그는 무간장장아찌도 있다.
- 멸치젓국을 이용하기도 한다.

출 처

문화공보부 문화재관리국, 한국민속종합조사보고서(경상남도 편), 1972
거제시농업기술센터, 거제향토음식, 1998
울산광역시농업기술센터, 울산향토음식, 2001

정보제공자

김복덕, 울산광역시 울주군 웅촌면 대복리
김임순, 경상남도 거제시 장승포동
노광자, 경상남도 밀양시 하남면 백산리
심무선, 울산광역시 남구 야음1동

고문헌

시의전서(무날장아찌), 조선요리제법(무장아찌)

장아찌

미역줄기장아찌

재 료

마른 미역줄기 300g • 간장 3컵 • 물엿 1컵 • 설탕 ½컵 • 소금 약간

양념 참기름 1작은술 • 깨소금 1작은술 • 물엿 약간

만드는 법

1. 마른 미역줄기는 면포로 깨끗하게 닦아 5~7cm 길이로 자른다.
2. 냄비에 간장, 물엿, 설탕, 소금을 넣고 끓인 뒤 식힌다.
3. 항아리에 1의 미역줄기를 담고 식힌 간장을 붓는다.
4. 일주일 간격으로 3의 간장물을 따라내 끓여 식혀서 다시 붓기를 3~4회 정도 반복한다.
5. 먹을 때 양념으로 무친다.

참고사항

마른 미역줄기를 면포에 넣어 고추장 ½컵, 된장 1컵, 간장 2컵을 섞은 양념장에 넣어 한 달 후에 꺼내어 먹기도 한다.

출 처

울산광역시농업기술센터, 울산향토음식, 2001

이연정 · 하미옥 · 최수근, 울산 지역 향토음식에 대한 식행동과 기호도에 관한 연구, 한국식생활문화학회지, 21(5), 2006

정보제공자

김길순, 울산광역시 남구 신정2동

최하옥, 부산광역시 기장군 장안면 기룡리

장아찌

양파장아찌(양파초절임)

재 료

양파 2kg(12개)

소금물 소금 1½컵 • 물 1L(5컵)

초절임액 식초 1컵 • 설탕 ⅔컵 • 물 200mL(1컵)

만드는 법

1. 양파는 껍질을 벗기고 씻어 물기를 닦는다.
2. 냄비에 소금과 물을 넣어 끓인 후 식혀 양파를 넣고 3~4시간 절인 다음 물기를 짠다.
3. 식초, 설탕, 물을 살짝 끓여 초절임액을 만든다.
4. 소독한 병에 2의 양파를 담고 초절임액을 붓는다.
5. 2~3일에 한 번씩 초절임액을 따라 내 끓여 식힌 후 다시 붓기를 2~3회 반복한다.

✽ 참고사항

소금에 절인 양파에 간장 양념을 부어 이용하기도 한다.

출 처

거제시농업기술센터, 거제향토음식, 1998
창녕군농업기술센터, 양파사랑 요리사랑, 2003

정보제공자

김정금, 경상남도 거제시 장목면 송진리
최정숙, 경상남도 창녕군 대합면 소야리

양하장아찌

재 료

양하 20개 • 고추장 2컵 • 소금 ½컵 • 물 1L(5컵)

양념 설탕 3큰술 • 다진 파 2큰술 • 다진 마늘 1큰술 • 깨소금 1큰술

만드는 법

1. 양하는 잎을 제거하고 인경(비늘줄기)만 골라 깨끗이 손질한다.
2. 그릇에 소금과 물을 붓고 1을 담가 살짝 절인 후 소쿠리에 건져 물기를 뺀다.
3. 물기를 뺀 양하를 고추장에 넣어 2주일 정도 숙성시킨다.
4. 먹을 때 양념으로 무친다.

참고사항

소금물 대신 간장을 이용하기도 한다.

출 처

경상남도 농촌진흥원, 경남향토음식, 1994
거제시농업기술센터, 거제향토음식, 1998
남해군농업기술센터, 보물섬 남해 향토 먹거리 맛과 멋, 2005

정보제공자

신옥, 경상남도 거제시 남부면 다대리
정금자, 경상남도 남해군 서면 중리

초피잎장아찌(제피잎장아찌)

재 료

초피잎(제피잎) 300g • 간장 1½컵

양념 고추장 1컵 • 물엿 ½컵 • 생강가루 약간

만드는 법

1. 어린 초피잎은 깨끗이 씻어 물기를 닦는다.
2. 간장에 준비된 초피잎을 담가 두었다가 물이 생기면 물기를 짠다.
3. 양념에 버무려 숙성시킨다.

✻ 참고사항

- 초피(제피)는 열매로도 장아찌를 만든다.
- 고추장, 설탕을 넣으면 매콤하고 쌉싸름한 맛이 있다.

출 처

밀양시, 밀양의 맛, 2001
울산광역시농업기술센터, 울산향토음식, 2001
이연정 · 하미옥 · 최수근, 울산 지역 향토음식에 대한 식행동과 기호도에 관한 연구, 한국식생활문화학회지, 21(5), 2006

정보제공자

김순이, 울산광역시 울주군 청량면 삼정리
김제옥, 경상남도 창원시 대원동
심무선, 울산광역시 남구 야음1동
전득선, 경상남도 양산시 상북면 대석리

장아찌

전복장아찌

재 료

전복 250g(5마리) • 고추장 2컵 • 간장 1컵

만드는 법

1. 전복은 내장을 꺼내고 깨끗이 씻는다.
2. 끓는 물에 손질한 전복을 살짝 데쳐 물기를 제거하고 간장에 5~6시간 정도 담가 놓는다.
3. 고추장에 박아 둔다.

출 처

문화공보부 문화재관리국, 한국민속종합조사보고서(경상남도 편), 1972
윤서석, 한국의 음식용어, 민음사, 1991

고문헌

조선요리제법(전복장아찌), 조선무쌍신식요리제법(전복장아찌)

장아찌

파래장아찌

재 료

마른 파래 500g • 된장 2컵 • 간장 ½컵

양념 간장 1큰술 • 다진 파 1큰술 • 다진 마늘 1작은술 • 고춧가루 1작은술 • 참기름 1작은술 • 깨소금 1작은술 • 설탕 약간

만드는 법

1. 마른 파래는 손으로 뜯어 면주머니에 넣는다.
2. 간장에 된장을 고르게 풀고 항아리에 준비된 장을 한 켜 깐 다음 마른 파래가 들어 있는 면주머니 넣기를 반복하여 맨 위에 남은 장을 넣고 뚜껑을 덮어서 한 달 이상 둔다.
3. 먹을 때 양념으로 무친다.

정보제공자

전윤숙, 경상남도 진주시 상대동

벌떡게장

재 료

벌떡게 1kg • 통마늘 60g(2통) • 생강 60g • 간장 1컵 • 국간장 1컵

만드는 법

1. 게는 솔로 깨끗이 씻어 항아리에 담는다.
2. 간장, 국간장, 생강, 통마늘을 섞어 게가 잠길 만큼 부어 준다.

정보제공자
김부영, 경상남도 남해군 고현면 차면리

조리시연자
정계임, 경상남도 진주시 대안동

젓갈 · 식해

갈치내장젓(갈치순태젓)

재 료

갈치내장 500g • 소금 250g(2컵)

만드는 법

1. 갈치내장에 소금을 넣어 잘 섞는다.
2. 항아리에 넣어 밀봉해서 한 달 정도 삭힌다.

1

출 처

문화공보부 문화재관리국, 한국민속종합조사보고서(경상남도 편), 1972

울산광역시농업기술센터, 울산향토음식, 2001

정보제공자

손순연, 울산광역시 울주군 웅촌면 검단리

조리시연자

이미애, 경상남도 고성군 상리면 자은리

젓갈 · 식해

갈치젓갈

재 료

갈치 1kg(3마리) • 소금 200g(1½컵) • 고춧가루 2컵 • 다진 마늘 1컵 • 초피잎(또는 초피가루) 약간 • 물 100mL (½컵)

만드는 법

1. 갈치는 내장과 비늘을 제거하고 깨끗이 씻은 다음 4~5cm 길이로 잘라 소금에 3~4일 정도 절인다.
2. 다진 마늘과 고춧가루는 따뜻한 물에 갠다.
3. 준비된 재료를 잘 버무린 후 초피잎을 넣어 섞은 후 1주일 정도 숙성시킨다.

참고사항

- 봄에는 초피잎을, 다른 계절에는 초피가루를 이용한다.
- 먹을 때 풋고추, 붉은 고추를 갈아서 넣기도 한다.

출 처
거제시농업기술센터 거제향토음식, 1998
울산광역시농업기술센터 울산향토음식, 2001

정보제공자
임경옥, 경상남도 기장군 기장읍 연화리

조리시연자
진한주, 경상남도 거제시 마전동

게장(참게장)

재 료

꽃게 1.3kg(5마리) • 풋고추 30g(2개) • 붉은 고추 30g(2개) • 대파 35g(1뿌리) • 간장 ⅔컵 • 고춧가루 5큰술 • 물엿 2큰술 • 다진 마늘 2큰술 • 깨소금 1큰술 • 생강즙 1작은술

만드는 법

1. 살아 있는 꽃게를 솔로 깨끗이 씻어 4등분해서 간장을 부어 1시간 이상 재워 둔 후 간장을 따라 낸다.
2. 준비된 꽃게에 고춧가루와 다진 마늘, 생강즙, 물엿, 깨소금을 넣고 버무린다.
3. 대파, 풋고추, 붉은 고추는 0.3cm 두께로 어슷썰기 하여 꽃게와 버무려 하루 정도 숙성시킨다.

출 처
울산광역시농업기술센터, 울산향토음식, 2001

정보제공자
정춘자, 경상남도 진해시 남문동

조리시연자
한선임, 경상남도 하동군 하동읍 화심리

고문헌
조선요리(게장)

전어밤젓

재 료

전어밤 200g • 소금 3큰술 • 마늘 10g(2쪽)

젓갈 양념 풋고추 15g(1개) • 붉은 고추 15g(1개) • 다진 마늘 1½큰술 • 고춧가루 ½큰술 • 깨소금 1큰술 • 참기름 1작은술

만드는 법

1. 전어밤은 소금물(소금 ½큰술)에 살짝 씻어 소쿠리에 건져 물기를 뺀다.
2. 준비된 전어밤에 소금(2½큰술)을 섞어 항아리에 담고 밀봉하여 그늘에서 보관하여 15일 정도 숙성시킨다.
3. 풋고추, 붉은 고추는 송송 썰고(0.5cm), 마늘은 편 썰기 한다.
4. 먹을 때 젓갈 양념으로 버무린다.

참고사항

전어 내장 중 타원형의 완두 크기의 전어밤으로 담은 젓갈로 맛이 고소하여 별미이다. 남해, 통영 등 해안 지방의 전통음식이며 양이 적어 귀한 젓갈로 취급한다.

출 처

문화공보부 문화재관리국, 한국민속종합조사보고서(경상남도 편), 1972
윤서석, 한국의 음식용어, 민음사, 1991
경상남도 농촌진흥원, 경남향토음식, 1994
농촌진흥청 농촌영양개선연수원(현 농촌자원개발연구소), 한국의 향토음식, 1994
농촌진흥청 농촌생활연구소(현 농촌자원개발연구소), 전통지식 모음집(생활문화 편), 1997
통영시농업기술센터, 통영음식, 1999
남해군농업기술센터, 보물섬 남해 향토 먹거리 맛과 멋, 2005
농촌진흥청, 향토음식, www2.rda.go.kr/food/, 2006

정보제공자

박점악, 경상남도 남해군 남해읍 선소리
송점애, 경상남도 남해군 남해읍 선소리
하명화, 경상남도 산청군 산청읍 병정리

조리시연자

여길자, 경상남도 남해군

젓갈 · 식해

굴젓

재 료

굴 1kg(5컵) • 고춧가루 1컵 • 소금 ¾컵 • 다진 파 3큰술 • 다진 마늘 1큰술

만드는 법

1. 굴은 소금물(소금 ¼컵)에 살살 흔들어 씻어 물기를 뺀다.
2. 물기를 뺀 굴에 소금(½컵)을 넣고 잘 섞어 항아리에 담아 2~3일 정도 따뜻한 곳에 둔다.
3. 적당하게 삭으면 고춧가루, 다진 파, 다진 마늘을 넣어 버무린다.

참고사항

굴 1kg에 무 1개 정도를 같이 넣기도 하는데, 무는 숟가락으로 긁거나, 얇게 채 썰거나 나박썰기를 하여 섞기도 한다.

출 처

문화공보부 문화재관리국, 한국민속종합조사보고서(경상남도 편), 1972

농촌진흥청, 향토음식, www2.rda.go.kr/food/, 2006

정보제공자

김문자, 부산광역시 금정구 남산동

김성숙, 경상남도 진해시 두동

고문헌

증보산림경제(침진석화해법 : 沈陳石花醢法), 조선무쌍신식요리제법(석화해 : 石花醢)

꼴뚜기젓(호리기젓, 호루래기젓)

재 료

꼴뚜기 200g • 소금 5컵

젓갈 양념 고춧가루 1큰술 • 다진 파 1큰술 • 다진 마늘 1작은술 • 참기름 1작은술 • 깨소금 1 작은술

만드는 법

1. 꼴뚜기는 씻지 않고 소금 간을 해서 대소쿠리에 밭친다.
2. 소금물이 빠지면 꼴뚜기에 다시 소금을 뿌려 한나절쯤 두었다가 항아리에 담아 다시 소금을 뿌리고 돌로 눌러 밀봉해서 한 달 정도 숙성시킨다.
3. 먹을 때 젓갈 양념으로 버무린다.

출 처

문화공보부 문화재관리국, 한국민속종합조사보고서(경상남도 편), 1972
경상남도 농촌진흥원, 경남향토음식, 1994
거제시농업기술센터, 거제향토음식, 1998

정보제공자

권명자, 경상남도 고성군 구만면 효락리
문덕순, 경상남도 통영시 도남2동

고문헌

조선무쌍신식요리제법(꼴뚜기젓)

대구모젓(통대구모젓, 대구애미젓)

재 료

생대구 1마리 • 무 200g(1/4개) • 소금 1/2컵 • 참기름 약간

젓갈 양념 고춧가루 1컵 • 다진 파 1큰술 • 다진 마늘 1작은술 • 통깨 1작은술

만드는 법

1. 생대구는 내장을 빼내고 깨끗이 씻어 살만 포를 떠서 소금에 절였다가 물기를 빼고 채 썬다(5×0.3×0.3cm).
2. 무는 채 썰어 소금으로 간하여 물기를 뺀다.
3. 채 썬 생대구와 무에 젓갈 양념을 넣고 버무려 항아리에 넣어 삭힌다.
4. 먹을 때는 참기름을 넣고 살짝 버무린다.

참고사항

대구아가미를 이용해서 대구아가미젓을 담그기도 하고, 대구곤이, 내장을 이용하기도 한다.

출 처

문화공보부 문화재관리국, 한국민속종합조사보고서(경상남도 편), 1972
경상남도 농촌진흥원, 경남향토음식, 1994
거제시농업기술센터, 거제향토음식, 1998
통영시농업기술센터, 통영음식, 1999

정보제공자

김순남, 경상남도 거제시 장목면 외포리
문덕순, 경상남도 통영시 도남2동
신경자, 경상남도 양산시 동면 사송리

대구알젓

재 료

대구알 200g • 무 100g • 소금 3큰술

젓갈 양념 고운 고춧가루 3큰술 • 다진 마늘 1큰술 • 통깨 1작은술 • 소금 1큰술 • 물엿 · 실고추 약간

만드는 법

1. 무를 깨끗이 씻어 나박썰기(1×1×0.5cm) 하여 소금에 절인 후 물기를 뺀다.
2. 대구알은 주머니를 제거한다.
3. 준비된 무와 대구알에 젓갈 양념을 넣어 버무린다.

출 처

문화공보부 문화재관리국, 한국민속종합조사보고서(경상남도편), 1972
울산광역시농업기술센터, 울산향토음식, 2001

정보제공자

김덕순, 경상남도 마산시 구산면 신촌리
이덕자, 울산광역시 울주군 서생면 용리

젓갈 · 식해

멍게젓

재 료

멍게 3kg(16마리) • 고춧가루 1컵 • 소금 3큰술

젓갈 양념 다진 파 1큰술 • 고춧가루 1작은술 • 참기름 1작은술 • 깨소금 1작은술

만드는 법

1. 멍게는 깨끗이 씻어 껍질을 벗기고 길게 채 썰어 소금으로 간을 한다.
2. 그릇에 채 썬 멍게를 담고 고춧가루를 넣어 꼭꼭 눌러 담는다. 먹을 때 젓갈 양념으로 버무린다.

참고사항

소금 대신 맑은 액젓으로 간하기도 한다.

출 처
울산광역시농업기술센터, 울산향토음식, 2001

정보제공자
김성숙, 경상남도 진해시 두동
양정현, 울산광역시 남구 무거2동

젓갈 · 식해

물메기알젓

재 료

물메기알 1kg • 소금 1컵 • 고춧가루 ½컵 • 다진 마늘 3큰술 • 통깨 1큰술

만드는 법

1. 물메기의 알주머니가 터지지 않게 소금을 넣어 하루 정도 둔 다음 다진 마늘, 고춧가루, 통깨를 넣어 버무린다.

참고사항

장기간 저장하는 것보다는 단시일에 먹는 것이 좋다.

출 처
거제시농업기술센터, 거제향토음식, 1998

젓갈 · 식해

멸치젓(멸치육젓)

재 료

멸치 15kg • 굵은 소금 2.5~3kg

만드는 법

1. 멸치는 소금물에 담가 흔들어 씻어서 채반에 건져 물기를 뺀다.
2. 항아리에 굵은 소금을 한 켜, 멸치를 한 켜씩 반복하여 넣고 맨 위에는 소금을 고루 많이 얹어 비닐을 덮고 무거운 돌로 눌러 놓는다.
3. 3개월 이상 숙성시킨다.

참고사항

- 젓국은 그대로 이용하거나 달인 후 식혀서 김치 담글 때 이용하기도 한다.
- 건더기는 양념하여 반찬용으로 이용하기도 한다.

출 처

문화공보부 문화재관리국, 한국민속종합조사보고서(경상남도 편), 1972
경상남도 농촌진흥원, 경남향토음식, 1994
농촌진흥청 농촌생활연구소(현 농촌자원개발연구소), 전통지식 모음집(생활문화 편), 1997
통영시농업기술센터, 통영음식, 1999
울산광역시농업기술센터, 울산향토음식, 2001
이연정 · 하미옥 · 최수근, 울산 지역 향토음식에 대한 식행동과 기호도에 관한 연구, 한국식생활문화학회지, 21(5), 2006

정보제공자

김귀옥, 경상남도 기장군 일광면 이천리
김길선, 경상남도 양산군 기장읍 청강리
김영숙, 경상남도 통영시 정량동
차덕조, 울산광역시 울주군 서생면 용리

고문헌

도문대작(멸치젓), 조선요리제법(멸치젓)

미더덕젓갈

재 료

미더덕 500g • 무 300g(⅓개) • 양파 160g(1개) • 풋고추 45g(3개) • 마늘 40g(10쪽) • 대파 35g(1뿌리) • 고춧가루 3큰술 • 소금 3큰술 • 설탕 1큰술 • 다진 마늘 ½큰술 • 다진 생강 ½큰술 • 깨소금 약간 • 물 50mL(¼컵)

만드는 법

1. 미더덕은 씻어 손질해 물기를 뺀 후 소금(2큰술)에 절인다.
2. 대파는 5cm 길이로 곱게 채 썰고, 마늘은 편 썰며, 풋고추는 송송 썬다(0.5cm).
3. 무와 양파는 손질하여 물을 넣고 곱게 간 후 고춧가루를 넣어 고르게 풀고 다진 마늘, 다진 생강, 설탕, 소금(1큰술)을 넣고 양념장을 만든다.
4. 준비된 미더덕, 대파, 마늘편, 풋고추에 양념장을 넣어 살살 버무린다.
5. 먹을 때 풋고추, 마늘, 깨소금을 넣어 살짝 버무린다.

❁ 참고사항

저장기간이 길고 미더덕 특유의 향을 오랫동안 즐길 수 있는 음식이다.

출 처

마산시농업기술센터, 지역 특산물을 이용한 마산의 새로운 맛, 2004

볼락어젓(볼락젓갈)

재 료

볼락어 200g • 소금 5큰술

만드는 법

1. 3~5cm 정도의 볼락어를 소금물(소금 1큰술)에 깨끗이 씻어 건져 물기를 뺀다.
2. 물기를 뺀 볼락어를 버무려서 항아리에 담아 켜마다 소금을 얹고 맨 위에는 소금을 많이 얹어 손으로 꼭꼭 눌러서 돌을 얹고 밀봉한다.
3. 보름쯤 후에 젓국물을 밭쳐서 냄비에 끓여 식힌 후 그 국물을 항아리에 다시 붓고 꼭꼭 눌러서 봉해 둔다.
4. 3과 같은 과정을 3회 반복한 후 돌을 얹고 밀봉하여 통풍이 잘 되는 그늘에서 익힌다.

참고사항

초피잎(제피잎)이나 가루를 넣기도 한다.

출 처

경상남도 농촌진흥원, 경남향토음식, 1994
농촌진흥청 농촌생활연구소(현 농촌자원개발연구소), 전통지식 모음집(생활문화 편), 1997
거제시농업기술센터, 거제향토음식, 1998

정보제공자

문덕순, 경상남도 통영시 도남2동
정우순, 경상남도 거제시 옥포2동

젓갈 · 식해

어리굴젓

재 료

굴 200g(1컵) • 배 180g($\frac{1}{2}$개) • 무 50g • 대파 35g(1뿌리) • 마늘 20g(5쪽) • 생강 20g(5쪽) • 고춧가루 50g($\frac{2}{3}$컵) • 소금 3$\frac{1}{3}$ 큰술

만드는 법

1. 굴은 알이 작고 싱싱한 것으로 소금물(소금 $\frac{1}{3}$큰술)에 흔들어 씻어 채반에 건져 물기를 뺀다.
2. 무, 배는 껍질을 벗겨서 1.5×1.5×0.5cm 크기로 썬다.
3. 대파, 마늘, 생강은 곱게 채 썬다.
4. 준비된 무와 배에 고춧가루를 넣어 고루 색이 들게 버무린 후 준비된 굴, 채 썬 대파, 마늘, 생강, 소금(3큰술)을 넣어 버무린 다음 작은 항아리나 용기에 담고 서늘한 곳에 둔다.

❁ 참고사항

2~3일 후부터 먹기 시작하여 10일을 넘기지 않도록 한다.

출 처

경상남도 농촌진흥원, 경남향토음식, 1994
농촌진흥청 농촌영양개선연수원(현 농촌자원개발연구소), 한국의 향토음식, 1994
거제시농업기술센터, 거제향토음식, 1998
통영시농업기술센터, 통영음식, 1999

정보제공자

김차선, 경상남도 통영시 도천동
정우순, 경상남도 거제시 옥포2동
정현숙, 경상남도 거창군 중앙리

고문헌

조선요리(어리굴젓), 조선무쌍신식요리제법(담석화해 : 淡石花醢)

오징어젓

재 료

물오징어 1kg(3마리) • 무 300g(⅓개) • 소금 4큰술

젓갈 양념 고운 고춧가루 1¼컵 • 다진 마늘 3큰술 • 통깨 1큰술 • 물엿 · 실고추 약간

만드는 법

1. 물오징어는 손질하여 소금(3½큰술)에 3일 정도 절였다가 물에 헹군 후 물기를 빼고 채 썬다.
2. 무는 5cm 길이로 채 썰어 소금(½큰술)에 살짝 절였다가 물기를 꼭 짠다.
3. 준비된 재료를 젓갈 양념에 버무려 항아리에 담는다.

참고사항

파, 마늘을 채 썰어 넣기도 한다.

출 처

경상남도 농촌진흥원, 경남향토음식, 1994
울산광역시농업기술센터, 울산향토음식, 2001

정보제공자

안연순, 울산광역시 울주군 온양읍 망양리
이동남, 경상남도 창녕군 계성면 명리
조풍연, 경상남도 통영시 미수1동

젓갈 · 식해

잔새우젓(갠갱이젓)

재 료

잔새우(갠갱이) 500g • 고춧가루 ½컵 • 다진 파 3큰술 • 소금 2큰술

만드는 법

1. 잔새우는 깨끗이 헹구어 물기를 빼고 소금으로 간을 한 다음 다진 파, 고춧가루를 넣어 양념한다.

참고사항

상추쌈에 이용하는 젓갈류이며 보존기간이 짧으므로 빨리 먹어야 한다.

출 처

울산광역시농업기술센터, 울산향토음식, 2001

정보제공자

이봉우, 울산광역시 중구 옥교동

젓갈 · 식해

조개젓

재 료

조갯살(바지락) 1kg(5컵) • 소금 1½컵

젓갈 양념 다진 풋고추 1큰술 • 다진 붉은 고추 1큰술 • 고춧가루 1큰술 • 다진 파 1큰술 • 다진 마늘 1작은술 • 깨소금 1작은술

만드는 법

1. 조갯살은 연한 소금물에 씻어 헹궈 물기를 뺀 후 소금에 버무려 항아리에 담고 입구를 밀봉하여 3~4주 정도 삭힌다.
2. 먹을 때 젓갈 양념에 버무린다.

출 처

거제시농업기술센터, 거제향토음식, 1998

정보제공자

신문자, 경상남도 거제시 연초면 한내리

이재선, 경상남도 거제시 옥포2동

고문헌

조선요리제법(조개젓), 조선무쌍신식요리제법(합해 : 蛤醢)

창란젓

재 료

창란 200g • 무 200g(¼개) • 마늘 10g(3쪽) • 대파 35g(1뿌리) • 풋고추 30g(2개) • 붉은 고추 30g(2개) • 고춧가루 3큰술 • 소금 3큰술 • 생강즙 약간

만드는 법

1. 창란은 속에 붙은 주머니를 쪼개서 채 썬다.
2. 무는 1×1×0.5cm 크기로 나박썰기 하고, 마늘은 편 썰기 한다.
3. 대파, 풋고추, 붉은 고추는 송송 썬다(0.5cm).
4. 준비된 모든 재료에 소금, 고춧가루, 생강즙을 넣어 버무린다.

참고사항

창란에 소금 간을 하여 보름 정도 삭힌 후에 양념하기도 한다.

출 처
울산광역시농업기술센터, 울산향토음식, 2001

정보제공자
이덕자, 울산광역시 울주군 서생면 용리

홍합젓

재 료

홍합살 200g(1컵) • 무 50g • 마늘 20g(5쪽) • 대파 20g(½뿌리) • 생강 20g • 고춧가루 4큰술 • 소금 3⅓큰술

만드는 법

1. 홍합은 잔털을 제거하고 소금(⅓큰술)으로 문질러 깨끗이 손질한 후 물기를 뺀다.
2. 무는 나박썰기(2×2×0.5cm) 하거나 0.5cm 두께로 채 썰어 고춧가루를 넣고 고루 색이 들게 버무린다.
3. 대파는 3cm 길이로 곱게 채 썰고, 마늘, 생강도 곱게 채 썬다.
4. 준비된 홍합, 무, 대파, 마늘, 생강, 소금 3큰술을 버무린 후 작은 항아리에 담고 서늘한 곳에서 일주일 정도 숙성시킨다.

❋ 참고사항

- 가을, 겨울에 많이 담는 젓갈로 1~2주일 익혀 반찬을 하는 통영 전통의 젓갈이다.
- 홍합을 삶아 대꼬챙이에 꿰어 말리고 삶은 물로 홍합젓국을 만들어 간장대용으로도 이용하고 밥에 비벼 먹기도 하였다. 맛이 담백하고 깔끔하다. 최근에는 천연산 홍합을 구하기 힘들어 거의 만들고 있지 않으나 상류층 및 식도락가가 즐기는 음식이다.

출 처
경상남도 농촌진흥원, 경남향토음식, 1994
통영시농업기술센터, 통영음식, 1999

정보제공자
강경옥, 경상남도 통영시 광도면 죽림리
조충연, 경상남도 통영시 미수1동

고문헌
조선무쌍신식요리제법(홍합해 : 紅蛤醢)

가자미식해

재 료

가자미 350g(1마리) • 무 150g • 조 220g(1½컵) • 엿기름가루 100g(1컵) • 소금 1작은술 • 물 200mL(1컵)

식해 양념 고춧가루 1컵 • 다진 마늘 1큰술 • 다진 생강 1작은술 • 소금 3큰술

만드는 법

1. 가자미는 내장을 빼고 깨끗하게 씻어 3×3cm 길이로 토막 내어 엿기름가루에 재운다.
2. 조는 깨끗하게 씻어 고슬고슬하게 밥을 지어 식힌다.
3. 무는 나박썰기(2×2×0.3cm) 하여 소금에 절여 물기를 뺀다.
4. 준비된 모든 재료를 식해 양념으로 버무린 후 항아리에 꼭꼭 눌러 담아 7일 정도 숙성시킨다.

참고사항

산간 지방에서 생선이 귀하고 운반하기 힘들어 보관하기 어려울 때 먹었다고 한다.

출 처

문화공보부 문화재관리국, 한국민속종합조사보고서(경상남도 편), 1972

정보제공자

김옥경, 경상남도 합천군 합천읍 합천리
김제옥, 경상남도 창원시 대원동
노진숙, 경상남도 창녕군 창녕읍 말흘리

젓갈 · 식해

갈치식해

재 료

갈치 650g(2마리) • 쌀 180g(1컵) • 무 300g(⅓개) • 엿기름가루 100g(1컵) • 소금 1컵 • 물 200mL(1컵)

식해 양념 고춧가루 1컵 • 소금 2큰술 • 다진 파 2큰술 • 다진 마늘 1큰술 • 참기름 1큰술 • 다진 생강 1작은술 • 설탕 약간

만드는 법

1. 갈치는 소금물에 절여 하룻밤 재운 후 물기를 빼고 4~5cm 크기로 자른다.
2. 무는 5cm 길이로 채 썰어 소금에 절여 물기를 뺀다.
3. 쌀은 깨끗이 씻어 30분 정도 불린 후 고슬고슬하게 밥을 짓는다.
4. 준비된 무와 고춧가루를 함께 버무려 붉은색이 나면 1의 갈치와 밥, 엿기름가루, 식해 양념을 넣고 버무린다.
5. 항아리에 꾹꾹 눌러 담아 3~4일간 따뜻한 곳에서 삭힌다.

참고사항

식해에는 조기, 가자미, 명태(북어), 오징어 등이 이용된다.

정보제공자

김양순, 경상남도 창녕군 영산면 성래리

북어식해(마른생선식해)

재 료

북어 2마리 • 무 300g(⅓개) • 조 150g(1컵) • 고춧가루 ½컵 • 다진 파 5큰술 • 다진 마늘 5큰술 • 다진 생강 1작은술 • 소금 ½컵 • 물 150mL(¾컵)

엿기름물 엿기름가루 50g(½컵) • 물 200mL(1컵)

만드는 법

1. 북어는 두들겨서 하룻밤 정도 소금물에 절인 후 물기를 빼고 3cm 크기로 토막 낸다.
2. 무는 씻어 소금물에 절여 물기를 뺀 후 3×5×1cm로 자른다.
3. 조는 깨끗이 씻어 고두밥을 짓는다.
4. 엿기름가루에 물을 넣고 엿기름물을 만든다.
5. 넓은 그릇에 준비된 무와 고춧가루를 함께 버무려 붉은색이 나면 북어, 조밥, 다진 파, 다진 마늘, 다진 생강, 소금을 넣어 고루 섞으면서 엿기름물을 넣고 버무린다.
6. 항아리에 꼭꼭 눌러 담아 3~4일간 따뜻한 곳에서 삭힌다.

출 처

문화공보부 문화재관리국, 한국민속종합조사보고서(경상남도 편), 1972
경상남도 농촌진흥원, 경남향토음식, 1994
농촌진흥청 농촌생활연구소(현 농촌자원개발연구소), 전통지식 모음집(생활문화 편), 1997

정보제공자

안순옥, 경상남도 창녕군 영산면 죽사리
정영란, 경상남도 창녕군 대지면 효정리

시어

재 료

쌀 1.2kg(7컵) • 마른 갈치 350g(2~3마리) • 엿기름가루 80g(⅔컵) • 고춧가루 2컵 • 다진 마늘 1¼컵 • 설탕 4큰술 • 다진 생강 3큰술 • 소금 3큰술 • 물 1.2L(6컵)

만드는 법

1. 쌀은 깨끗이 씻어 30분 정도 불린 후 고두밥을 찐다.
2. 마른 갈치는 5cm 크기로 잘라 씻어 물기를 완전히 뺀다.
3. 엿기름가루는 체에 내려 껍질은 버리고 하얀 가루만 사용한다.
4. 큰 그릇에 고두밥을 펴서 완전히 식으면 마른 갈치와 다진 마늘, 다진 생강, 소금, 엿기름가루(하얀 가루), 설탕, 고춧가루순으로 넣어 손으로 으깨지지 않도록 조심스럽게 살살 섞어 주고, 뭉쳐진 밥은 손으로 살살 비비면서 펴 준다.
5. 겨울에는 따뜻한 방에서 하루 정도 발효시키는데, 발효 시 뚜껑은 덮지 않는다(더울 때는 서늘한 곳에서 발효시킨다).

참고사항

오징어, 북어, 대구포, 쥐포를 넣기도 한다.

출 처

농촌진흥청, 향토음식, www2.rda.go.kr/food/, 2006

정보제공자

이경희, 경상남도 함안군 가야읍 도합리

조기식해

재 료

조기 2kg(10마리) • 쌀 540g(3컵) • 석이버섯 20g(20개) • 고춧가루 1¼컵 • 다진 마늘 5큰술 • 다진 생강 3큰술 • 소금 1컵 • 물 1L(5컵)

엿기름물 엿기름가루 200g(1¾컵) • 물 600mL(3컵)

만드는 법

1. 조기는 배를 갈라 내장을 빼고 뼈를 발라 낸 다음 소금으로 간을 하고 채반에 널어 꾸덕꾸덕하게 말린다.
2. 쌀은 깨끗이 씻어 불린 후 물(3컵)을 부어 고슬고슬하게 밥을 지어 식힌다.
3. 엿기름가루에 물을 부어 주물러 가라앉힌 후 고운체에 걸러 웃물을 준비한다.
4. 냄비에 3의 웃물을 붓고 끓여 식힌다.
5. 석이버섯은 물에 불려 곱게 채 썬다.
6. 쌀밥과 식힌 웃물에 고춧가루를 넣어 섞은 것을 말린 조기에 채워 넣고 채 썬 석이버섯, 다진 마늘, 다진 생강을 얹는다.
7. 조기 배를 맞물려 끈으로 동여 매어 항아리에 차곡차곡 넣고 물(2컵)을 자작하게 부어 2~3일 정도 따뜻한 곳에서 삭힌다.

출 처
경상남도 농촌진흥원, 경남향토음식, 1994
농촌진흥청 농촌영양개선연수원(현 농촌자원개발연구소), 한국의 향토음식, 1994
농촌진흥청 농촌생활연구소(현 농촌자원개발연구소), 전통지식 모음집(생활문화 편), 1997

정보제공자
강수정, 경상남도 산청군 산청읍 정곡리
김현, 경삼남도 산청군 단성면 남사리

젓갈 · 식해

진주식해

재 료

말린 조기 5마리 • 쌀 180g(1컵) • 엿기름가루 100g(1컵) • 다진 마늘 5큰술 • 소금 1컵 • 물 200mL(1컵) • 대나무잎 적량

만드는 법

1. 쌀은 깨끗이 씻어 고슬고슬하게 밥을 짓고, 다진 마늘, 엿기름가루를 섞는다.
2. 꼬들꼬들하게 말린 조기를 3~4cm로 토막 내어 1의 밥과 소금을 넣고 버무린다.
3. 항아리에 담고 대나무잎으로 봉한다.
4. 국물을 받을 그릇을 밑에 대고 그 위에 3을 엎어서 익힌다.

참고사항

밥반찬으로 이용한다.

출 처

문화공보부 문화재관리국, 한국민속종합조사보고서(경상남도 편), 1972

홍치밥식해(홀데기밥식해)

재 료

홍치 300g • 무 250g(⅓개) • 쌀 180g(1컵) • 실파 50g • 고춧가루 1½컵 • 다진 마늘 7큰술 • 다진 생강 2큰술 • 설탕 3큰술 • 통깨 2큰술 • 소금 2큰술 • 물 300mL(1½컵)

만드는 법

1. 홍치는 다듬어 5cm 크기로 토막 내어 소금(1⅔큰술)을 넣고 하룻밤 절인다.
2. 쌀은 깨끗이 씻어 30분 정도 불려 물(1컵)을 부어 고슬고슬하게 밥을 지은 후 식힌다.
3. 무는 채 썰어 소금(⅓컵)에 절인다.
4. 실파는 다듬어 4~5cm 길이로 썬다.
5. 고춧가루는 물(½컵)을 부어 불린 후 다진 마늘, 다진 생강을 넣어 골고루 섞으면서 준비된 홍치, 쌀밥, 무채, 실파, 통깨를 넣고 버무려 소금과 설탕으로 간을 맞춘다.
6. 항아리에 담고 서늘한 온도에서 3~5일간 익힌다.

참고사항

식해에는 조기, 가자미, 명태(북어), 오징어 등이 이용된다.

정보제공자

이옥선, 경상남도 포항시

비지장

재 료

비지 500g • 다진 파 2큰술 • 다진 마늘 1큰술 • 소금 1작은술 • 식용유 1큰술

만드는 법

1. 비지는 하루 동안 뜨거운 방에서 발효시킨다.
2. 달군 팬에 식용유를 두르고 발효시킨 비지를 넣어 볶는다.
3. 다진 마늘, 다진 파를 넣고 소금으로 간을 한다.

✻ 참고사항

- 된장, 육수, 멸치장국국물을 비지와 함께 볶기도 한다.
- 묵은 김치, 멸치장국국물과 비지장을 넣어 찌개를 끓이기도 한다.

정보제공자
김은진, 경상남도 거창군 거창읍 김천리

조리시연자
안선주, 경상남도 거창군

장

담북장(담뿍장, 땀북장)

재 료

메줏가루 200g(2½컵) • 묵은 배추김치 100g • 묵은 무김치 100g • 고춧가루 80g(1컵) • 소금 약간 • 물 400mL(2컵)

만드는 법

1. 메줏가루에 물을 붓고 충분히 불린 후 고춧가루를 넣어 골고루 섞는다.
2. 배추김치, 무김치는 양념을 씻어 잘게 썬다.
3. 준비된 모든 재료에 소금으로 간을 하여 잘 섞은 후 하루 정도 발효시킨다.

참고사항

메줏가루와 고춧가루를 섞어 물을 부어 두어도 된다.

출 처
농촌진흥청, 향토음식, www2.rda.go.kr/food/, 2006

정보제공자
박말순, 부산광역시 강서구 강동동

고문헌
시의전서(담북장 : 淡北醬), 조선요리제법(담북장)

장

멸장

재 료

멸치 20kg • 된장 2kg • 소금 5kg • 물 20L

만드는 법

1. 멸치를 잡은 즉시 깨끗이 씻어서 소금을 넣고 삶는다.
2. 된장을 넣어 센 불로 끓이다가 약하게 2시간 정도 달인 후 깨끗한 창호지에 거른다.
3. 용기에 담아 밀봉한 후 서늘한 곳에 보관한다.

출 처
울산광역시농업기술센터, 울산향토음식, 2001

밀고추장(밀가루고추장)

재 료

밀가루 3.8kg • 메줏가루 2kg • 고춧가루 1.5kg • 소금 1kg • 물 7~8L

엿기름물 엿기름가루 1kg • 물 2L(10컵)

만드는 법

1. 밀가루는 물을 넣고 풀을 쑤어 60~70°C 정도로 식힌 후 엿기름물을 걸러 붓고 삭힌다.
2. 단맛이 나면 메줏가루와 고춧가루를 섞고 소금을 여러 번 나누어 넣으면서 간을 한다.

참고사항

- 통밀을 발효시켜 말린 후 가루를 내어 이용하기도 한다.
- 밀가루에 물을 붓고 엿 달이듯 달여서 농축시킨 후 사용하는 방법도 있다.

출 처

농촌진흥청 농촌영양개선연수원(현 농촌자원개발연구소), 한국의 향토음식, 1994
농촌진흥청 농촌생활연구소(현 농촌자원개발연구소), 전통지식 모음집(생활문화 편), 1997

정보제공자

김민자, 경상남도 고성군 명오면 성곡리
송미령, 경상남도 창녕군 영산면

고문헌

조선요리(밀고추장)

시금장(개떡장)

재료

보리쌀겨 5kg • 엿기름가루 1kg • 메줏가루 700g(9컵) • 보리쌀 145g(1컵) • 무청 500g • 풋고추 700g(50개) • 당근 300g • 고춧가루 · 다진 마늘 · 산초가루 약간 • 소금물 적량

만드는 법

1. 보리쌀겨(등겨가루)를 반죽하고 지름 10cm 정도의 메줏덩어리처럼 뭉친다.
2. 왕겨를 태운 재에 보리쌀겨 반죽을 넣고 은근한 갈색이 나도록 2시간 정도 굽는다.
3. 구운 반죽을 한 달 정도 그늘에 달아 매어 띄운 것을 말려 가루로 만든다.
4. 보리쌀을 갈아 엿기름물에 삭혀 식혜를 만든다.
5. 무청은 5cm 길이로 썰고, 당근은 5cm 길이로 채 썰고, 풋고추는 2cm 두께로 송송 썬다.
6. 준비된 3의 가루, 식혜, 무청, 당근, 풋고추에 메줏가루, 다진 마늘, 고춧가루, 산초가루, 소금을 넣고 잘 버무려 5~7일쯤 삭힌다.

출 처

농촌진흥청 농촌영양개선연수원(현 농촌자원개발연구소), 한국의 전통음식, 1994
농촌진흥청, 농촌생활연구소(현 농촌자원개발연구소), 전통지식 모음집(생활문화 편), 1997

정보제공자

김제옥, 경상남도 창원시 대원동
민성광, 경상남도 밀양시 하남읍 하서동

집장(보리겨떡장)

재 료

메주콩 1kg • 보리(밀) 1kg • 고춧가루 600g • 가지 320g(3개) • 풋고추 280g(20개) • 소금 · 물 적량

만드는 법

1. 메주콩은 푹 삶아 절구에 찧는다.
2. 보리는 맷돌에 간다.
3. 1의 메주콩과 2의 보리를 섞어 메주를 만들어 잘 띄운 후 말려 가루를 만든다.
4. 풋고추는 연한 소금물에 삭혀 물기를 뺀다.
5. 가지는 소금물에 1시간 정도 절인 후 물기를 뺀다.
6. 소금물을 끓여 식힌다.
7. 메줏가루, 고춧가루에 식힌 소금물을 조절하면서 넣어 고추장 담는 정도의 농도로 반죽한다.
8. 항아리에 풋고추, 가지, 7의 반죽을 담아 꼭 밀봉한 후 뚜껑을 덮어 퇴비 속에 묻어 1주일 정도 숙성시킨다.

출 처

문화공보부 문화재관리국, 한국민속종합조사보고서(경상남도 편), 1972

정보제공자

이동남, 경상남도 창녕군 계성면 명리

고문헌

수운잡방(조즙 : 造汁), 증보산림경제(조즙장국법 : 造汁醬麴法), 규합총서(즙장(집장)), 시의전서(즙장 : 汁醬), 부인필지(즙장), 조선무쌍신식요리제법(즙장 : 汁醬)

장

홍합장(합자장)

재 료

홍합살 1kg(5컵) • 소금 1컵 • 물 1L(5컵)

만드는 법

1. 홍합살은 깨끗하게 씻어 소금물에 삶아 건진다.
2. 냄비에 홍합을 삶아 낸 국물을 부어 진하게 조린다.

❁ 참고사항

- 간장과 같다 하여 홍합(합자)장이라 한다.
- 삶아 낸 홍합은 말려 두었다가 조리에 이용한다.

출 처
문화공보부 문화재관리국, 한국민속종합조사보고서(경상남도 편), 1972

정보제공자
김정숙, 부산광역시 북구 구포3동

식초

막걸리식초

재 료

쌀 1.6kg(9컵) • 누룩가루 160g • 물 15~16L

만드는 법

1. 쌀은 깨끗이 씻어 2시간 정도 불린 후 고슬고슬하게 찐다.
2. 쌀밥에 누룩가루와 물을 섞어 항아리에 담고 3~4일 발효시키면 막걸리가 된다.
2. 발효시킨 것을 걸러 내어 1주일 정도 상온에서 숙성시킨다.

정보제공자
최분자, 경상남도 창녕군 장마면 상아곡리

식초

보리퐁식초

재료

보리퐁 열매 200g • 막걸리 2L(10컵)

만드는 법

1. 보리퐁 열매는 씻지 않고 깨끗이 닦아 용기에 넣는다.
2. 1에 막걸리를 부어 밀봉한 후 3개월 정도 발효시킨다.

정보제공자
정춘자, 경상남도 진해시 남문동

식초

현미식초(현미초)

재료

현미 160g(1컵) • 흑설탕 1컵 • 물 2L(10컵)

만드는 법

1. 현미는 싹이 1.5cm 되게 발아시켜 분쇄기에 갈고, 흑설탕과 물을 넣는다.
2. 따뜻한 곳에 두고 가끔 흔들어 주면서 7일 정도 발효시킨다.

출 처
농촌진흥청 농촌영양개선연수원(현 농촌자원개발연구소), 한국의 향토음식, 1994

정보제공자
김은실, 경상남도 진해시 서중동
이기복, 경상남도 창녕군 이방면 장천리

망개떡(망게떡)

재 료

찹쌀 380g(2¼컵) • 팥 420g(2컵) • 설탕 ½컵 • 꿀 2큰술 • 소금 3작은술 • 계핏가루 ½ 작은술 • 청미래덩굴잎 60장

만드는 법

1. 팥은 물에 불려 쪄서 소금(1작은술)을 넣고 으깨어 체에 내려 고물을 만든다.
2. 팥고물에 설탕과 꿀, 계핏가루를 넣고 버무려서 밤톨만하게 소를 빚는다.
3. 찹쌀은 씻어 불린 후 찜통이나 시루에 충분히 쪄서 소금(2작은술)을 넣고 절구에서 차질 때까지 찧는다.
4. 찹쌀 반죽을 조금씩 떼어 둥글게 하여 도마 위에 놓고 얇게 밀어 2의 소를 넣고 반달 모양(또는 사각 모양)으로 빚는다.
5. 청미래덩굴잎 두 장 사이에 반달 모양(또는 사각 모양)으로 빚은 떡을 한 개씩 넣어 김이 오른 찜통에서 찐다.

참고사항

- 망개떡은 거창송편의 일종이다.
- 청미래덩굴은 백합과에 속하는 덩굴성 관목이다. 꽃이 진 뒤에 가을철이 되면 빨간 열매가 암나무에 모여 붙는데, 이 열매를 명감 또는 망개라 한다. 어린순은 나물로 먹고, 잎은 찹쌀떡을 만들 때 떡을 싸는 데 쓰이기도 한다.

출 처

경상남도 농촌진흥원, 경남향토음식, 1994
농촌진흥청 농촌생활연구소(현 농촌자원개발연구소), 전통지식 모음집(생활문화 편), 1997
의령군농업기술센터, 의령의 맛, 2002

정보제공자

김기순, 경상남도 의령군 의령읍 서동리
전연수, 경상남도 의령군 칠곡면 산남리

조리시연자

정계임, 경상남도 진주시 대안동

떡

송기떡(송구떡)

재료

송기 300g • 찹쌀가루 1.6kg(16컵) • 콩고물 500g($2\frac{1}{2}$컵) • 설탕 300g(2컵) • 소금 1큰술 • 중조 15g

만드는 법

1. 송기는 중조를 넣고 1시간 정도 삶아 찬물에 우려 내고 송기가 부드러워질 때까지 2번 더 반복한다.
2. 1과 찹쌀가루에 소금을 넣고 곱게 갈아 설탕을 넣어 잘 섞는다.
3. 시루에 면포를 깔고 콩고물(200g)을 깐 후 2를 위에 부어 찐다.
4. 쪄진 반죽을 차지게 치댄다.
5. 치댄 반죽을 적당한 크기로 잘라 둥글게 굴린 후 콩고물(300g)을 전체적으로 묻힌다.

1

4

5

참고사항

- 콩고물은 콩을 볶아서 가루로 낸 것을 사용한다.
- 중조는 송기의 색감을 유지해 주고, 부드럽게 해준다.

출처
울산광역시농업기술센터, 울산향토음식, 2001

정보제공자
구인란, 경상남도 창녕군 대합면 평지리
최성옥, 경상남도 합천군 합천읍 옥산동

조리시연자
정계임, 경상남도 진주시 대안동

고문헌
산가요록(송고병), 도문대작(송기떡(송피떡)), 지봉유설(소나무 껍질로 만든 떡), 증보산림경제(송피병법 : 松皮餠法), 규합총서(송기떡), 시의전서(송피절편 : 松皮절편), 조선요리제법(송기떡), 조선무쌍신식요리제법(송피병 : 松皮餠)

떡

감부꾸미

재료

곶감 160g(5개) • 찹쌀가루 200g(2컵) • 꿀 1컵 • 소금 ½큰술 • 식용유 ½큰술 • 물 2½큰술

만드는 법

1. 찹쌀가루에 소금과 뜨거운 물을 넣어 익반죽한다.
2. 곶감은 씨를 빼고 납작하게 만들어 0.3cm 너비로 얇게 썬다.
3. 1의 반죽을 조금씩 떼어 지름 5cm, 0.3cm 두께로 민다.
4. 달군 팬에 식용유를 두르고 3의 반죽을 올려 놓고 익으면 뒤집어서 곶감을 나란히 올려 눌러 굽는다.
5. 앞뒤를 노릇하게 굽고 뜨거울 때 꿀을 바른다.

3

4

조리시연자
민경희, 경상남도 밀양시

도토리떡

재 료

도토리 1.5kg • 찹쌀가루 300g(3컵) • 콩고물 400mL(2컵) • 물 400mL(2컵) • 소금 2작은술 • 설탕 약간

만드는 법

1. 도토리는 물에 여러 번 우려서 떫은 맛을 제거하고 찐 후 찧어 가루를 낸다.
2. 도토리가루와 찹쌀가루에 소금, 설탕으로 간을 하여 골고루 섞는다.
3. 시루에 면포를 깔고 2와 콩고물을 켜켜로 안쳐 뚜껑을 열고 찐다.
4. 떡 가운데로 김이 올라오면 뚜껑을 덮고 15분 정도 찐 후 불을 끄고 5분 정도 뜸을 들인다.

2

3

3

정보제공자
최남미, 경상남도 거창군 거창읍 상금리

조리시연자
최성옥, 경상남도 합천군 합천읍 옥산동

보리떡

재료

보릿가루 1.5kg • 강낭콩 500g(2½컵) • 완두콩 500g • 소금 ½큰술 • 설탕 1큰술 • 막걸리 750mL • 물 375mL(4컵)

만드는 법

1. 냄비에 물을 붓고 강낭콩과 완두콩을 삶은 다음 약한 불에서 설탕을 넣고 조린다.
2. 보릿가루에 막걸리, 물, 소금을 넣어 반죽한 다음 1의 강낭콩과 완두콩을 넣어 섞는다.
3. 찜통에 면포를 깔고 2의 반죽을 붓는다.
4. 30분 정도 찐 후 뜸을 들인다.

3

4

참고사항

콩은 기호에 따라 양을 조절한다.

정보제공자
김민자, 경상남도 고성군 명오면 성곡리

조리시연자
최성옥, 경상남도 합천군 합천읍 옥산동

부편(웃기떡)

재 료

찹쌀가루 500g(5컵) • 거피녹두 1컵 • 곶감 320g(10개) • 콩고물 1컵 • 물 5큰술 • 계핏가루 2컵 • 소금 2작은술

만드는 법

1. 거피녹두는 물을 붓고 소금을 넣고 삶아 으깨어 체에 내려 고물을 만든다.
2. 녹두고물에 계핏가루를 섞어 지름 1.5cm 크기로 빚어 소를 만든다.
3. 곶감은 씨를 빼고 얇게 펴서 썬다.
4. 찹쌀가루에 소금 간을 하고 뜨거운 물로 익반죽한다.
5. 반죽을 조금씩 떼어 소를 넣고 동그랗게 빚어 3을 위에 얹는다.
6. 김이 오른 찜통에 쪄서 뜨거울 때 콩고물을 묻힌다.

✻ 참고사항

밤, 대추를 고명으로 이용하기도 하고, 거피팥이나 콩을 삶아 소로 이용하기도 한다.

5

6

6

출 처

문화공보부 문화재관리국, 한국민속종합조사보고서(경상남도 편), 1972

경상남도 농촌진흥원, 경남향토음식, 1994

밀양시, 밀양의 맛, 2001

정보제공자

신인섭, 경상남도 밀양시 부북면

조리시연자

민경희, 경상남도 밀양시

비빔떡

재 료

멥쌀가루 450g(3컵) • 콩고물 1컵 • 팥고물 120g(1컵) • 설탕 2큰술 • 소금 1작은술 • 물 3큰술

만드는 법

1. 멥쌀가루에 소금, 설탕, 물을 넣고 익반죽하여 반달 모양으로 빚는다.
2. 끓는 물에 빚은 반죽을 넣고 익어 떠오르면 건져 찬물에 잠시 담갔다가 건져 낸다.
3. 콩고물, 팥고물을 묻힌다.

1

2

3

출 처
농촌진흥청, 향토음식, www2.rda.go.kr/food/, 2006

정보제공자
이성옥, 경상남도 통영시 봉평동

조리시연자
김금숙, 경상남도 통영시 도산면 관덕리

떡

주악

재 료

찹쌀가루 400g(4컵) • 팥고물(또는 콩고물, 거피녹두고물) 340g(3컵) • 꿀 600g(2컵) • 치자물 1큰술 • 오미자물 1큰술 • 쑥가루 1큰술 • 식용유 ½큰술 • 소금 2작은술 • 설탕 약간 • 물 적량

만드는 법

1. 찹쌀가루에 소금을 넣고 4등분으로 나눈다.
2. 4등분한 찹쌀가루에 각각 치자물, 오미자물, 쑥가루(물 1큰술)를 넣고 나머지 ¼의 찹쌀가루(물 1큰술)는 그대로 익반죽한다.
3. 4개의 반죽을 각각 조금씩 떼어 둥글게 한 다음 팥고물을 넣고 송편 모양으로 작게 만든다.
4. 달군 팬에 식용유를 두르고 3을 약한 불에서 구운 후 꿀을 바른다.

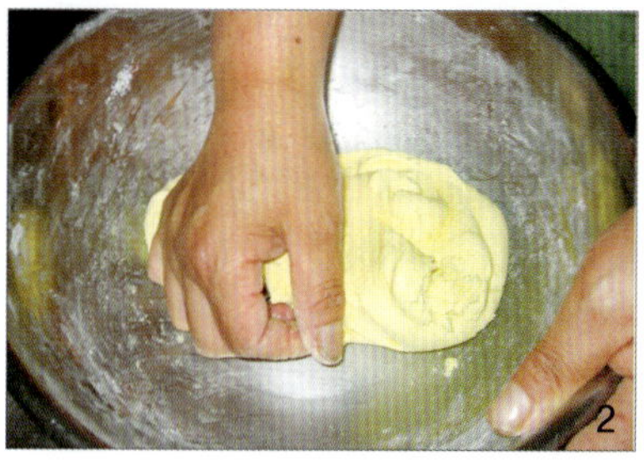
2

3

4

출 처
울산광역시농업기술센터, 울산향토음식, 2001

정보제공자
손영희, 울산광역시 북구 신천동

조리시연자
김성아, 경상남도 밀양시

감단자

재 료

떫은 감 2kg(13개) • 찹쌀가루 500g(5컵) • 동부고물 400g(2컵) • 계핏가루 30g • 생강 20g(1톨) • 설탕 250g(1⅔컵) • 물 700mL(3½컵)

만드는 법

1. 감은 꼭지를 따고 깨끗이 씻어 물(3컵)을 붓고 푹 곤 후 체에 밭쳐 거른다.
2. 생강은 껍질을 벗겨 물(½컵)을 붓고 물의 양이 반으로 될 때까지 푹 고아 체에 거른다.
3. 찹쌀가루에 감물 6큰술, 생강물, 계핏가루, 설탕을 고루 섞어 김이 오른 찜통에 면포를 깔고 찐 후 절구에 담아 치댄다.
4. 치댄 떡 양쪽에 동부고물을 묻혀 적당한 크기로 썬다.

출 처

경상남도 농촌진흥원, 경남향토음식, 1994
농촌진흥청 농촌영양개선연수원(현 농촌자원개발연구소), 한국의 향토음식, 1994
농촌진흥청 농촌생활연구소(현 농촌자원개발연구소), 전통지식 모음집(생활문화 편), 1997

정보제공자

백두선, 경상남도 사천시 사천읍 두량6동

떡

감자떡

재 료

감자 750g(5개) • 밀가루 110g(1컵) • 소금 1작은술 • 물 적량

만드는 법

1. 감자는 껍질을 벗기고 갈아서 체에 밭쳐 앙금만 거른다.
2. 감자 앙금에 밀가루를 넣고 소금으로 간을 하여 알맞은 크기로 뭉친다.
3. 찜통에 젖은 면포를 깔고 찐다.

참고사항

- 상한 감자나 썩은 감자, 삭힌 감자를 이용하기도 한다.
- 쌀가루, 강낭콩, 팥 등을 이용하기도 한다.

출 처
농촌진흥청 농촌생활연구소(현 농촌자원개발연구소), 전통지식 모음집(생활문화 편), 1997

정보제공자
한영숙, 경상남도 거창군 장달리

고문헌
조선요리제법(감자병)

떡

감자송편

재 료

감자 5kg(30개) • 콩 100g(½컵) • 설탕 · 소금 약간 • 물 적량

만드는 법

1. 감자는 잠길 정도로 물을 붓고 한 달 후 거품이 생기면 껍질(찌꺼기)을 걸러 낸다.
2. 앙금이 뽀얗게 될 때까지 찬물로 갈아 준다.
3. 앙금을 걸러 낸 다음 깨끗한 천에 앙금을 고루 펴서 햇볕에 말려 가루로 만든다.
4. 콩은 껍질을 제거한 후 삶아 소금, 설탕으로 간하고, 지름 1.5cm 크기로 빚어 소를 만든다.
5. 3의 가루에 소금을 넣고 익반죽한 후 소를 넣어 송편을 빚는다.
6. 빚은 송편은 김이 오른 찜통에 면포를 깔고 15분 정도 찐다.

출 처

문화공보부 문화재관리국, 한국민속종합조사보고서(향토음식 편), 1984
농촌진흥청 농촌생활연구소(현 농촌자원개발연구소), 전통지식 모음집(생활문화 편), 1997

정보제공자

최경자, 경상남도 고성군 영현면 신분리

개떡

재 료

고구마 전분 300g(2컵) • 밀가루 220g(2컵) • 소금 1작은술 • 물 300mL(1½컵)

만드는 법

1. 고구마 전분, 밀가루에 물을 붓고 소금으로 간을 하여 반죽한다.
2. 김 오른 찜통에 면포를 깔고 찐다.

참고사항

• 쑥에 보릿가루나 쌀가루를 넣어 찐 것을 쑥개떡이라 한다.
• 보릿겨, 보릿가루로 만든 것을 보리개떡이라 한다.

정보제공자
김길순, 경상남도 양산시 교리

결명자부꾸미(결명자찹쌀부꾸미, 찹쌀부꾸미)

재 료

찹쌀가루 220g(2컵) • 결명자가루 2큰술 • 잣 2큰술 • 소금 1작은술 • 식용유 ½큰술 • 꿀 · 설탕 약간 • 물 3큰술

만드는 법

1. 찹쌀가루와 결명자가루에 소금, 설탕을 넣고 고루 섞어 고운체에 내린다.
2. 1에 뜨거운 물을 넣어 익반죽한 다음 지름 6cm 정도로 동글납작하게 빚는다.
3. 가열된 팬에 식용유를 두르고 2의 반죽을 놓고 양면을 고루 익힌다.
4. 한 면의 반죽이 말갛게 되면 잣을 모양 있게 붙여서 살짝 익힌 후 꺼낸다.
5. 설탕이나 꿀을 바른다.

참고사항

찹쌀가루로만 반죽하기도 하고, 팥을 소로 이용하기도 한다.

출 처

경상남도 농촌진흥원, 경남향토음식, 1994
농촌진흥청 농촌영양개선연수원(현 농촌자원개발연구소), 한국의 향토음식, 1994

정보제공자

이연옥, 경상남도 창원시 동면 신방리
전문자, 경상남도 창원시 명서동

곶감화전

재 료

찹쌀 330g(2컵) • 감껍질가루 ½컵 • 곶감 50g(2개) • 물 3큰술 • 소금 1작은술 • 식용유 ½큰술 • 꿀(설탕) 약간

만드는 법

1. 찹쌀을 씻어 하룻밤 불린 후 가루를 낸다.
2. 찹쌀가루, 감껍질가루에 소금, 뜨거운 물을 넣고 익반죽한 후 밤톨만큼씩 떼어 동글납작하게 빚은 다음 젖은 면포를 덮어 둔다.
3. 곶감은 씨를 발라 내어 얇게 펼쳐 꽃잎 모양으로 자른다.
4. 가열된 팬에 식용유를 두르고 2의 반죽을 넣고 지름이 5cm가 되도록 눌러가면서 지진 후 익으면 뒤집는다.
5. 익은 반죽 위에 곶감을 꽃 모양으로 눌러 붙여서 뒤집어 살짝 익힌 뒤 꿀(설탕)을 바른다.

출 처

경상남도농촌진흥원, 경남향토음식, 1994
농촌진흥청 농촌생활연구소(현 농촌자원개발연구소), 전통지식 모음집(생활문화 편), 1997

정보제공자

홍상현, 경상남도 함안군 함안면 파수리

꽃송편(송편꽃떡)

재 료

멥쌀 900g(5컵) • 참깨 120g(1컵) • 물 5큰술 • 꿀 3큰술 • 소금 2작은술 • 설탕 약간

치자물 치자 3개 • 물 2½큰술

오미자물 오미자 20g(½컵) • 물 2½큰술

쑥가루물 쑥가루 1큰술 • 물 2½큰술

승검초가루물 승검초가루 ½큰술 • 물 2½큰술

만드는 법

1. 멥쌀은 물에 충분히 불려서 소금, 설탕으로 간을 하여 가루로 빻는다.
2. 치자, 오미자는 각각 미지근한 물에 불려서 체에 거른다.
3. 멥쌀가루를 5등분하여 치자물, 오미자물, 쑥가루물, 승검초가루물의 네 가지 색깔과 쌀가루만의 흰색(물 1½큰술)을 그대로 살려 각각 익반죽한다.
4. 참깨는 볶아 소금을 약간 넣고 반 정도 빻은 다음 꿀로 반죽하여 조그맣게 빚어 소를 만든다.
5. 3의 반죽을 한 입 크기의 꽃 모양으로 만들고 참깨소를 하나씩 넣어 송편을 빚고 꽃잎, 꽃봉오리 모양도 조금 빚는다.
6. 꽃송편을 김이 오른 찜통에서 30~40분간 쪄 낸다.

출 처

경상남도 농촌진흥원, 경남향토음식, 1994

밀양시, 밀양의 맛, 2001

정보제공자

류정오, 경상남도 진주시 칠암동

만경떡(망경떡, 모듬백이)

재 료

찹쌀가루 2kg(20컵) • 깐 밤 320g(2컵) • 팥 210g(1컵) • 검은콩 160g(1컵) • 대추 140g(2컵) • 설탕 1컵 • 소금 $1\frac{1}{2}$큰술

만드는 법

1. 찹쌀가루에 소금을 넣어 고루 섞는다.
2. 검은콩과 팥을 깨끗이 씻어 삶는다.
3. 밤은 반으로 자르고, 대추는 씻어 씨를 발라 낸 후 3~4등분한다.
4. 준비된 모든 재료에 설탕을 넣고 버무린다.
5. 시루에 면포를 깔고 떡반죽을 안쳐 푹 찐다.

참고사항

땅콩, 잣 등을 이용하기도 한다.

출 처

문화공보부 문화재관리국, 한국민속종합조사보고서(향토음식 편), 1984

모시잎송편(모시송편)

재 료

멥쌀가루 750g(5컵) • 모시잎 50g • 녹두 200g(1컵) • 소금 2작은술 • 감잎 · 설탕 · 참기름 약간 • 물 5큰술

만드는 법

1. 모시잎은 빻아 멥쌀가루에 섞어 소금을 넣고 익반죽을 한다.
2. 녹두는 껍질을 제거하고 삶아 설탕을 넣어 소를 만든다.
3. 송편 반죽에 녹두소를 넣고 송편 모양으로 만들어 찐다.
4. 쪄 낸 떡은 참기름을 바르고 감잎에 싼다.

❁ 참고사항

콩고물, 양태콩, 밤, 대추를 소로 이용하기도 한다.

출 처

문화공보부 문화재관리국, 한국민속종합조사보고서(향토음식 편), 1984

경상남도 농촌진흥원, 경남향토음식, 1994

정보제공자

이복자, 경상남도 밀양시 상남면 기산리

무떡(무시루떡)

재료

찹쌀가루 500g(5컵) • 멥쌀가루 150g(1컵) • 무 600g($\frac{2}{3}$개) • 팥 420g(2컵) • 설탕 약간 • 소금 4작은술

만드는 법

1. 팥은 물을 넉넉히 부어 삶아 물기를 빼고 소금(1작은술)으로 간을 하여 적당히 찧어 팥고물을 만든다.
2. 무는 깨끗이 씻어 5cm 길이로 채 썰어 소금(1작은술)에 절였다가 물기를 뺀다.
3. 멥쌀가루에 채 썬 무를 버무린 후 묻은 멥쌀가루를 털어 낸다.
4. 멥쌀가루와 찹쌀가루에 설탕, 소금(2작은술)으로 간을 하여 체에 내린다.
5. 시루에 면포를 깔고 준비된 팥고물, 쌀가루, 무, 쌀가루의 순서대로 한 켜씩 안치고 위에는 팥고물을 얹어 면포를 덮어 찐다.
6. 김이 오르면 뚜껑을 덮고 뜸을 들인다.

정보제공자
한영숙, 경상남도 거창군 장달리

고문헌
규합총서(무떡), 시의전서(무떡), 부인필지(무우떡), 조선요리제법(무떡), 조선무쌍신식요리제법(나복병 : **蘿蔔餠**)

밀비지떡(밀비지)

재 료

멥쌀가루 1.5kg(10컵) • 콩 480g(3컵) • 설탕 3~4컵 • 소금 1큰술 • 참기름 약간 • 물 150mL(¾컵)

만드는 법

1. 불린 콩은 설탕에 버무려 찐다.
2. 멥쌀가루에 소금과 물을 넣고 반죽하여 0.4cm 두께로 민다.
3. 2의 반죽에 찐 콩을 넣고 손으로 눌러 준다.
4. 김이 오른 찜통에 면포를 깔고 떡을 찐다.
5. 서로 달라붙지 않게 찐 떡에 참기름을 바르고 썬다.

❋ 참고사항

팥, 꿀을 이용하기도 한다.

출 처

문화공보부 문화재관리국, 한국민속종합조사보고서(향토음식 편), 1984

정보제공자

이춘자, 경상남도 포항시

떡

백편

재 료

멥쌀 1.6kg • 설탕 ⅓컵 • 소금 1큰술 • 참기름 약간

고명 잣 1½컵 • 깐 밤 300g(30개) • 귤 껍질 ½개 • 석이버섯 30g(30개)

만드는 법

1. 멥쌀은 깨끗이 씻어 하룻밤 불려 소금을 넣고 가루로 빻은 후 고운체에 3회 정도 내린다. 여기에 설탕을 넣어 섞는다.
2. 귤 껍질은 곱게 채 썰고, 석이버섯은 물에 불려 씻은 후 물기를 빼고 곱게 채 썬다.
3. 밤은 4조각으로 자른다.
4. 1의 쌀가루를 시루에 안쳐 귤 껍질, 석이버섯, 밤, 잣을 고명으로 장식하고 한지에 참기름을 발라 얹는다.
5. 4의 과정을 반복하여 층층이 쌓는다.
6. 김 오른 찜통에 시루를 올려 찐 후 한지를 떼고 적당한 크기로 썬다.

출 처
농촌진흥청 농촌생활연구소(현 농촌자원개발연구소), 전통지식 모음집(생활문화 편), 1997

정보제공자
강석정, 경상남도 함양군 함양면 운림리
성현지, 경상남도 진주시 상대1동

고문헌
시의전서(백편)

석이편(석이병)

재료

멥쌀 900g(5컵) • 찹쌀 170g(1컵) • 석이버섯 30g(30개) • 잣 20g • 소금 ½큰술

만드는 법

1. 석이버섯을 물에 불려 검은 물을 뺀 후 이물질을 제거하여 다지고, 잣도 다진다.
2. 멥쌀과 찹쌀을 깨끗이 씻어 30분 정도 불린 후 빻아 가루를 만든다.
3. 1과 2의 준비된 재료를 섞어 떡가루를 만든다.
4. 시루에 면포를 깔고 떡가루를 얹어 찐다.

참고사항

석이가루는 기름, 꿀에 재웠다가 쌀가루와 섞으면 색이 좋고, 부드러워진다.

출 처

농촌진흥청 농촌영양개선연수원(현 농촌자원개발연구소), 한국의 향토음식, 1994

정보제공자

우정숙, 경상남도 창녕군 이방면 죽전리

고문헌

도문대작(석이편(병)), 음식디미방(석이편), 산림경제(석이떡), 증보산림경제(풍악석이병법 : 楓嶽石耳餠法), 규합총서(석이병), 음식법(석이떡)

떡

쑥구리(쑥굴레, 쑥굴림떡)

재 료

찹쌀 850g(5컵) • 삶은 쑥 ½컵 • 거피팥 2컵 • 꿀 5큰술 • 계핏가루 1큰술 • 소금 ½큰술 • 생강즙 1작은술

만드는 법

1. 찹쌀은 씻어 불린 후 소금을 넣고 빻아 가루로 만들어 체에 친다.
2. 준비된 찹쌀가루와 쑥을 넣고 절구에 찧은 후 큼직하게 반대기를 만들어 찐다.
3. 거피팥에 소금을 약간 넣고 찜통에 찐 후 뜨거울 때 으깨어 체에 내려 고물을 만든다.
4. 팥고물의 일부는 꿀, 계핏가루를 넣어 소를 만든다.
5. 2의 반대기를 다시 절구에 넣고 치댄다.
6. 치댄 반죽을 밤톨만큼씩 떼어 송편 빚듯이 구멍을 파서 팥소를 넣고 굴려서 팥고물을 묻힌다.
7. 꿀과 생강즙을 섞어서 곁들인다.

참고사항

- 초봄 새쑥으로 찹쌀과 함께 쑥떡을 만들어 주먹으로 감싸 쥐어 주물러 만들기도 한다.
- 쑥굴레떡, 쑥버무리, 쑥털털이라고도 하며 전국적으로 먹는 초봄의 떡이지만 부산의 전통음식으로 유명하다.

출 처

문화공보부 문화재관리국, 한국민속종합조사보고서(향토음식 편), 1984
경상남도 농촌진흥원, 경남향토음식, 1994
신애숙, 부산의 전통, 향토음식의 현황 고찰, 한국조리학회지, 6(2), 2000

정보제공자

류경오, 경상남도 진주시 칠암동
심재순, 경상남도 산청군 시천면 동당리

쑥버무리(쑥털털이)

재 료

멥쌀가루 1.5kg(10컵) • 쑥 300g • 설탕 150g(1컵) • 소금 1⅓큰술 • 물 200mL(1컵)

만드는 법

1. 쑥은 연한 것으로 골라 다듬어 씻어 물기를 뺀다.
2. 쑥, 멥쌀가루, 소금, 설탕을 넣어 고루 섞는다.
3. 시루에 안쳐 40분 정도 찐다.

참고사항

• 밀가루, 찹쌀가루를 이용하기도 한다.

• 쑥버머리, 쑥버머림, 쑥설기로 부르기도 한다.

출 처

거제시농업기술센터, 거제향토음식, 1998

울산광역시농업기술센터, 울산향토음식, 2001

정보제공자

김성숙, 경상남도 진해시 두동

옥정자, 경상남도 거제시 신현읍 상동리

유자청떡

재 료

멥쌀 1.5kg(9컵) • 유자청 1kg • 소금 1큰술

만드는 법

1. 멥쌀은 깨끗이 씻어 10시간 이상 불린 후 물기를 빼고 소금으로 간을 하여 빻는다.
2. 유자청은 소쿠리에 담아 충분히 즙을 뺀다.
3. 준비된 쌀가루와 유자청을 함께 비벼 가며 고루 섞는다.
4. 시루에 젖은 면포를 깔고 3의 쌀가루와 유자청을 안쳐 30분 정도 찐다.
5. 김이 오르면 뚜껑을 덮고 뜸을 들인다.

출 처
통영시농업기술센터, 통영음식, 1999

정보제공자
김성숙, 경상남도 진해시 두동

주걱떡

재 료

찹쌀 840g(5컵) • 팥고물 230g(2컵) • 소금 1큰술 • 물 1.4L(8컵)

만드는 법

1. 찹쌀은 깨끗이 씻어 불린 후 소금 간을 하여 밥을 질게 짓는다.
2. 찰밥을 주걱으로 으깨어 밥알이 일부 남아 있는 떡을 만든다.
3. 2의 찰떡을 조금씩 떼어 팥고물을 묻힌다.

✽ 참고사항

호박을 이용하면 호박주걱떡이라 한다.

출 처

경상남도 농촌진흥원, 경남향토음식, 1994
울산광역시농업기술센터, 울산향토음식, 2001

정보제공자

김광도, 경상남도 양산시 동면 석산리
김금옥, 울산광역시 울주군 온양읍 내광리
서영애, 울산광역시 울주군 범서읍 두산리
손영옥, 경상남도 밀양시 내일동
정현숙, 울산광역시 울주군 온양읍 내광리

칡떡

재 료

칡가루 1kg • 노란 콩고물 400mL(2컵) • 소금 1큰술

만드는 법

1. 칡가루는 소금으로 간을 한다.
2. 시루에 면포를 깔고 칡가루를 찐 후 절구에 찧는다.
3. 찧은 칡떡에 콩고물을 묻힌다.

참고사항

칡가루를 쪄서 콩고물을 묻히지 않고 바로 먹기도 하고, 쌀가루를 섞어 찌기도 한다.

출 처

문화공보부 문화재관리국, 한국민속종합조사보고서(향토음식 편), 1984

울산광역시농업기술센터, 울산향토음식, 2001

도라지 · 무 · 연근정과

도라지정과(도라지전과)

재료

도라지 300g • 설탕 180g(1¼컵) • 꿀 2큰술 • 물엿 40g • 소금 약간 • 물 400mL(2컵)

치자물 치자 2개 • 물 140mL(⅓컵)

만드는 법

1. 도라지는 소금에 박박 씻어서 5cm 길이로 두께를 일정하게 맞추어 썬다.
2. 끓는 물에 소금을 약간 넣고 도라지를 살짝 데친 후 찬물에 20~30분 정도 담가 쓴맛을 제거한다.
3. 냄비에 준비된 도라지, 설탕, 물을 넣어 불 조절을 하여 기포를 걷어 내면서 끓인다.
4. 설탕물이 반 정도로 줄어들면 치자물을 넣고 은근한 불에서 조금 더 조리다가 물엿을 넣고 물이 없어질 때까지 계속 조린다.
5. 거의 조려지면 꿀을 마지막으로 넣는다.

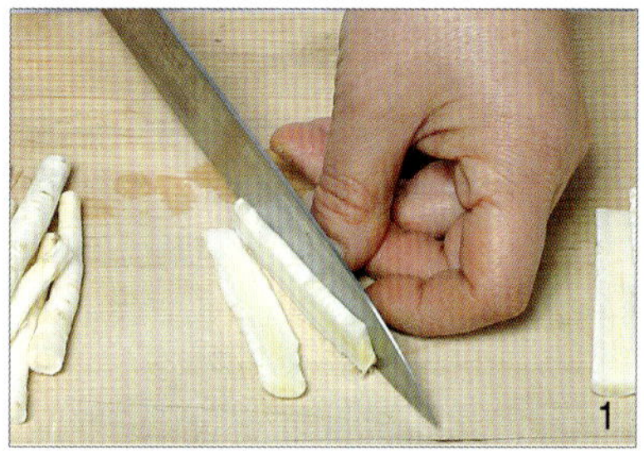
1

2

4

5

❋ 참고사항

진정과는 물엿이 많이 들어가고 건정과는 설탕이 많이 들어간다. 반드시 재료의 두께와 굵기가 일정해야 한다.

출처
경상남도 농촌진흥원, 경남향토음식, 1994

정보제공자
김상근, 경상남도 합천군 합천읍 합천리
윤한순, 경상남도 김해시 부원동

조리시연자
정계임, 경상남도 진주시 대안동

무정과(무전과)

재 료

무 200g(1/4개) • 물엿 200g(2/3컵) • 소금 1/2작은술 • 물 200mL(1컵)

만드는 법

1. 무는 큰 것은 반달 모양으로 하고 작은 것은 통째로 0.5cm 두께로 썬다.
2. 1의 무를 끓는 물에 소금을 넣고 살짝 데쳐 찬물에 담가 식힌 후 물기를 뺀다.
3. 냄비에 물엿과 물을 넣어 끓이다가 물기를 뺀 무를 넣어 조린다.

출 처

경상남도 농촌진흥원, 경남향토음식, 1994

농촌진흥청 농촌영양개선연수원(현 농촌자원개발연구소), 한국의 향토음식, 1994

정보제공자

황정숙, 경상남도 함양군 지곡면 개평리

연근정과(연근전과)

재 료

연근 300g(1½개) • 설탕 180g(1¼컵) • 물엿 40g • 꿀 2큰술 • 소금 약간 • 물 400mL(2컵)

오미자물 오미자 100g • 물 100mL(½컵)

식초물 식초 1컵 • 물 400mL(2컵)

만드는 법

1. 연근은 껍질을 벗기고 0.5cm 두께로 원형썰기 하여 식초물에 담근다.
2. 1의 연근을 끓는 물에 데쳐서 찬물에 담갔다가 물기를 뺀다.
3. 냄비에 데친 연근, 설탕, 물, 소금을 약간 넣어 끓이면서 거품을 걷어 낸다.
4. 설탕물이 반으로 줄어들면 오미자물을 넣고 은근한 불에서 조린다.
5. 물엿을 넣고 더 조리고 거의 조려지면 꿀을 넣는다.

정보제공자
박은미, 경상남도 남해군 이동면 난음리

유밀과

통영약과

재 료

쌀 200g(2컵) • 청주 3큰술 • 참기름 3큰술 • 꿀 2큰술 • 생강즙 2큰술 • 소금 · 후춧가루 · 잣가루 · 계핏가루 약간 • 식용유 적량

즙청액 설탕 1컵 • 꿀 1큰술 • 계핏가루 · 생강즙 약간 • 물 200mL(1컵)

만드는 법

1. 쌀은 깨끗이 씻어 물기를 뺀 후 참기름을 약간 두른 팬에 볶는다.
2. 볶은 쌀을 곱게 빻는다.
3. 2의 쌀가루에 소금, 후춧가루, 계핏가루를 넣고 체에 내려 참기름을 넣어 고루 비벼서 섞는다.
4. 생강즙, 꿀, 청주를 고루 섞어서 3의 쌀가루에 넣고 덩어리가 되도록 반죽한다.
5. 약과판에 식용유를 바른 다음 반죽을 꾹꾹 눌러 박아 약과 반죽을 만든다.
6. 약과 반죽을 160℃의 식용유에서 서서히 연한 갈색이 날 때까지 튀긴다(가열된 팬에 식용유를 두르고 굽기도 한다).
7. 냄비에 설탕, 물을 넣어 중간 불에서 끓여 반으로 줄어들면 꿀과 계핏가루, 생강즙을 넣어 고루 섞어 즙청액을 만든다.
8. 약과를 즙청액에 담가 속으로 배어들면 잣가루를 고루 뿌린다.

출 처

통영시농업기술센터, 통영음식, 1999

정보제공자

김경순, 경상남도 통영시 광도면 죽림리

빈사(유과)

재 료

찹쌀 330g(2컵) • 물엿 500g(1⅔컵) • 튀밥 200g • 검은깨 20g • 식용유 적량 • 쌀가루 · 물 약간

만드는 법

1. 찹쌀은 깨끗이 씻어 일주일 정도 물에 담가 두었다가 물기를 뺀 후 고운 가루로 만든다.
2. 찹쌀가루에 물을 조금 넣어 20분간 계속 반죽하여 치댄다.
3. 찜통에 젖은 면포를 깔고 반죽을 올린 후 1시간 정도 찐다.
4. 찐 찹쌀 반죽을 절구에 담고 꽈리가 일도록 세차게 친다.
5. 안반에 쌀가루를 펴고 방망이로 4의 떡을 0.5cm 두께로 얇게 민다.
6. 4~5cm 길이로 잘라 누에고치 모양을 만든다.
7. 따뜻한 방바닥에 한지를 깔고 2~3일 정도 딱딱하게 말린다.
8. 100°C의 식용유에서 10초 정도 유과를 담가 부풀린 후 150~160°C에서 다시 튀겨 기름을 빼고 물엿을 발라 튀밥, 검은깨를 입힌다.

참고사항

흰색의 튀밥에 검은깨를 약간 섞는다.

출 처

문화공보부 문화재관리국, 한국민속종합조사보고서(향토음식 편), 1984
농촌진흥청 농촌영양개선연수원(현 농촌자원개발연구소), 한국의 향토음식, 1994
울산광역시농업기술센터, 울산향토음식, 2001
최수근 · 이연정 · 박성수, 향토음식 인지도에 관한 실증적 연구, 한국식생활문화학회지, 19(3), 2004

정보제공자

신계식, 경상남도 창녕군 고암면 계팔리
안미숙, 경상남도 사천시
이은순, 경상남도 고성군 고성읍 송학리
정본난, 울산광역시 울주군 두서면 팔천리

고문헌

조선요리(유과)

합천유과(병사)

재료

찹쌀 1.6kg(10컵) • 대두 3kg • 쌀튀밥 1kg • 검은깨 1kg • 물 600~800mL(3~4컵) • 물엿 18L • 쌀가루 약간 • 식용유 적량

만드는 법

1. 찹쌀은 깨끗이 씻어 1~10일 정도 물에 담가 두었다가 윗물은 따라 버린다.
2. 불린 찹쌀을 분쇄기에 갈아 고운 가루를 만든다.
3. 대두는 삶아 말린 후 가루를 낸다.
4. 찹쌀가루와 대두가루에 물을 넣고 20분 정도 반죽을 한 후 찜통에 젖은 면포를 깔고 반죽을 올려 1시간 정도 찐다.
5. 4의 반죽을 절구에 담고 꽈리가 일도록 세차게 친다.
6. 안반에 쌀가루를 뿌려 놓고 5의 반죽을 올린 다음 밀대로 0.5cm 두께로 민다.
7. 민 반죽을 4~5cm 길이로 잘라 누에고치 모양으로 만든 후 방바닥에 한지를 깔고 2~3일 정도 딱딱하게 말린다.
8. 말린 반죽을 110℃ 식용유에 10초 정도 담가 부풀린 후 150~160℃에서 다시 튀긴다.
9. 튀긴 유과에 물엿을 바르고 튀밥이나 볶은 검은깨를 입힌다.

출 처

농촌진흥청 농촌영양개선연수원(현 농촌자원개발연구소), 한국의 향토음식, 1994
농촌진흥청 농촌생활연구소(현 농촌자원개발연구소), 전통지식 모음집(생활문화 편), 1997

정보제공자

김상근, 경상남도 합천군 합천읍 합천리

정과

다시마정과(다시마전과)

재료

마른 다시마 50g • 물엿 150g(½컵) • 설탕 75g(½컵) • 꿀 약간 • 물 200mL(1컵)

만드는 법

1. 마른 다시마를 물에 푹 불려 5~7cm 크기로 썰어 물기를 제거한다.
2. 냄비에 다시마, 설탕, 물엿, 물을 넣어 약한 불에서 서서히 조린다.
3. 도중에 생기는 거품은 걷어 내면서 다시마가 푹 무르고 조림액이 줄어들 때까지 조린다.
4. 거의 조려지면 다시마에 꿀을 바른다.

출처
문화공보부 문화재관리국, 한국민속종합조사보고서(향토음식 편), 1984

대추초

재 료

대추 70g(30개) • 설탕 75g(½컵) • 잣 2큰술 • 꿀 1큰술 • 계핏가루 · 청주 약간 • 물 100mL(½컵)

만드는 법

1. 대추는 돌려 깎기 하여 씨를 빼 낸 후 청주에 재우거나 찜통에 쪄서 부풀게 한다.
2. 냄비에 설탕과 물을 넣고 끓인 후 대추를 넣어 조린다.
3. 물이 조금 남았을 때 꿀을 넣고 조금 더 조린다.
4. 다 조려지면 계핏가루를 넣고 골고루 섞은 후 대추 꼭지 쪽에 잣을 하나씩 박는다.

참고사항

밤을 조린 것을 밤초라 한다.

출 처

밀양시, 밀양의 맛, 2001

신승미 외, 한국 전통음식 전문가들이 재현한 우리 고유의 상차림, 교문사, 2005

정보제공자

홍금순, 경상남도 창원시 신월동

고문헌

규합총서(대추초), 음식법(대추초), 조선요리제법(대추초), 조선무쌍신식요리제법(대조초 : 大棗炒)

숙실과

율란

재료

깐 밤 600g(60개) • 물엿 300g(1컵) • 잣가루 ⅔컵 • 설탕 3큰술 • 생강즙 1큰술 • 계핏가루 약간

만드는 법

1. 밤은 삶아서 고운체에 내리고 설탕을 넣은 후 약한 불에서 볶는다.
2. 1을 다시 고운체에 내린 후 밤 모양을 만든다.
3. 냄비에 물엿과 생강즙을 넣어 조린 다음 2의 밤을 넣었다 꺼낸다.
4. 잣가루나 계핏가루를 묻힌다.

출처

경상남도 농촌진흥원, 경남향토음식, 1994

농촌진흥청, 농촌생활연구소(현 농촌자원개발연구소), 전통지식 모음집(생활문화 편), 1997

정보제공자

강옥례, 경상남도 김해시 생림면 생철리

황정숙, 경상남도 함양군 지곡면 개평리

고문헌

음식법(율란), 시의전서(율란 : 栗卵), 조선요리제법(율란), 조선무쌍신식요리제법(율란 : 栗卵)

수수엿강정

재 료

수수 300g(2컵) • 물엿 100g(⅓컵) • 설탕 75g(½컵) • 식용유 적량

만드는 법

1. 수수는 깨끗이 씻어 물기를 빼고 껍질을 제거한 후 말려 식용유에 튀긴다.
2. 냄비에 물엿과 설탕을 넣고 끓이다가 튀긴 수수를 넣고 잘 섞은 후 뭉친다.
3. 도마에 식용유를 바르고 2의 수수를 부어 두 손으로 꾹 누르거나 밀대로 밀어 2×4cm 크기로 자른다.

출 처

농촌진흥청 농촌영양개선연수원(현 농촌자원개발연구소), 한국의 향토음식, 1994
농촌진흥청 농촌생활연구소(현 농촌자원개발연구소), 전통지식 모음집(생활문화 편), 1997

정보제공자

김을순, 경상남도 창녕군 대지면 석동리
허상선, 경상남도 고성군 거류면 가려리

당(엿)

수수조청(수수엿)

재 료

수숫가루 10컵 • 엿기름가루 120g(1컵) • 물 8~9L

만드는 법

1. 수숫가루로 죽을 쑤어 식힌다.
2. 수숫가루죽에 엿기름가루와 물을 넣어 10~12시간 동안 삭힌 후 면포를 깔고 부어 윗물만 따라 낸다.
3. 냄비에 윗물을 부어 적당한 농도가 될 때까지 천천히 조린다.

출 처
한국문화재보호재단, 한국음식대관 3권, 한림출판사, 2000

정보제공자
강민옥, 경상남도 통영시 광도면 죽림리

당(엿)

쌀엿

재 료

멥쌀 2kg(11컵) • 엿기름가루 230g(2컵) • 물 10~12L

만드는 법

1. 쌀은 씻어 하루 정도 충분히 불린 후 시루에 담아 쪄 낸다(고두밥을 짓기도 한다).
2. 항아리에 찐 밥과 엿기름가루를 같이 넣고 물(40~45°C)을 부은 후 뚜껑을 닫고 이불을 덮어 9시간 정도 둔다.
3. 삼베주머니에 담아 국물을 짜서 뭉근한 불에서 조린다.
4. 찬물에 떨어뜨려 알맞게 굳어지면 불을 끈다.
5. 약간 식힌 엿을 늘렸다가 모으는 과정을 반복하여 윤기가 나면 적당한 크기로 자른다.

출 처

농촌진흥청 농촌영양개선연수원(현 농촌자원개발연구소), 한국의 향토음식, 1994
농촌진흥청, 농촌생활연구소(현 농촌자원개발연구소), 전통지식 모음집(생활문화 편), 1997
울산광역시농업기술센터, 울산향토음식, 2001

정보제공자

강옥례, 경상남도 김해시 생림면 생철리
류재출, 울산광역시 울주군 온산읍 덕신리
박진자, 울산광역시 울주군 온산읍 덕신리
신계식, 경상남도 창녕군 고암면

기타

배꿀찜

재료

배 750g(2개) • 꿀 6큰술

만드는 법

1. 배를 깨끗이 씻어서 윗부분을 3~4cm 정도 자른다.
2. 배의 씨가 들어 있는 심은 파내어 버리고 나머지 속을 숟가락으로 긁어 낸다.
3. 배 속에 꿀을 넣고 1에서 잘라 낸 배의 위 뚜껑을 덮은 후 찜통에 찐다.

출처

울산광역시농업기술센터, 울산향토음식, 2001

이연정 · 하미옥 · 최수근, 울산 지역 향토음식에 대한 식행동과 기호도에 관한 연구, 한국식생활문화학회지, 21(5), 2006

음청

지네초식혜

재 료

말린 지네초 150g • 엿기름가루 600g(5컵) • 보리밥 420g(2공기) • 설탕 약간 • 물 5L(25컵)

만드는 법

1. 말린 지네초는 씻어서 물을 넣고 끓인 다음 약한 불에서 1시간 정도 조린다.
2. 1의 조린 지네초에 엿기름가루를 넣어 거른다.
3. 보리밥과 설탕을 넣고 60℃에서 12시간 정도 삭힌다.

참고사항

지네초는 신경통, 수족 저림에 효과가 있는 약초이다.

출 처

경상남도 농촌진흥원, 경남향토음료, 1997

정보제공자

정용주, 경상남도 고성군 고성읍 서외리

조리시연자

이미애, 경상남도 고성군 상리면 자은리

귤강차(감귤차)

재 료

귤홍(귤 겉껍질) 30g • 생강 10g(2½톨) • 작설 5g • 꿀 · 설탕 약간 • 물 1L(5컵)

만드는 법

1. 귤홍, 작설을 깨끗이 손질하고, 생강은 껍질을 벗겨 0.2~0.3cm 두께로 저민다.
2. 그릇에 준비된 귤홍, 작설, 생강을 넣고 물을 부어 끓으면 불을 줄여 은근하게 달인다.
3. 건더기는 걸러 내고 기호에 따라 꿀이나 설탕을 넣어 마신다.

❋ 참고사항

귤(5개)을 껍질째 0.2~0.3cm 두께로 썰어 설탕(2컵)을 켜켜이 재운 다음 15일 정도 두었다가 뜨거운 물을 부어 마시기도 한다.

출 처

경상남도 농촌진흥원, 경남향토음료, 1997
농촌진흥청, 농촌생활연구소(현 농촌자원개발연구소), 전통지식 모음집(생활문화 편), 1997

음청

녹차돌배차

재 료

녹차(생엽) 50g • 돌배(야생배) 2개 • 흑설탕(또는 꿀) ½컵 • 물 1~2L(5~10컵)

만드는 법

1. 녹차(생엽)는 그늘에 두고 시들면 비빈다.
2. 돌배는 적당한 크기로 자른다(그대로 사용해도 된다).
3. 준비된 녹차와 돌배에 흑설탕을 넣어 버무리고, 밀봉해서 발효시킨다.
4. 적당량의 물을 붓고 끓인 후 건더기는 건져 내고 차로 마신다.

정보제공자
정영숙, 경상남도 하동군

솔잎차

재료

솔잎 4컵 • 꿀 290g(1컵) • 물 200mL(1컵)

만드는 법

1. 솔잎은 깨끗이 씻은 후 물기를 빼고 2~3cm 길이로 썬다.
2. 솔잎에 꿀을 넣고 걸쭉하게 만들어 용기에 담아 둔다.
3. 끓는 물 1컵에 2의 솔잎을 1큰술씩 타서 마신다.

참고사항

- 솔잎은 봄에 나오는 연한 것이 좋다.
- 차를 마실 때 기호에 따라 꿀을 더 넣기도 한다.
- 솔잎과 설탕을 동량으로 하여 병에 담고 1주일 정도 재웠다가 차로 마시기도 한다.

출 처
산청군농촌지도소, 산청향토요리, 1994
경상남도 농촌진흥원, 경남향토음료, 1997

정보제공자
신한숙, 경상남도 거창군 남하면 무릉리

오매차(여지장, 여지탕)

재료

오매육 40g • 생강가루 4g • 계핏가루 2g • 정향가루 2g • 설탕 2컵 • 물 1L(5컵)

만드는 법

1. 오매육은 깨끗이 씻어 오지그릇에 물(3컵)을 부어 은근하게 달인 후 오매육이 풀어질 정도로 물러지면 으깨어 국물을 체에 걸러 낸다.
2. 냄비에 설탕과 동량의 물(2컵)을 넣고 반으로 줄어들 때까지 끓인다.
3. 설탕물에 오매육물을 붓고 계핏가루, 생강가루, 정향가루를 넣어 약한 불에서 은근하게 달인다.
4. 걸쭉하게 고가 만들어지면 항아리에 담아 시원한 곳에 보관한다.
5. 찻잔에 1~2큰술 정도 넣고 뜨거운 물(½컵)을 부어 마신다.

참고사항

• 얼음을 띄워 차게 마시기도 한다.
• 오매육이란 매실의 껍질을 벗기고 짚불연기에 그을려서 말린 다음 씨를 제거하고 남은 과육을 말한다.

출처

윤서석, 한국의 음식용어, 민음사, 1991
경상남도 농촌진흥원, 경남향토음료, 1997
농촌진흥청 농촌생활연구소(현 농촌자원개발연구소), 전통지식 모음집(생활문화 편), 1997

유자청(유자청차)

재료

유자 1kg(9개) • 설탕 1kg

만드는 법

1. 유자는 씻어 물기를 제거하고 꼭지와 흙이 있는 부분은 도려 낸다.
2. 유자를 4등분하여 씨를 빼고 곱게 채 썰어 설탕을 넣고 버무린다.
3. 2를 용기에 담고 윗면에 설탕을 뿌려 밀봉하여 시원한 곳에서 숙성시킨다.
4. 끓인 물이나 얼음물에 3의 유자를 타서 마신다.

참고사항

유자 껍질만 이용하기도 한다.

출처

문화공보부 문화재관리국, 한국민속종합조사보고서(향토음식 편), 1984
거제시농업기술센터, 거제향토음식, 1998
남해군농업기술센터, 보물섬 남해 향토 먹거리 맛과 멋, 2005
농촌진흥청, 향토음식, www2.rda.go.kr/food/, 2006

정보제공자

문란주, 경상남도 양산시 동면 석산리
이윤애, 경상남도 거제시 사등면 청곡리
정현정, 경상남도 남해군 남해읍 아산리

고문헌

규합총서(유자청)

음청

탱자차

재 료

탱자 500g(10개) • 설탕 450g(3컵)

만드는 법

1. 탱자를 깨끗이 씻어 물기를 제거한 후 반으로 갈라 씨를 빼고 0.5cm 두께로 저민다.
2. 병에 저민 탱자와 설탕을 켜켜이 재워 15일 정도 둔다.
3. 찻잔에 탱자청을 1큰술 넣고 뜨거운 물(½컵)을 부어 향과 맛을 우려 낸 후 마신다.

❁ 참고사항

얇게 저민 탱자를 바싹 말려 볶은 후 물을 부어 달여 마시기도 한다.

출 처

경상남도 농촌진흥원, 경남향토음료, 1997

농촌진흥청 농촌생활연구소(현 농촌자원개발연구소), 전통지식 모음집(생활문화 편), 1997

수문탕

재 료

대추 600g(8½컵) • 정향 3개 • 진피 75g • 감초 40g • 마른 생강 20g • 목향 3조각 • 볶은 소금 60g • 물 5~6L(25~30컵)

만드는 법

1. 마른 생강, 대추는 살짝 씻어 물기를 제거한다.
2. 감초, 목향, 진피, 정향은 깨끗이 손질한다.
3. 그릇에 준비된 마른 생강, 대추, 감초, 목향, 진피, 정향, 볶은 소금을 넣고 물을 부어 약한 불에 1시간 정도 은근하게 달인다.
4. 건더기는 걸러 내고 차로 마신다.

출 처

경상남도 농촌진흥원, 경남향토음료, 1997
농촌진흥청 농촌생활연구소(현 농촌자원개발연구소), 전통지식 모음집(생활문화 편), 1997

고문헌

산림경제(수문탕 : 須問湯)

음청

식혜(단술)

재료

엿기름 3kg • 쌀 1.6kg(9컵) • 설탕 1kg(7컵) • 물 20L

만드는 법

1. 엿기름은 물에 불려 체에 밭쳐 앙금을 2시간 정도 가라앉혔다가 윗물만 쓴다.
2. 쌀은 깨끗이 씻어 4시간 정도 불려 찜통에 찐 다음 다시 물을 끼얹어 한 번 더 쪄서 꺼내어 식힌다.
3. 찐 밥에 엿기름 윗물을 부어 6시간 정도 삭힌 후 설탕을 넣고 끓인다.

출 처

문화공보부 문화재관리국, 한국민속종합조사보고서(경상남도 편), 1972
경상남도 농촌진흥원, 경남향토음료, 1997
울산광역시농업기술센터, 울산향토음식, 2001
최수근 · 이연정 · 박성수, 향토음식 인지도에 관한 실증적 연구, 한국식생활문화학회지, 19(3), 2004

정보제공자

박석순, 울산광역시 울주군 청량면 상남리
허미경, 경상남도 진주시 초전동

고문헌

시의전서(식혜 : 食醯), 조선요리(식혜), 조선요리제법(식혜), 조선무쌍신식요리제법(식혜)

엉겅퀴식혜(엉겅퀴단술)

재 료

엉겅퀴뿌리 500g • 쌀 200g(1컵) • 엿기름가루 50g • 설탕 1컵 • 물 3L(15컵)

만드는 법

1. 엉겅퀴뿌리는 깨끗이 씻어 즙을 짜고, 즙을 짜고 난 뿌리는 물을 넣고 달여 체에 걸러 국물은 식힌다(생즙은 사용하지 않는다).
2. 1을 체에 곱게 걸러 가라앉힌 후 윗물을 따라 내어 엿기름가루를 풀어 엿기름물을 우려 낸다.
3. 쌀은 깨끗이 씻어 불린 후 고슬고슬하게 쪄서 식힌다.
4. 쌀밥과 엿기름을 섞어 보온밥통에서 6시간 정도 삭힌다.
5. 밥알이 2~3알 떠오르면 냄비에 옮겨 담고 설탕을 넣어 끓인다.

출처

경상남도 농촌진흥원, 경남향토음식, 1994
경상남도 농촌진흥원, 경남향토음료, 1997
거제시농업기술센터, 거제향토음식, 1998
울산광역시농업기술센터, 울산향토음식, 2001

정보제공자

김효경, 울산광역시 울주군 웅촌면 초천리
정우순, 경상남도 거제시 옥포2동

미숫가루(미싯가루)

재료

찹쌀(멥쌀) 170g(1컵) • 보리쌀 150g(1컵) • 콩(흰콩) 160g(1컵) • 들깨 110g(1컵) • 참깨 120g(1컵) • 율무 1컵

만드는 법

1. 보리쌀과 찹쌀은 각각 씻어 불린 후 푹 쪄서 말려 볶는다.
2. 콩은 깨끗이 씻어 말린 후 볶아서 키 바닥에 놓고 문질러 껍질을 제거한다.
3. 들깨는 깨끗이 씻어 말리고 문질러서 껍질을 날린 후 볶고, 참깨는 깨끗이 씻어 볶는다.
4. 율무도 씻은 후 푹 쪄서 말려 볶는다.
5. 준비된 재료를 곱게 갈아 따로 담아 둔다.
6. 기호에 따라 가루를 배합하여 설탕물이나 꿀물에 타서 시원하게 마신다.

참고사항

검은깨를 이용하기도 한다. 들깨, 통깨, 검은깨는 함유된 지방이 변질되기 쉬우므로 냉장고에 보관해야 한다.

출 처

문화공보부 문화재관리국, 한국민속종합조사보고서(향토음식 편), 1984
경상남도 농촌진흥원, 경남향토음식, 1994
경상남도 농촌진흥원, 경남향토음료, 1997

정보제공자

안순옥, 경상남도 창녕군 영산면 죽사리
이미자, 경상남도 합천군
전문자, 경상남도 창원시 명서동

고문헌

조선요리(미숫가루), 조선요리제법(미수가루)

음청

우무콩국

재 료

콩(흰콩) 320g(2컵) • 우무 1모 • 소금 약간 • 물 2L(10컵)

만드는 법

1. 콩을 씻어 6시간 이상 충분히 불린다.
2. 불린 콩은 손으로 비벼 껍질을 벗긴 다음 물을 붓고 삶아 곱게 간다.
3. 우무는 곱게 채 썬다.
4. 콩국에 물로 농도를 맞추고 소금으로 간을 한 뒤 우무를 넣는다.

참고사항

콩국에 오이, 통깨를 넣기도 한다.

출 처

울산광역시농업기술센터, 울산향토음식, 2001

남해군농업기술센터, 보물섬 남해 향토 먹거리 맛과 멋, 2005

정보제공자

김진희, 경상남도 거제시 신현읍 고현리

술

동동주

재 료

찹쌀 15kg • 누룩가루 1.8kg • 물 18L

만드는 법

1. 찹쌀 1.5kg에 물 4L를 부어 죽을 쑨 후 누룩가루를 넣어 질그릇에 담아 따뜻한 방에서 3일간 발효시켜 밑술을 만든다.
2. 찹쌀 13.5kg을 하루 정도 물에 담가 불린 후 고두밥을 쪄서 완전히 식힌다.
3. 밑술과 고두밥을 골고루 혼합하여 항아리에 켜켜로 안쳐 뚜껑을 덮고 방에서 10일간 발효시켜 본술을 만든다.
4. 8L의 물을 100℃로 끓여 완전히 식힌 후 본술이 들어 있는 항아리에 붓는다.
5. 3일간 발효시킨 후 용수를 박아 용수 내의 술을 떠내어 서늘한 곳에 보관한다.
6. 다시 물 4L, 2L를 이와 같이 각각 반복하여 세 물 뜬 것을 완전히 혼합한다.

참고사항

- 동동주는 알코올 농도가 15~20%로 연노란빛을 띠며 특유의 향기와 특유의 맛을 가진다.
- 찹쌀을 불려 고두밥을 해서 사용하기도 하며, 엿기름과 누룩을 같이 사용하기도 한다.
- 생강을 끓인 물에 설탕을 타서 동동주에 섞어 마시기도 한다.
- 용수는 술이나 장을 거르는 데 쓰는 기구로 싸리나무나 대오리(대를 가늘게 쪼개 깎은 것)로 둥글고 깊게 통같이 만든 것이다.
- 누룩은 밀가루에 곰팡이를 15일 정도 띄워 만든다.

출 처

농촌진흥청 농촌생활연구소(현 농촌자원개발연구소), 전통지식 모음집(생활문화 편), 1997
울산광역시농업기술센터, 울산향토음식, 2001

정보제공자

권정순, 울산광역시 울주군 상북면 명촌리
김순희, 울산광역시 울주군 청량면 삼정리
김을순, 경상남도 창녕군 대지면 석동
신두리, 경상남도 창녕군 영산면 성내리

술

방문주(교동방문주, 황금주, 스무주)

재 료

찹쌀 15kg • 녹두가루 5.4kg • 물 18L • 누룩가루 적량

만드는 법

1. 찹쌀 4.5kg으로 되직하게 죽을 쑤어 누룩가루로 버무린다.
2. 찹쌀 9.8kg은 물에 불려 고두밥을 쪄서 식힌다.
3. 1의 찹쌀과 고두밥을 합하여 큰 항아리에 조금 붓고 용수를 박는다.
4. 용수 위를 덮어서 따뜻한 방에 4~5일 두면 술냄새가 난다(여름에는 밖에 둔다).
5. 찹쌀 0.7kg은 노릇하게 볶아서 물 5.4L를 붓고 끓여서 식힌다.
6. 식힌 물을 용수 밖으로 빙 둘러 가며 붓는다.
7. 2~3일에 한 번 용수 안의 술을 떠서 밖으로 돌려 가며 붓기를 2~3회 반복한다.
8. 일주일 정도 지난 후 용수 안의 술을 떠내어 체에 밭친다.
9. 용기에 넣어 밀봉한 후 그늘에서 20일 동안 발효시킨다.

참고사항

밀양시 교동 밀성 손씨 가문에서 전수되었다 하여 교동방문주라 하며 색깔이 황색 같다 하여 황금주, 또는 술독을 봉하여 볕이 들지 않는 곳에서 20일 동안 발효시킨다 하여 스무주라고도 한다. 찹쌀과 누룩을 섞어 빚은 고급 술로서 빛깔이 맑은 황금색으로 점도가 있고 주정의 도수가 높으며 집안의 잔치나 귀빈의 접대용으로 쓰는 독특한 토속주이다.

출 처

경상남도 농촌진흥원, 경남향토음식, 1994
농촌진흥청 농촌영양개선연수원(현 농촌자원개발연구소), 한국의 향토음식, 1994
농촌진흥청 농촌생활연구소(현 농촌자원개발연구소), 전통지식 모음집(생활문화 편), 1997
밀양시, 밀양의 맛, 2001

정보제공자

손대곤, 경상남도 밀양시 교동

고문헌

산림경제(추로백 : 樞路白), 규합총서(방문주), 시의전서(방문주)

술

산성막걸리

재 료

쌀 140kg • 누룩가루 80kg • 물 18L

만드는 법

1. 쌀은 씻어 불린 후 고두밥을 지어 식힌다.
2. 고두밥에 누룩가루와 물을 넣어 발효시킨다(20°C 이상).
3. 하루가 지나 술이 익으면 체에 밭친다.

✽ 참고사항

산성막걸리는 300여 년 전 부산의 금정산성 지역에 밀을 심고 막걸리를 제조하기 시작한 것에서 유래되었다. 산성의 물맛이 좋아서 이 물로 빚은 막걸리는 얼음을 깨는 듯한 설미가 있다고 전해지고 있다.

출 처

신애숙, 부산의 전통 향토음식의 현황 고찰, 한국조리학회지, 6(2), 2000

정보제공자

강경임, 부산광역시 강서구 대저1동

술

신선주

재 료

밑술 쌀 1.6kg • 누룩 4½컵 • 물 1.8L

덧술 쌀 1.6kg • 누룩 4½컵 • 물 5.4L

약재 구기자 20g • 당귀 20g • 오미자 20g • 천궁 20g • 방품 20g • 생강 20g • 갈근 20g • 파극 20g • 음양곽 20g

만드는 법

1. 쌀 1.6kg을 씻어 2시간 정도 불린 후 건져 내어 1시간 정도 물을 뺀 후 고두밥을 짓는다.
2. 고두밥과 누룩 4½컵, 물 1.8L를 버무려서 항아리에 넣고 한지로 뚜껑을 만들어 덮는다.
3. 2를 23~28°C(실온 정도)에서 3~5일간 발효시켜 밑술을 만든다.
4. 쌀 1.6kg을 2시간 정도 불린 후 건져 내어 1시간 정도 물을 뺀 후 고두밥을 짓는다.
5. 물 3.2L에 약재를 넣고 물 1.8L 정도가 될 때까지 달인다.
6. 5에 약재 달인 물, 누룩 4½컵, 물 1.8L를 넣고 버무려서 덧술을 만든다.
7. 밑술에 6의 덧술을 안친 후 10~15일간 발효시킨다.
8. 술이 익으면 용수를 박아 술을 떠내어 체에 밭친다.

참고사항

냉장고에 일주일 이상 숙성시킨 후 마시면 더욱 좋다.

출 처

경상남도 농촌진흥원, 경남향토음식, 1994

농촌진흥청 농촌영양개선연수원(현 농촌자원개발연구소), 한국의 향토음식, 1994

정보제공자

성현지, 경상남도 진주시 상대1동

술

황금주

재 료

찹쌀 3kg • 솔잎 2kg • 엿기름가루 1.2kg • 누룩가루 1.2kg • 짚 적량

만드는 법

1. 찹쌀은 씻지 않은 채 하루 동안 불리고, 솔잎은 씻는다.
2. 솥에 채반을 놓고 면포를 깐 후 솔잎과 불린 찹쌀을 안쳐(3kg 이상일 경우에는 솔잎과 쌀을 번갈아가며 안친다) 고두밥을 지은 후 식힌다.
3. 면주머니에 엿기름가루와 누룩가루를 따로 담는다.
4. 항아리를 짚으로 그을리고 씻은 후 고두밥을 넣고 가운데 용수를 박아 누룩 주머니와 엿기름 주머니를 넣어 숙성시킨다.

✻ 참고사항

술이 익으면 거품이 일고 용수에 황금색 술이 고인다.

출 처
농촌진흥청 농촌생활연구소(현 농촌자원개발연구소), 전통지식 모음집(생활문화 편), 1997

정보제공자
송호원, 경상남도 합천군 대병면

고문헌
산가요록(황금주), 수운잡방(황금주 : 黃金酒), 음식디미방(황금주)

참고문헌

■ 단행본

강인희. **한국의 맛**. 대한교과서주식회사. 1987.

거제시농업기술센터. **거제향토음식**. 1998.

경상남도. **경남의 맛과 멋**. 2005.

경상남도 농촌진흥원. **경남향토음료**. 1997.

경상남도 농촌진흥원. **경상향토음식**. 1994.

기장군농업기술센터. **기장의 향토음식**. 2003.

김경자. **부산향토전통음식 재첩국에 관한 연구**. 부산광역시. 2001.

김상애. **밀면에 관한 연구결과 보고서**. 부산광역시. 2006.

김상애. **부산의 향토 음식 흑염소불고기에 관한 연구**. 부산광역시. 1999.

김상애. **부산향토음식 곰장어요리에 관한 연구**. 부산광역시. 2000.

김상애. **부산향토전통음식 동래파전에 관한 연구**. 부산광역시. 1999.

김상애. **부산향토전통음식 부산아귀찜에 관한 연구**. 부산광역시. 2001.

김상애. **양산의 전통향토음식 산채비빔밥 · 민물매운탕에 관한 연구**. 양산시. 2006.

김수 저, 윤숙경 역. **수운잡방 주찬**(1500년대). 신광출판사. 1998.

김현대. **부산향토전통음식 복어요리에 관한 연구**. 부산광역시. 2000.

남해군농업기술센터. **보물섬 남해 향토 먹거리 맛과 멋**. 2005.

농촌진흥청 농촌생활연구소(현 농촌자원개발연구소). **소비자가 알기 쉬운 식품영양가표**. 2003.

농촌진흥청 농촌생활연구소(현 농촌자원개발연구소). **전통지식 모음집(생활문화 편)**. 1997.

농촌진흥청 농촌영양개선연수원(현 농촌자원개발연구소). **한국의 향토음식**. 1994.

농촌진흥청. **농촌 식생활 향상을 위한 식생활 평가 시스템 개발연구 보고서**. 2000.

두산동아편집부. **두산세계대백과사전**. 두산동아. 1999.

류은순. **부산향토전통음식 낙지볶음에 관한 연구**. 부산광역시. 2001.

마산시농업기술센터. **지역특산물을 이용한 마산의 새로운 맛**. 2004.

문화공보부 문화재관리국. **한국민속종합조사보고서(경상남도 편)**. 1972.

문화공보부 문화재관리국. **한국민속종합조사보고서(향토음식 편)**. 1984.

밀양시. **밀양의 맛**. 2001.

방신영. **조선요리제법**. 한성도서주식회사. 1942.

빙허각 이씨 저, 정량완 역. **규합총서**(1815). 보진재. 1999.

사단법인 대한영양사회 · 삼성서울병원. **사진으로 보는 음식의 눈대중량**. 1999.

사단법인 한국영양학회. **한국인의 영양권장량 제7차 개정**. 2000.

산청군농촌지도소. **산청향토요리**. 1994.

석계부인 안동 장씨 저, 경북대학교 출판부 역. **음식디미방(경북대학교 고전총서 10)** (1670년경). 경북대학교 출판부. 2003.

신승미 · 손정우 · 오미영 · 송태희 · 김동희 · 안채경 · 고정순 · 이숙미 · 조민오 · 박금미 · 김영숙. **한국 전통음식 전문가들이 재현한 우리 고유의 상차림**. 교문사. 2005.

에드워드 쉴즈 저, 김병서 · 신현순 역. **전통**. 민음사. 1992.

參考文獻

염초애 · 장명숙 · 윤숙자. **한국음식**. 효일문화사. 1999.

울산광역시농업기술센터. **울산향토음식**. 2001.

유중림 저, 윤숙경 역. **증보산림경제**(1765). 지구문화사. 2005.

윤덕인. **외식조리인을 위한 한국음식 이론 및 조리의 실제**. 관동대학교 출판부. 2005.

윤서석. **한국음식 – 역사와 조리**. 수학사. 1984.

윤서석. **한국의 음식용어**. 민음사. 1991.

의령군농업기술센터. **의령의 맛**. 2002.

이성우. **한국식경대전**. 향문사. 1981.

이성우. **한국요리문화사**. 교문사. 1985.

이수광 저, 남만성 역. **지봉유설**(1614). 을유문화사. 1980.

이용기 저, 옛음식연구회 역. **조선무쌍신식요리제법**(1924). 궁중음식연구원. 2001.

이효지. **한국의 음식문화**. 신광출판사. 2002.

저자 미상, 이효지 외 역. **시의전서**(1800년대). 신광출판사. 2004.

전순의 저, 농촌진흥청 역. **산가요록(고농서국역총서 8)** (1449). 농촌진흥청. 2004.

전순의 저, 농촌진흥청 역. **식료찬요(고농서국역총서 9)** (1460). 농촌진흥청. 2004.

조신호 · 임희수 · 정낙원 · 이진영 · 조경련 · 김은미. **한국음식**. 교문사. 2003.

조영제. **부산의 향토전통음식 생선회에 관한 연구**. 부산광역시. 1999.

진주문화원. **진주의 역사와 문화**. 2001.

창녕군농업기술센터. **양파사랑 요리사랑**. 2003.

통영시농업기술센터. **통영음식**. 1999.

통영시. **통영 농수산물로 만든 별미요리**. 2002.

하숙정. **우리의 맛 한국요리전집**. 수도출판문화사. 1995.

한국관광공사. **향토음식 관광상품화 방안 – 경상북도 주요 향토음식**. 1993.

한국문화재보호재단. **한국음식대관 제2권**. 한림출판사. 1999.

한국문화재보호재단. **한국음식대관 제3권**. 한림출판사. 2000.

한국정신문화연구원. **한국민속문화대백과사전**. 1991.

한국조리사중앙회 · 한국음식관광협회. **세계를 향한 자랑스런 한국음식 300선**. 2007.

한복진. **우리가 정말 알아야 할 우리음식 백 가지 1**. 현암사. 1998.

한복진. **우리가 정말 알아야 할 우리음식 백 가지 2**. 현암사. 1998.

해양수산부. **아름다운 어촌 100선**. 2005.

홍만선 저, 민족문화추진회 역. **산림경제 2권(고전국역총서)** (1715). 민문고. 1967.

홍승. **녹차와 채식 사찰음식으로 부처를 만나다**. 우리출판사. 2003.

홍진숙 · 박란숙 · 박혜원 · 신미혜 · 최은정. **기초한국음식**. 교문사. 2007.

황혜성 · 한복려 · 한복진. **한국의 전통음식**. 교문사. 1990.

Peter Burke. **Popular culture in early modern Europe**. London. 1978.

■ 논문 및 학술지

고범석 · 강석우. **대구 지역 향토음식의 인식도에 관한 연구 - 대구 동인동 찜갈비를 중심으로**. 한국조리학회지. 10(4) : 15-30, 2004.

권순정. **경상남도 일부 지역의 향토음식의 발굴 및 조리표준화**. 신라대학교 석사학위논문. 1999.

김귀영 · 이성우. **『주방문』의 조리에 관한 분석적 연구**. 한국식생활문화학회지. 1(4), 1986.

김기숙 · 백승희 · 구선희 · 조영주. **『음식디미방』에 수록된 채소 및 과일류의 저장법과 조리법에 관한 고찰**. 중앙대학교 생활과학논집. 12, 1999.

김기숙 · 이미정 · 강은아 · 최애진. **『음식디미방』에 수록된 면병류와 한과류의 조리법에 관한 고찰**. 중앙대학교 생활과학논집. 12, 1999.

김미희 · 유명님 · 최배영 · 안현숙. **『규합총서』에 나타난 농산물 이용 고찰. 한국가정관리학회지**. 21(1), 2003.

김상애. **부산 향토음식 아귀찜의 표준조리방법 및 영양성분에 관한 연구**. 한국식품영양과학회지. 31(6), 2002.

김상애. **흑염소불고기의 조리법의 표준화에 관한 연구**. 한국식생활문화학회지. 16(4), 2001.

김상애 · 권순정. **경상남도 일부 지역 향토음식의 조리표준화 및 영양분석**. 한국식품영양과학회지. 33(2), 2004.

김성미. **경북 지역 대학생의 전통음식에 대한 태도(Ⅰ) - 전통음식에 대한 평가, 이용도 및 라이프스타일과의 관계. 한국조리과학회지**. 16(1) : 27-35, 2000.

김희선. **어업기술의 발전 측면에서 본 『음식디미방』과 『규합총서』 속의 어패류 이용 양상의 비교 연구**. 한국식생활문화학회지. 19(3), 2004.

민계홍. **향토음식에 대한 전북 지역 대학생들의 인지도 및 기호도에 관한 연구**. 한국조리학회지. 9(2) : 127-147, 2003.

배영동. **안동 지역 간고등어의 소비전통과 문화상품화 과정**. 비교민속학. 31 : 95-128, 2006.

손영진. **경기 지방 향토음식의 관광상품화를 위한 소비자 인지도 연구**. 경기대학교 석사학위논문. 2004.

신애숙. **부산의 전통 · 향토음식의 현황 고찰**. 한국조리학회지. 6(2) : 67-78, 2000.

오영준 · 김복일. **광주 · 전남 지역 향토음식의 관광상품화 방안에 관한 연구**. 관광정보연구. 2 : 195-226, 1998.

윤서석. **한국의 국수문화의 역사**. 한국식생활문화학회지. 6(1), 1991.

윤서석 · 조후종. **조선시대 후기의 조리서인 『음식법』의 해설 1**. 한국식생활문화학회지. 8(1), 1993.

윤서석 · 조후종. **조선시대 후기의 조리서인 『음식법』의 해설 2**. 한국식생활문화학회지. 8(2), 1993.

윤서석 · 조후종. **조선시대 후기의 조리서인 『음식법』의 해설 3**. 한국식생활문화학회지. 8(3), 1993.

윤숙경. **안동 지역의 향토음식에 관한 고찰**. 한국식생활문화학회지. 9(1) : 61-69, 1994.

윤은숙 · 송태희. **우리나라 향토음식의 인지도에 관한 연구**. 한국조리과학회지. 11(2) : 145-152, 1995.

이광자. **우리나라 문서에 기록된 찬물류의 분석적 고찰**. 한양대학교 석사학위논문. 1986.

이선호 · 박영배. **안동 지역 향토음식을 활용한 관광체험 프로그램 개발**. 한국조리학회지. 8(3) : 147-168, 2002.

이승진. **향토음식의 인지도 및 기호도**. 숙명여자대학교 석사학위논문. 2005.

이연정. **향토음식에 대한 인식이 향토음식전문점 방문빈도에 미치는 영향 연구**. 한국조리과학회지. 22(6), 2006.

이연정 · 하미옥 · 최수근. **울산 지역 향토음식에 대한 식행동과 기호도에 관한 연구**. 한국식생활문화학회지. 21(5), 2006,

이은웅. **조선 후기 식기 및 음식의 특색과 변화**. 이화여자대학교 석사학위논문. 2002.

이효지. **『규곤시의방』의 조리학적 고찰**. 대한가정학회지. 19(2), 1981.

이효지. **『규합총서』, 『주식의』의 조리과학적 고찰**. 한양대학교 사대논문집. 1981.

이효지. **조선시대의 떡문화**. 한국조리과학회지. 4(2), 1988.

이효지 · 차경희. **『부인필지』의 조리과학적 고찰**. 한국식생활문화학회지. 11(3), 1996.

장혜진 · 이효지. **주식류의 문헌적 고찰**. 한국식생활문화학회지. 4(3), 1989.

진양호 · 김승희 · 김진영. **향토음식의 관광상품화 방안**. 문화관광연구학회지. 3(2), 2001.

차경희. **『도문대작』을 통해 본 조선 중기 지역별 산출식품과 향토음식**. 한국식생활문화학회지. 18(4), 2003.

최수근 · 이연정 · 박성수. **향토음식 인지도에 관한 실증적 연구**. 한국식생활문화학회지. 19(3), 2004

한억. **전통음식의 현대적 인식과 재창조**. 서울대학교 석사학위논문. 1996.

한재숙 · 한경필 · 성선향 · 조연숙 · 박경숙 · 김현옥 · 정종기. **전통음식에 대한 경북 지역 주부들의 의식 및 실태조사**. 동아시아식생활학회지. 10(6) : 480-494, 2000.

■ 웹사이트

네이버사전(두산백과). 100.naver.com/100. 2006.

농촌진흥청. 향토음식. www2.rda.go.kr/food/. 2006.

한국관광공사. 한국전통음식. www.visitkorea.or.kr. 2006.

찾아보기

한국의 전통향토음식 9 경상남도

■ 연구진

김행란 농촌진흥청 농촌자원개발연구소(연구총괄)
김양숙 농촌진흥청 농촌자원개발연구소
최정숙 농촌진흥청 농촌자원개발연구소
지선미 농촌진흥청 농촌자원개발연구소
이인선 농촌진흥청 농촌자원개발연구소
박홍주 농촌진흥청 농촌자원개발연구소
김태영 농촌진흥청 농촌자원개발연구소
김상애 신라대학교 교수
장은실 경상남도 농업기술원
이종미 전 이화여자대학교 교수

■ 감 수

김경자 전 동아대학교 교수
김영희 양산대학 교수

■ 그 외 도움 주신 분들

김윤선 부산광역시 농업기술센터
김현숙 부산광역시 농업기술센터
김성은 울산광역시 농업기술센터
장은실 경상남도 농업기술원
강수정 경상남도 산청군농업기술센터
권순정 경상남도 양산시농업기술센터
김기순 경상남도 의령군농업기술센터
김미선 경상남도 남해군농업기술센터
김부옥 경상남도 통영시농업기술센터
김정희 경상남도 창원시농업기술센터
김진희 경상남도 거제시농업기술센터
민경희 경상남도 밀양시농업기술센터
안미숙 경상남도 사천시농업기술센터
윤미영 경상남도 합천군농업기술센터
이미란 경상남도 함양군농업기술센터
이미영 경상남도 창녕군농업기술센터
이윤숙 경상남도 하동군농업기술센터
이혜원 경상남도 김해시농업기술센터
임윤희 경상남도 함안군농업기술센터
전미란 경상남도 마산시농업기술센터
정용주 경상남도 고성군농업기술센터
정현애 경상남도 진주시농업기술센터
최남미 경상남도 거창군농업기술센터
하명화 경상남도 산청군농업기술센터
한리스 경상남도 진해시농업기술센터

한국의 전통향토음식 9

경상남도

2008년 4월 25일 초판 인쇄
2008년 4월 30일 초판 발행

기획 · 편집처 농촌진흥청 농업과학기술원 농촌자원개발연구소
기획 · 편집인 조 순 재
주소 경기도 수원시 권선구 서둔동 88-2
전화 031-299-0590~2
팩스 031-299-0553

제작 · 발행처 (주)교 문 사
제작 · 발행인 류 제 동
우편번호 413-756
주소 경기도 파주시 교하읍 문발리 출판문화정보산업단지 536-2
전화 031-955-6111(代)
팩스 031-955-0955
등록 1960. 10. 28. 제406-2006-000035호

홈페이지 www.kyomunsa.co.kr
이메일 webmaster@kyomunsa.co.kr

ISBN 978-89-363-0923-7 94590
ISBN 978-89-363-0914-5 94590(전10권)

* 잘못된 책은 바꿔 드립니다

값 35,000원